YouTube ▶

유튜브로 쉽게 배우는

5일 특강
L-TAB

롯데그룹
조직·직무적합진단

SD에듀
㈜시대고시기획

2024 최신판 SD에듀 유튜브로 쉽게 배우는 5일 특강
L-TAB 롯데그룹 조직 · 직무적합진단

Always with you

사람의 인연은 길에서 우연하게 만나거나 함께 살아가는 것만을 의미하지는 않습니다.
책을 펴내는 출판사와 그 책을 읽는 독자의 만남도 소중한 인연입니다.
SD에듀는 항상 독자의 마음을 헤아리기 위해 노력하고 있습니다. 늘 독자와 함께하겠습니다.

머리말

롯데그룹은 글로벌 기업으로 롯데제과를 설립한 이후 40여 년 동안 식품, 유통, 관광, 화학, 건설, 금융 등으로 꾸준히 사업을 다각화하면서 국가 경제 발전과 고객의 삶의 질 향상에 기여해왔다. 또한 철저한 품질주의와 내실 경영으로 건전한 재무구조를 구축하고 핵심 사업에 역량을 효율적으로 집중하였다. 이를 통해 글로벌 경쟁력을 지속적으로 강화함으로써 세계 기업으로의 도약을 위한 기반을 다져왔다.

롯데그룹은 미래 50년 동안에도 지속가능한 성장을 이룰 수 있도록 그룹의 성장 방향을 질적 성장으로 전환하고, 이에 맞춰 새로운 비전인 「Lifetime Value Creator」를 선포하여 고객에게 전 생애주기에 걸쳐 최고의 가치를 선사하도록 노력하고 있다.

롯데그룹은 사고와 행동방식의 기준으로 'Beyond Customer Expectation', 'Challenge', 'Respect', 'Originality'라는 핵심가치와 함께 '투명 경영', '핵심 역량 강화', '가치 경영', '현장 경영'이라는 네 가지 경영방침을 제시한다. 이를 바탕으로 적극적으로 세계 시장을 개척하여 아시아를 선도하는 글로벌 기업의 꿈을 반드시 실현해 나갈 수 있도록 우수인재 확보를 위한 롯데그룹만의 인재 선발방식인 L-TAB을 실행하고 있다.

이에 SD에듀에서는 롯데그룹 조직 · 직무적합진단 L-TAB을 준비하는 수험생들이 시험에 효과적으로 대비할 수 있도록 다음과 같은 특징의 본서를 출간하게 되었다.

도서의 특징

❶ 2023~2020년 L-TAB 기출복원문제를 수록하여 출제경향을 한눈에 파악하도록 하였다.
❷ L-TAB 출제영역별 대표유형을 수록하여 문제유형별 접근 전략을 확인할 수 있도록 하였다.
❸ 모의고사와 OMR 답안카드를 수록하여 실제 시험처럼 연습할 수 있도록 하였다.
❹ 조직적합진단/면접을 수록하여 한 권으로 롯데그룹 채용 전반에 대비하도록 하였다.
❺ 유튜브 무료 동영상 강의를 제공하여 핵심 문제를 자세하게 학습할 수 있도록 하였다.

끝으로 본서를 통해 롯데그룹 조직 · 직무적합진단 L-TAB을 준비하는 여러분 모두의 건강과 합격을 진심으로 기원한다.

SDC(Sidae Data Center) 씀

○ 미션

> **사랑과 신뢰를 받는 제품과 서비스를 제공하여
> 인류의 풍요로운 삶에 기여한다.**
>
> ⋯⋯⋯⋯⋯⋯⋯⋯⋯⋯⋯⋯⋯⋯⋯⋯⋯⋯⋯⋯⋯⋯⋯⋯⋯⋯⋯⋯⋯⋯⋯⋯
>
> We enrich people's lives by providing superior products and services
> that our customers love and trust.

풍요	기여	확장
롯데가 설립 이래 지속적으로 고객에게 제공해 온 '풍요'의 가치를 강조해 타 그룹과 차별성을 나타낸다.	'고객의 사랑과 신뢰를 받고 인류의 삶에 기여'하기 위한 끊임없는 노력의 동기를 제공한다.	'제품과 서비스' 그리고 '인류'라는 포괄적인 표현으로 신규 사업영역 확장의 의지를 피력한다.

○ 비전

> **Lifetime Value Creator
> '새로운 50년을 향한 다짐'**
>
> ⋯⋯⋯⋯⋯⋯⋯⋯⋯⋯⋯⋯⋯⋯⋯⋯⋯⋯⋯⋯⋯⋯⋯⋯⋯⋯⋯⋯⋯⋯⋯⋯
>
> 롯데는 미래 50년 동안에도 지속가능한 성장을 이룰 수 있도록 그룹의 성장 방향을 질적 성장으로 전환하고, 이에 맞춰 새로운 비전을 선포하였다. 「Lifetime Value Creator」에는 롯데의 브랜드를 통해 고객에게 전 생애주기에 걸쳐 최고의 가치를 선사하겠다는 의미가 담겨있다.

○ 핵심가치

Beyond Customer Expectation

우리는 고객의 요구를 충족하는 데 머무르지 않고, 고객의 기대를 뛰어넘는 가치를 창출해낸다.

Challenge

우리는 업무의 본질에 집중하며 끊임없는 도전을 통해 더 높은 수준의 목표를 달성해 나간다.

Respect

우리는 다양한 의견을 존중하며 소통하고, 원칙을 준수함으로써 신뢰에 기반한 공동체를 지향한다.

Originality

우리는 변화에 민첩하게 대응하고, 경계를 뛰어넘는 협업과 틀을 깨는 혁신을 통해 쉽게 모방할 수 없는 독창성을 만든다.

○ 인재상

자신의 성장과 함께 우리 사회를 보다 성숙시켜 나갈
열정과 **책임감**을 갖춘 글로벌 인재

1
실패를 두려워하지
않는 인재

2
실력을 키우기 위해
끊임없이 노력하는 인재

3
협력과 상생을
아는 인재

2023년 기출분석 ANALYSIS

총평

하반기 총평

2023년 하반기 롯데 온라인 L-TAB은 지난 상반기 시험과 비슷한 유형과 난이도로 출제되었다. 지난 시험과 마찬가지로 비교적 긴 응시 시간에도 불구하고 시간 관리가 필수적이었다. 이메일과 메신저를 함께 전송해야 하는 L-TAB의 특성상 문제풀이 외에 소모되는 시간이 있기 때문이다. 따라서 수험생은 본인에게 맞는 순서를 세워 문제를 차근차근 풀어나가야 했다.

자료해석의 경우, 대부분 깔끔한 수치의 문제들이 출제되어 복잡하지 않은 계산으로 답을 도출할 수 있었다. 문제를 빠르게 풀어내고, 확보한 시간을 적절하게 분배하는 것이 중요한 시험이었다.

상반기 총평

기존에 출제되었던 유형에서 크게 벗어나는 문제는 없었으며 난이도는 평이했다. 응시 시간은 사전 준비 1시간을 제외하면 2시간이지만 문항 수가 많기 때문에 시간 관리가 필수적이었다.

계산 문제도 단순하였으며, 프로그램 내 계산기나 메모장을 사용할 수 있었다. 다만 여러 자료를 동시에 활용하는 문제, 지문의 세부 내용을 파악해야 하는 문제 등이 출제되어 꼼꼼함을 요구하는 시험이었다.

⟳ 시험 진행

구분	개요	시간
조직적합진단	• 롯데그룹의 인재상에 부합하는 인재인지 평가 • 지원자 개인 성향 및 인성 위주 질문 구성	1시간
직무적합진단	• 실제 업무 상황처럼 구현된 Outlook 메일함/자료실 환경에서 이메일 및 메신저 등으로 전달된 다수의 과제 수행 • 문항에 따라 객관식, 주관식, 자료 첨부 등 다양한 형태의 답변이 가능 • 문항 수 구분은 없으나 대략적으로 하나의 상황마다 3∼4문제의 문항 수가 주어짐	3시간 (사전 준비 1시간 포함)

※ 조직적합진단은 직무적합진단 시행 이전에 진행되며, 일반적인 인성검사와 유사하다.

※ 직무적합진단 시작 전에 1시간의 점검 및 준비 시간이 주어진다.

※ 직무적합진단의 경우 상세한 문항 수 구분은 없으나 대략 하나의 상황마다 3∼4문제가 묶여 출제된다.

온라인 시험 Tip INFORMATION

❖ 적성검사(직무적합진단) 형식 및 답변 방식

영역	• 3개 영역 • 언어적 사고, 수리적 사고, 문제해결
문제 형식	• 실제 업무 상황처럼 구현된 Outlook 메일함/자료실 환경에서 신입사원으로서 겪을 수 있는 다양한 과제를 해결해 가는 형식
답변 방식	• 이메일 혹은 메신저 형태로 제시된 과제에 대하여 응시자가 [이메일-회신] 혹은 [메신저-답장]을 통해 답변 등록 • 객관식, 주관식, 특정 자료 첨부 등의 여러 가지 형태로 답변 가능

❖ 필수 준비물

❶ 타인과 접촉이 없으며 원활한 네트워크 환경이 조성된 응시 장소
❷ 권장 사양에 적합한 PC 및 주변기기(웹캠, 마이크, 스피커, 키보드, 마우스)
❸ 신분증(주민등록증, 주민등록증 발급 확인서, 운전면허증, 여권, 외국인거소증 중 택 1), 휴대전화

❖ 유의사항

❶ 반기 1회 응시 결과를 해당 반기 내 활용한다(상반기 6/30, 하반기 12/31까지 유효).
❷ 사전 검사 미실시 시 본 진단에 참여할 수 없으므로 반드시 실시해야 한다.
❸ 부정행위 의심을 받을 수 있으니 문제 풀이 외의 행동을 삼간다.
❹ 준비 물품 이외의 물품은 책상 위에서 제외하도록 한다.
❺ 시험 도중 화장실에 갈 수 없으므로 주의한다.
❻ 시험을 보기 전날, 롯데그룹에서 제공하는 직무적합진단 응시자 매뉴얼을 마지막으로 숙지한다.

신입사원 채용 안내 INFORMATION

롯데그룹은 2021년부터 수시채용을 통해 계열사별로 필요한 시기와 인원을 판단하여 신입사원을 채용하고 있다. 전반적인 채용 절차는 다음과 같으나, 지원 회사 및 모집 분야에 따라 세부적인 절차가 달라지므로, 정확한 절차는 개별 채용 공고를 통해 확인해야 한다.

○ 채용전형 절차

서류전형   조직·직무적합진단(L-TAB)   면접전형   건강검진   최종합격

서류전형
- ▶ 롯데그룹의 미션과 비전에 공감하고 핵심가치에 부합하는 지원자를 선별하는 전형
- ▶ 지원자의 기본적 자질 및 가치관을 심사하고 입사지원서 기재사항에 대한 사실 여부 확인

L-TAB
- ▶ 지원자의 조직적응력 및 직무적합성을 판단하기 위한 기초능력 진단
- ▶ 조직적합진단 : 지원자의 성격과 가치관이 롯데그룹의 문화와 얼마나 부합하는지 판단
- ▶ 직무적합진단 : 지원자가 직무 수행을 위한 기초역량을 갖추었는지 종합적으로 판단

면접전형
- ▶ 지원자의 역량, 가치관 및 발전 가능성을 종합적으로 심사
- ▶ 다양한 방식을 하루 동안 ONE-STOP으로 진행(역량면접, 임원면접, PT면접, GD면접, 외국어 평가 등)
- ※ 지원하는 계열사·직무에 따라 면접유형이 상이할 수 있습니다.

건강검진 및 합격
- ▶ 건강검진은 계열사별로 진행하며, 안내받은 일정과 장소에 방문하여 검진 시행
- ▶ 최종합격자에 한하여 입사 후 그룹 및 계열사 입문교육 시행

❖ 채용절차는 채용유형, 채용직무, 채용시기 등에 따라 변동될 수 있으므로 반드시 발표되는 채용공고를 확인하기 바랍니다.

롯데그룹 온라인 L-TAB 합격기

"생소함이 최대의 적!"

취업을 본격적으로 준비하면서 자연스레 인적성검사에 관심을 갖게 되었습니다. 롯데 그룹에 취업하기로 마음먹고 정보를 찾다 보니 롯데의 L-TAB은 상대적으로 쉬운 편에 속한다는 이야기를 듣고 내심 안심했었습니다. 그런데 막상 SD에듀 책을 사서 풀어보니 학교에서 접했던 문제들과는 생김새가 많이 달라 당황했습니다. 특히 온라인 시험으로 전환되면서 기존의 인적성검사 문제들과는 전혀 다른 문제들이라 처음에는 어려웠지만 요령이 생기면서 걱정 없이 풀 수 있었습니다.

"온라인 L-TAB을 위한 최고의 대비책"

온라인으로 응시하는 시험은 처음이라 걱정이 많았습니다. 평소 종이에 푸는 것처럼 시험을 볼 수 없다는 게 가장 큰 걱정이었어요. 그래서 이것저것 방법을 알아봤는데, 마침 SD에듀에서 롯데그룹만을 위한 수험서를 출간했더라고요. 솔직히 온라인으로 보는 시험이라 문제집을 푸는 게 맞을까 고민했어요. 하지만 걱정과는 달리 신유형의 문제들이 수록되어 있는 SD에듀의 문제집 덕분에 자신감이 생겼어요. 다양한 유형의 문제를 풀어보니 금방 적응되더라고요. 실제 시험에서도 당황하지 않을 수 있었습니다. 새로운 방식과 유형의 문제를 맞닥뜨리는 게 걱정되는 분들께 SD에듀의 책을 적극적으로 추천합니다.

❖ 본 독자 후기는 실제 SD에듀의 도서를 통해 공부하여 합격한 독자들께서 보내주신 후기를 재구성한 것입니다.

주요 대기업 적중 문제 TEST CHECK

롯데

언어적 사고 ▶ 일치 · 불일치

2023년 적중

Hard

39 귀하가 정리한 글을 읽은 팀장은 '청렴함'에 대한 다른 해석을 보이는 글을 참고해 수정해보라며 다음 글을 보내주었다. 다음을 읽고 귀하가 이해한 '자본주의 정신'에 대한 설명 중 적절하지 않은 것은?

> 『프로테스탄트 윤리와 자본주의 정신(The Protestant Ethic and the Spirit of Capitalism)』은 독일의 경제학자이자 사회학자인 막스 베버의 저서로, 베버의 사망 직후인 1920년 책으로 간행된 이래 현재까지도 자본주의의 발생과 발전을 연구하는 학자들에게 귀한 고전으로 평가받고 있다. 당시 베버는 영국이나 미국, 네덜란드 등 개신교의 영향이 강한 나라에서는 자본주의가 발달하는 반면 이탈리아, 스페인 등 가톨릭의 영향이 강한 나라나 이슬람교, 힌두교, 유교 등의 영향이 강한 나라에서는 자본주의의 발달이 늦는 것을 발견하고 모종의 인과관계를 느꼈다. 『프로테스탄트 윤리와 자본주의 정신』은 바로 그러한 의문에 대한 베버 나름의 해답을 담고 있다.
>
> 책에서 베버는 근대 자본주의의 근본이 당시의 통념과는 전혀 다른 것이라고 기술한다. 즉, 끝없이 자신의 이윤만을 추구하는 것은 자본주의 물론, 자본주의의 정신과는 더더욱 관계가 없으며, 오히려 비합리적인 충동이 억제나 합리적 조정과 동일시할 수 있다는 것이다. 인격 이해가 가지 않는

수리적 사고 ▶ 경우의 수 / 확률

2023년 적중

08 귀하가 작성한 자료를 확인한 E팀장은 부서 내 메신저를 통해 우선순위가 높은 두 자격증의 사내 교육 프로그램 공고를 올린 뒤 무기명 투표를 통해 각 프로그램의 선호도를 조사하였다. 부서원 40명 중 두 프로그램을 모두 듣겠다고 답한 인원은 12명, 두 프로그램을 모두 듣지 않겠다고 답한 인원은 15명이다. 1번 프로그램을 듣겠다는 인원이 16명일 경우, 모든 부서원 중 한 명을 택했을 때 2번 프로그램만 듣겠다고 답한 인원일 확률은?

① $\dfrac{9}{40}$ ② $\dfrac{1}{4}$

③ $\dfrac{11}{40}$ ④ $\dfrac{3}{10}$

⑤ $\dfrac{13}{ }$

문제해결 ▶ 문제해결

2023년 적중

※ 다음은 제주도에서 열리는 L사의 창립기념일 기념행사 및 세미나에 관한 자료이다. 제시된 자료를 참고하여 이어지는 물음에 답하시오. **[29~32]**

> **〈박대리의 조언〉**
>
> 창립기념행사 준비물은 잘 챙기고 있지? 생각보다 챙길 물건이 많을 거라 당일 쓰임에 맞게 분류하는 게 편할 거야. 우선 내부에서도 늘 사용하니 가지고 갔다가 다시 회수해서 돌아와야 할 물품과 워크숍에서 사용하고 바로 버릴 소모품, 참가자들에게 나누어 줄 물품으로 분류해서 리스트 만들고 또 재고관리하면 편할 거야.

〈창립기념일 및 세미나 준비물과 재고 현황〉

디지털카메라 10대	비디오카메라 10대	다과바구니 20개
종이컵 10줄(100EA)	볼펜 100개	명찰 100개
문화상품권 20장 (10,000원 10장, 5,000원 10장)	노트북 10대	과자 20박스

삼성

수리 ▶ 자료해석

06 다음은 지역별 내·외국인 거주자 현황을 나타내는 자료이다. 이에 대한 설명으로 옳은 것은?

〈지역별 내·외국인 거주자 현황〉

지역	2020년		2021년		2022년	
	거주자 (만 명)	외국인 비율 (%)	거주자 (만 명)	외국인 비율 (%)	거주자 (만 명)	외국인 비율 (%)
서울	1,822	8.2	2,102	9.2	1,928	9.4
인천	1,350	12.2	1,552	15.9	1,448	16.1
경기	░░░	░░.░	░,░░░	░░.░	░,░░░	░░.░
강원	280	1.8	221	1.2	255	1
대전	135	4.5	102	3.1	142	3.5
세종	28	5.2	24	5.3	27	5.7
충청	688	1.2	559	0.5	602	0.7
경상	820	2.8	884	2.1	880	6
전라	741	2.1	668	1.9	708	1.7
대구	1,000	0.8	1,011	0.1	1,100	1.8

추리 ▶ 명제

※ 제시된 명제가 참일 때, 빈칸에 들어갈 명제로 가장 적절한 것을 고르시오. [1~3]

01

전제1. 포유류는 새끼를 낳아 키운다.
전제2. 고양이는 포유류이다.
결론. _____

① 포유류는 고양이이다.
② 고양이는 새끼를 낳아 키운다.
③ 새끼를 낳아 키우는 것은 고양이이다.

추리 ▶ 진실게임

Hard

05 하경이는 생일을 맞이하여 같은 반 친구들인 민지, 슬기, 경서, 성준, 민준을 생일 파티에 초대하였다. 하경이와 친구들이 함께 축하 파티를 하기 위해 간격이 일정한 원형 테이블에 다음 〈조건〉과 같이 앉았을 때, 항상 참이 되는 것은?

조건
• 하경이의 바로 옆 자리에는 성준이나 민준이가 앉지 않았다.
• 슬기는 성준이 또는 경서의 바로 옆 자리에 앉았다.
• 민지의 바로 왼쪽 자리에는 경서가 앉았다.
• 슬기와 민준이 사이에 한 명이 앉아 있다.

① 하경이는 민준이와 서로 마주보고 앉아 있다.
② 민지는 민준이 바로 옆 자리에 앉아 있다.
③ 경서는 하경이 바로 옆 자리에 앉아 있다.

주요 대기업 적중 문제 TEST CHECK

언어이해 ▶ 비판 / 반박

Hard

15 다음 글의 주장에 대한 반박으로 가장 적절한 것은?

> 인간은 사회 속에서만 자신을 더 나은 존재로 느낄 수 있기 때문에 자신을 사회화하고자 한다. 인간은 사회 속에서만 자신의 자연적 소질을 실현할 수 있는 것이다. 그러나 인간은 자신을 개별화하거나 고립시키려는 성향도 강하다. 이는 자신의 의도에 따라서만 행위하려는 반사회적인 특성을 의미한다. 그리고 저항하려는 성향이 자신뿐만 아니라 다른 사람에게도 있다는 사실을 알기 때문에, 그 자신도 곳곳에서 저항에 부딪히게 되리라 예상한다.
>
> 이러한 저항을 통하여 인간은 모든 능력을 일깨우고, 나태해지려는 성향을 극복하며, 명예욕이나 지배욕, 소유욕 등에 따라 행동하게 된다. 그리하여 동시대인들 가운데에서 자신의 위치를 확보하게 된다. 이렇게 하여 인간은 야만의 상태에서 벗어나 문화를 이루기 위한 진정한 진보의 첫걸음을 내딛게 된다. 이때부터 모든 능력이 점차 계발되고 아름다움을 판정하는 능력도 형성된다. 나아가 자연적 소질에 의해 도덕성을 어렴풋하게 느끼기만 하던상 태에서 벗어나, 지속적인 계몽을 통하여 구체적인 실천 원리를 명료하게 인식할 수 있는 성숙한 단계로 접어든다. 그 결과 자연적인 감정을 기반으로 결합된 사회를 도덕적인 전체로 바꿀 수 있는 사유 방식이 확립된다.
>
> 인간에게 이러한 반사회성이 없다면, 인간의 모든 재능은 꽃피지 못하고 만족감과 사랑으로 가득 찬 목가적인 삶속에서 영원히 묻혀 버리고 말 것이다. 그리고 양처럼 선량한 기질의 사람들은 가축

언어추리 ▶ 조건추리

03 고등학교 동창인 A ~ F 여섯 명은 중국음식점에서 식사를 하기 위해 원형 테이블에 앉았다. 〈조건〉이 다음과 같을 때, 항상 옳은 것은?

조건
- E와 F는 서로 마주보고 앉아 있다.
- C와 B는 붙어 있다.
- A는 F와 한 칸 떨어져 앉아 있다.
- D는 F의 바로 오른쪽에 앉아 있다.

① A와 B는 마주보고 있다.   ② A와 D는 붙어 있다.
③ B는 F와 붙어 있다.   ④ C는 F와 붙어 있다.
⑤ D는 C와 마주보고 있다.

창의수리 ▶ 방정식

☑ 제한시간 60초

09 S씨는 뒷산에 등산을 갔다. 오르막길 A는 1.5km/h로 이동하였고, 내리막길 B는 4km/h로 이동하였다. A로 올라갔다가 B로 내려오는 데 총 6시간 30분이 걸렸고, 정상에서 30분 동안 휴식을 하였다. 오르막길과 내리막길이 총 14km일 때, A의 거리는?

① 2km   ② 4km
③ 6km   ④ 8km
⑤ 10km

포스코

자료해석 ▶ 자료이해

Easy
01 P편의점은 3 ~ 8월까지 6개월간 캔 음료 판매현황을 아래와 같이 정리하였다. 다음 자료를 이해한 내용으로 적절하지 않은 것은?(단, 3 ~ 5월은 봄, 6 ~ 8월은 여름이다)

〈P편의점 캔 음료 판매현황〉

(단위 : 캔)

구분	맥주	커피	탄산음료	이온음료	과일음료
3월	601	264	448	547	315
4월	536	206	452	523	362
5월	612	184	418	519	387
6월	636	273	456	605	406
7월	703	287	476	634	410
8월	812	312	513	612	419

추리 ▶ 버튼도식

※ 다음 규칙을 바탕으로 이어지는 질문에 답하시오. [9~12]

작동 버튼	기능
A	홀수 칸의 도형을 서로 바꾼다.
B	짝수 칸의 도형을 서로 바꾼다.
C	첫 번째와 두 번째의 도형을 서로 바꾼다.
D	세 번째와 네 번째의 도형을 서로 바꾼다.

09 〈보기〉의 왼쪽 상태에서 작동 버튼을 두 번 눌렀더니, 오른쪽과 같은 결과가 나타났다. 다음 중 작동 버튼의 순서를 바르게 나열한 것은?

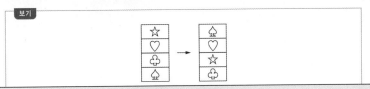

추리 ▶ 수추리

※ 일정한 규칙으로 수를 나열할 때, 빈칸에 들어갈 알맞은 숫자를 고르시오. [14~15]

14

| −11 | −22 | −12 | −3 | −6 | ( ) | 1 |

① −9 ② 2
③ 4 ④ 6

도서 200% 활용하기 STRUCTURES

1 4개년 기출복원문제

▶ 2023~2020년 시행된 롯데그룹 L-TAB 기출복원문제를 수록하였다.
▶ 4개년 기출복원문제를 토대로 학습 전 자신의 실력을 판단하도록 하였다.

2 언어적 · 수리적 사고 / 문제해결

▶ L-TAB 출제영역별 핵심이론 및 대표유형 · 유형분석을 수록하였다.
▶ 언어적 · 수리적 사고 및 문제해결 영역의 유형별 접근 전략을 학습할 수 있도록 하였다.

3 최종점검 모의고사 + 도서 동형 온라인 실전연습 서비스

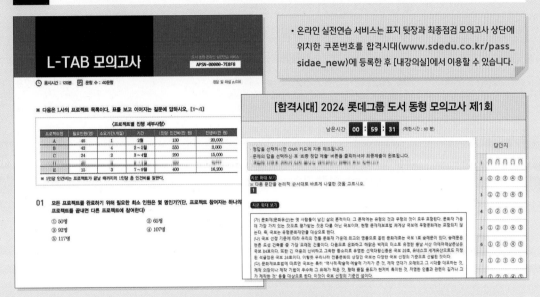

• 온라인 실전연습 서비스는 표지 뒷장과 최종점검 모의고사 상단에 위치한 쿠폰번호를 합격시대(www.sdedu.co.kr/pass_sidae_new)에 등록한 후 [내강의실]에서 이용할 수 있습니다.

▶ 실제 시험과 유사하게 구성된 모의고사와 OMR 답안카드를 수록하였다.
▶ 도서 동형 온라인 실전연습 서비스를 제공해 실전처럼 연습할 수 있도록 하였다.

4 조직적합진단 / 면접

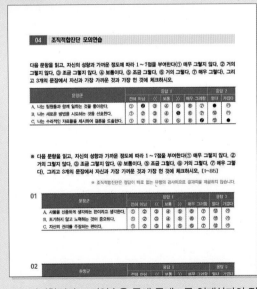

▶ 조직적합진단 모의연습을 통해 롯데그룹 인재상과의 적합 여부를 판단할 수 있도록 하였다.
▶ 롯데그룹 면접 기출 질문을 수록하여 한 권으로 채용 전반에 대비할 수 있도록 하였다.

목차 CONTENTS

1일 차

최신 출제 경향 파악하기

정답 및 해설 p.002

※ L사는 문화의 날을 기념하여 '영화가 있는 밤' 행사를 진행하려고 한다. 다음은 마케팅 부서에 신입사원으로 입사한 귀하가 작성한 글이다. 이를 보고 이어지는 질문에 답하시오. [1~4]

영화의 역사는 신기한 ⊙ 눈요기거리라는 출발점을 지나 예술적 가능성을 실험하며 고유의 표현 수단을 발굴해 온 과정이었다. 그 과정에서 미학적 차원의 논쟁과 실천이 거듭되었다. 그중 리얼리즘 미학의 확립에 큰 역할을 한 인물로 프랑스 영화 비평가 바쟁이 있다.

바쟁은 '미라(Mirra) 콤플렉스'와 관련하여 조형 예술의 역사를 설명한다. 고대 이집트인이 만든 미라에는 죽음을 넘어서 생명을 길이 보존하고자 하는 욕망이 ⓒ 깃들어 있거니와, 그러한 '복제의 욕망'은 회화를 비롯한 조형 예술에도 강력한 힘으로 작용해 왔다고 한다. 그 욕망은 르네상스 시대 이전까지 작가의 자기표현 의지와 일정한 균형을 이루어 왔다. 하지만 원근법이 등장하여 대상의 사실적 재현에 성큼 다가서면서 회화의 관심은 복제의 욕망 쪽으로 기울게 되었다. 그 상황은 사진이 발명되면서 다시 한 번 크게 바뀌었다. 인간의 주관성을 배제한 채 대상을 기계적으로 재현하는 사진이 발휘하는 모사의 신뢰도는 회화에 비할 바가 아니었다. 사진으로 인해 조형예술은 비로소 복제의 욕망으로부터 자유롭게 되었다.

영화의 등장은 대상의 재현에 또 다른 획을 그었다. 바쟁은 영화를, 사진의 기술적 객관성을 시간 속에서 완성함으로써 대상의 살아 숨 쉬는 재현을 가능케 한 진일보한 예술로 본다. 시간의 흐름에 따른 재현이 가능해진 결과, 더욱 닮은 지문(指紋) 같은 현실을 제공하게 되었다. 바쟁에 의하면 영화와 현실은 본질적으로 친화력을 지닌다. 영화는 현실을 시간적으로 ⓒ 구현한다는 점에서 현실의 연장이며, 현실의 숨은 의미를 드러내고 현실에 밀도를 제공한다는 점에서 현실의 정수이다. 영화의 이러한 리얼리즘적 본질은 그 자체로 심리적·기술적·미학적으로 완전하다는 것이 그의 시각이다.

바쟁은 형식주의적 기교가 현실의 복잡성과 모호성을 침해하여 현실을 왜곡할 수 있다고 본다. 그는 현실의 참모습을 변조하는 과도한 편집 기법보다는 단일한 숏(Shot)*을 길게 촬영하는 롱 테이크 기법을 지지한다. 그것이 사건의 공간적 단일성을 존중하고 현실적 사건으로서의 가치를 보장하기 때문이다. 그는 또한 ⓔ 후경에서 배경에 이르기까지 공간적 깊이를 제공하는 촬영을 지지한다. 화면 속에 여러 층을 형성하여 모든 요소를 균등하게 드러냄으로써 현실을 진실하게 반영할 수 있으며 관객의 시선에도 자유를 부여할 수 있다는 것이다.

영화는 현실을 겸손한 자세로 따라가면서 해석의 개방성을 ⓜ 감수해야 한다는 믿음, 이것이 바쟁이 내건 영화관의 핵심에 놓여 있다. 그 관점은 수많은 형식적 기교가 발달한 오늘날에도 많은 지지를 얻으며 영화적 실천의 한 축을 이루고 있다.

*숏 : 카메라가 한 번 촬영하기 시작해서 끝날 때까지의 연속된 한 화면 단위

01 윗글에 나타난 '바쟁'의 생각을 이해한 내용으로 적절하지 않은 것은?

① 조형 예술의 역사에는 '미라 콤플렉스'가 내재되어 있다.
② 영화는 회화나 사진보다 재현의 완성도가 높은 예술이다.
③ 영화는 현실을 의도적으로 변형하고 재구성하는 예술이다.
④ 영화는 현실의 풍부함과 진실을 드러낼 수 있는 예술이다.
⑤ 사진은 회화가 표현의 자율성을 확보하는 데 영향을 미쳤다.

02 '바쟁의 영화관(映畵觀)'에 동조하는 감독이 영화를 제작했을 때, 이 영화에 대한 반응으로 적절하지 않은 것은?

① 불가피한 경우를 제외하고는 편집을 자제하고 있구나.
② 현실을 대하는 것 같은 공간적 깊이감을 보여주는구나.
③ 대상을 왜곡할 수 있는 기교를 배제하려고 노력하는구나.
④ 숏의 길이를 길게 하여 현실의 시간과 유사한 느낌을 주는구나.
⑤ 화면 속의 중심 요소에 주목하게 하여 관객의 시선을 고정하고 있구나.

03 귀하는 작성한 글을 제출하기 전, 의미를 분명하게 전달하기 위해 수정하고자 한다. 다음 중 밑줄 친 ㉠~㉤의 수정 방안으로 적절하지 않은 것은?

① ㉠ : '눈요깃거리라는'으로 수정한다.   ② ㉡ : '깃들어'로 수정한다.
③ ㉢ : '구현한다는'으로 수정한다.   ④ ㉣ : '전경에서'로 수정한다.
⑤ ㉤ : '담보해야'로 수정한다.

04 귀하는 '영화가 있는 밤' 행사에 참석한 직원들에게 선호하는 영화 장르에 대한 설문조사를 진행하였고, 다음과 같이 설문조사 결과를 정리하였다. 정리한 내용이 모두 참일 때, 바르게 유추한 것은?

> • 멜로 영화를 좋아하는 사람은 독립 영화를 좋아한다.
> • 공포 영화를 좋아하는 사람은 SF 영화를 좋아한다.
> • 독립 영화를 좋아하지 않는 사람은 SF 영화를 좋아하지 않는다.

① 멜로 영화를 좋아하지 않는 사람은 SF 영화를 좋아한다.
② 독립 영화를 좋아하는 사람은 SF 영화를 좋아하지 않는다.
③ SF 영화를 좋아하는 사람은 멜로 영화를 좋아하지 않는다.
④ 공포 영화를 좋아하는 사람은 독립 영화를 좋아한다.
⑤ 공포 영화를 좋아하는 사람은 멜로 영화를 좋아하지 않는다.

※ 다음은 L사의 사내 게시판에 올라온 현대인의 대인 관계에 대한 글이다. 이를 보고 이어지는 질문에 답하시오. [5~8]

우리 현대인은 대인 관계에 있어서 가면을 쓰고 살아간다. 물론 그것이 현대 사회를 살아가기 위한 인간의 기본적인 조건인지도 모른다. 어빙 고프만 같은 학자는 사람이 다른 사람과 교제를 할 때, 상대방에 대한 자신의 인상을 관리하려는 속성이 있다는 점을 강조한다. 즉, 사람들은 대체로 남 앞에 나설 때에는 가면을 쓰고 연기를 하는 배우와 같이 행동한다는 것이다.

왜 그런 상황이 발생하는 것일까? 그것은 주로 대중문화의 속성에 기인한다. 사실 20세기의 대중문화는 과거와는 다른 새로운 인간형을 탄생시키는 배경이 되었다고 할 수 있다. 특히 광고는 내가 다른 사람의 눈에 어떻게 보일 것인가 하는 점을 끊임없이 반복하고 강조함으로써 ㉮ 사람들에게 조바심이나 공포감을 불러일으키기까지 한다. 그중에서도 외모와 관련된 제품의 광고는 개인의 삶의 의미가 '자신이 남에게 어떤 존재로 보이느냐'라는 것을 무수히 주입시킨다. 역사학자들도 '연기하는 자아'의 개념이 대중문화의 부상과 함께 더욱 의미 있는 것이 되었다고 말한다. 그들은 적어도 20세기 초부터 '성공'은 무엇을 잘하고 열심히 하는 것이 아니라 '인상 관리'를 어떻게 하느냐에 달려 있다고 한다. 이렇게 자신의 일관성을 잃고 상황에 따라 적응하게 되는 현대인들은 대중매체가 퍼뜨리는 유행에 민감하게 반응하는 과정에서 자신의 취향을 형성해 가고 있다.

이렇듯 현대인의 새로운 타자 지향적인 삶의 태도는 개인에게 다른 사람들의 기대와 순간의 욕구에 의해 채워져야 할 빈 공간이 될 것을 요구했다. 현대 사회에서 각 개인은 사회 적응을 위해 역할 수행자가 되어야 하고, 스스로 자신의 연기를 모니터하면서 상황에 따라 편리하게 '사회적 가면'을 쓰고 살아가게 되었다. 이는 세련되었다는 평을 받는 사람들의 경우에 더욱 그러하다. 흔히 거론되는 '신세대 문화'의 특성 중 하나도 '사회적 가면'의 착용이라고 볼 수 있다. 물론 신세대는 구세대에 비해 훨씬 더 솔직하고 가식이 없다는 장점을 지니고 있다. 여기서 '가면'은 특정한 목적을 위해 자기를 감추거나 누구를 속인다는 부정적인 의미만을 갖고 있는 것은 아니다. 다만, 신세대는 남에게 보이는 자신의 모습에서 만족을 느끼는 정도가 크기 때문에 그런 만족을 얻기 위해 기울이는 노력이 크고, 그것은 자신의 자아를 돌아볼 여유도 없이 '가면'에만 충실하게 되는 것이다.

㉠ 과거를 향유했던 사람들은 비교적 사람의 내면세계를 중요시했다. 겉으로 드러나는 모습은 허울에 불과하다고 믿었기 때문이다. 그러나 ㉡ 현시대를 살아가는 사람들의 모습을 보면 인간관계에 있어 그 누구도 타인의 내면세계를 깊이 알려고 하지 않거니와, 사실 그럴만한 시간적 여유도 없는 경우가 많다. 그런 이유로 무언가 '느낌'으로 와 닿는 것만을 중시하며 살아간다. 그 '느낌'이란 것은 꼭 말로 설명할 수는 없다 하더라도 겉으로 드러난 모습에 의해 영향을 받기 마련이다. 옷차림새나 말투 하나만 보고도 금방 그 어떤 '느낌'이 형성될 수도 있는 것이다. 사람을 단지 순간적으로 느껴지는 겉모습만으로 판단한다는 것은 위험하기 짝이 없는 일임에도 불구하고, 현대인들은 겉모습에서 주어지는 인상에 의해 상대방을 파악하고 인식하는 것을 거부하지 못하는 데에 문제가 있다.

05 윗글에서 글쓴이가 궁극적으로 말하고자 하는 것은?

① 현대인들은 세대 간에 이해의 폭을 넓혀야 한다.
② 현대인들은 자아 중심적 세계에서 벗어나야 한다.
③ 현대인들은 자신의 내면적 가치를 추구해야 한다.
④ 현대인들은 남과 더불어 사는 삶을 추구해야 한다.
⑤ 현대인들은 긍정적 세계관을 지니도록 노력해야 한다.

06 다음 중 밑줄 친 ㉮의 사례로 적절하지 않은 것은?

① 홈쇼핑 광고를 보던 주부가 쇼핑 도우미의 말을 듣고 그 물건을 사지 않으면 자기만 손해를 보는 것 같아 상품을 주문하였다.

② 여학생이 납량 특집 영화에서 화장실에 귀신이 나오는 장면을 본 후로는, 화장실 가기가 무서워 꼭 친구들과 함께 가게 되었다.

③ 한 소녀가 살을 빼는 식품 광고에 나오는 다른 소녀의 마른 모습을 본 후, 자신은 살이 많이 쪘다고 생각하여 살을 빼려고 운동을 시작했다.

④ 텔레비전 오락 프로그램에 나온 연예인들이 입고 있는 멋진 옷을 본 사람이 그 옷을 입지 않으면 유행에 뒤떨어질 것이라고 생각하여 그 옷을 샀다.

⑤ 잡지에서 '건강하게 오래 사는 가구 배치 방법'이라는 기사를 읽은 사람이 그렇게 하지 않으면 금방 병이 날 것처럼 생각되어 가구를 다시 배치하였다.

07 다음 중 ㉠의 입장에서 ㉡을 비판할 수 있는 속담으로 가장 적절한 것은?

① 뚝배기보다 장맛이다.

② 겉이 고우면 속도 곱다.

③ 같은 값이면 다홍치마다.

④ 장님 코끼리 만지기 격이다.

⑤ 보기 좋은 떡이 먹기도 좋다.

08 사내 게시판에 올라온 글을 읽고 D사원은 내면의 아름다움을 가꾸기 위해 필라테스 수업에 등록했다. 평일에는 바렐, 체어, 리포머의 세 가지 수업이 동시에 진행되며, 토요일에는 리포머 수업만 진행된다. 센터 회원은 전용 어플을 통해 자신이 원하는 수업을 선택하여 1주일간의 운동 스케줄을 등록할 수 있다. 센터 회원인 D사원이 월요일부터 토요일까지 〈조건〉에 따라 운동 스케줄을 등록할 때, 다음 중 옳지 않은 것은?

> **조건**
> • 바렐 수업은 일주일에 1회 참여한다.
> • 체어 수업은 일주일에 2회 참여하되, 금요일에 1회 참여한다.
> • 리포머 수업은 일주일에 3회 참여한다.
> • 동일한 수업은 연달아 참여하지 않는다.
> • 월요일부터 토요일까지 수업을 듣지 않는 날은 없다.
> • 하루에 1개의 수업만 들을 수 있다.

① 월요일에 리포머 수업을 선택한다면, 화요일에는 체어 수업을 선택할 수 있다.

② 월요일에 체어 수업을 선택한다면, 수요일에는 바렐 수업을 선택할 수 있다.

③ 화요일에 체어 수업을 선택한다면, 수요일에는 바렐 수업을 선택할 수 있다.

④ 화요일에 바렐 수업을 선택한다면, 수요일에는 리포머 수업을 선택할 수 있다.

⑤ 수요일에 리포머 수업을 선택한다면, 목요일에는 바렐 수업을 선택할 수 있다.

※ 2026년 완공 예정인 L쇼핑몰 대구 지점과 관련한 워크숍이 대구 지부에서 진행되었다. 다음은 해당 워크숍에 참여한 기획부서 박대리의 출장에 대한 자료이다. 이를 보고 이어지는 질문에 답하시오. **[9~12]**

〈상황〉

- 서울 지부에서 근무하는 박대리는 대구 지부에서 열리는 워크숍에 3박 4일간 참석하고자 한다.
- 워크숍은 10월 20일 오후 1시에 시작하여, 10월 23일 오후 5시까지 진행된다.
- 박대리는 서울 지부에서 대구 지부까지 이동 시 김포공항에서 대구공항으로 향하는 항공편을 이용한다.
- 박대리는 워크숍 시작 1시간 전에는 대구공항에 도착하고자 하며, 워크숍 종료 후 2시간 이내에는 김포행 항공편에 탑승하고자 한다.
- 식비는 출장 시작일과 마지막일을 포함하여 하루당 3만 원이 지급된다.
- 대구공항부터 워크숍 장소인 대구 지부까지의 이동수단 중 항공료를 제외한 교통비는 하루당 1만 원이 지급된다.
- 숙박비는 1박당 8만 원이 지급된다.

〈항공편 정보〉

- 박대리는 다음 항공편 중에서 선택하여 이용한다.

구분	출발	도착	출발시간	도착시간	편도요금
IA910	김포공항	대구공항	10:00	10:50	34,500원
JI831	김포공항	대구공항	12:10	13:20	41,000원
BQ381	김포공항	대구공항	14:00	14:50	40,500원
GO904	대구공항	김포공항	16:40	17:30	56,000원
TK280	대구공항	김포공항	18:00	18:50	58,000원
BV411	대구공항	김포공항	19:40	20:30	61,000원

09 출장비는 박대리가 10월 20일에 김포공항에서 출발하여 10월 23일에 다시 김포공항으로 돌아오기까지의 활동에 대해 지급된 비용의 총계일 때, 다음 중 박대리의 대구 출장으로 인한 출장비 총액은?

① 408,000원　　　　　　　　　② 423,500원

③ 458,000원　　　　　　　　　④ 472,500원

⑤ 521,000원

10 박대리가 이용한 항공사의 마일리지 적립 규정이 다음과 같을 때, 박대리가 이번 출장으로 인해 적립하게 되는 마일리지는?

<항공편 가격별 마일리지 적립 규정>

구분	적립률(편도요금 기준)	비고
3만 원 미만	2%	10월 한 달 동안은 1.0%p 추가 적립 제공
3만 원 이상 5만 원 미만	3%	
5만 원 이상 10만 원 미만	5%	–
10만 원 이상	7%	–

① 3,935점　　　　　　　　　　　② 4,280점

③ 4,310점　　　　　　　　　　　④ 4,550점

⑤ 4,810점

11 L사의 기획부서에는 4명의 사원 A ~ D와 3명의 대리 E ~ G가 소속되어 있으며, 이들 중 4명이 해외 진출 사업을 진행하기 위해 베트남으로 출장을 갈 예정이다. 다음 <조건>을 따를 때, 항상 참이 되는 것은?

> 조건
> • 사원 중 적어도 1명은 출장을 간다.
> • 대리 중 적어도 1명은 출장을 가지 않는다.
> • A사원과 B사원 중 적어도 1명이 출장을 가면, D사원은 출장을 간다.
> • C사원이 출장을 가면, E대리와 F대리는 출장을 가지 않는다.
> • D사원이 출장을 가면, G대리도 출장을 간다.
> • G대리가 출장을 가면, E대리도 출장을 간다.

① A사원은 출장을 간다.

② B사원은 출장을 간다.

③ C사원은 출장을 가지 않는다.

④ D사원은 출장을 가지 않는다.

⑤ G사원은 출장을 가지 않는다.

12 다음은 해외 출장이 잦은 해외사업팀 4명의 사원 갑 ~ 정의 항공 마일리지 현황이다. 항상 참이 되지 않는 것은?

- 갑사원의 항공 마일리지는 8,500점이다.
- 갑사원의 항공 마일리지는 을사원보다 1,500점 많다.
- 병사원의 항공 마일리지는 을사원보다 많고 갑사원보다 적다.
- 정사원의 항공 마일리지는 7,200점이다.

① 갑사원의 항공 마일리지가 가장 많다.
② 정사원의 항공 마일리지가 4명 중 가장 적지는 않다.
③ 을사원의 항공 마일리지는 4명 중 가장 적다.
④ 병사원의 정확한 항공 마일리지는 알 수 없다.
⑤ 항공 마일리지가 많은 순서는 '갑 – 정 – 병 – 을' 사원이다.

※ 다음은 L그룹의 정기주주총회에 대한 자료이다. 이를 보고 이어지는 질문에 답하시오. **[1~4]**

〈제56기 정기주주총회〉

- 일시 : 2023년 ㉮ 월 ○○일(금) 13:30
- 장소 : 서울특별시 송파구 ○○○로 ○○ L타워 31층 컨퍼런스(Conference)실

총발행주식수 (우신주 포힘)	의결권 있는 주식수	참석 주식수		
		전체 주식수	ⓐ 최대주주 및 특수관계인 주식수	ⓑ 최대주주 및 특수관계인 외 주식수
105,896,861주	70,805,300주	52,632,633주	43,591,963주	9,040,670주

안건	찬성율	반대율	가결 여부
1. 제56기(2022년 1월 1일 ~ 2022년 12월 31일) 재무제표[이익잉여금 처분계산서(안) 포함] 승인의 건	91.1%	0.9%	원안대로 가결
2. 〈정관〉 일부 개정의 건	99.7%	0.3%	원안대로 가결
3-1. 사내이사 신○○ 선임의 건	90.1%	9.9%	원안대로 가결
3-2. 사내이사 송○○ 선임의 건	99.2%	0.8%	원안대로 가결
3-3. 사내이사 고○○ 선임의 건	99.6%	0.4%	원안대로 가결
3-4. 사외이사 권○○ 선임의 건	99.6%	0.4%	원안대로 가결
3-5. 사외이사 이○○ 선임의 건	99.6%	0.4%	원안대로 가결
3-6. 사외이사 김○○ 선임의 건	99.6%	0.4%	원안대로 가결
4-1. 감사위원 김○○ 선임의 건	99.1%	0.9%	원안대로 가결
4-2. 감사위원 박○○ 선임의 건	99.1%	0.9%	원안대로 가결
5. 이사 보수한도 승인의 건	92.3%	7.7%	원안대로 가결
6. 자기주식(우선주) 소각을 위한 자본금 감소 승인의 건	99.7%	0.3%	원안대로 가결

〈정관〉

제5조(발행예정주식의 총수)

이 회사가 발행할 주식의 총수는 5억 주로 한다.

제7조(주식의 종류)

이 회사가 발행할 주식은 기명식 보통주식과 기명식 우선주식으로 한다. 이때 우선주식은 의결권이 없는 배당우선주로 한다.

제19조(소집 시기)
① 이 회사의 주주총회는 정기주주총회와 임시주주총회로 한다.
② 정기주주총회는 매 사업년도 종료 후 3월 이내에, 임시주주총회는 필요할 때 소집한다.

제20조(소집권자 및 대표이사 직무대행)
주주총회의 소집은 법령에 다른 규정이 있는 경우를 제외하고는 이사회의 결의에 따라 대표이사가 소집해야 한다. 다만, 대표이사의 유고 시에는 이사회에서 정한 순서에 따라 이사가 대표이사의 직무를 대행한다.

제29조(주주총회 의결의 방법)
주주총회의 결의는 법령에 다른 정함이 있는 경우를 제외하고는 출석한 주주의 의결권의 과반이 넘는 수로 하되, 발행주식총수의 4분의 1 이상의 수로 하여야 한다.

제31조(이사의 수)
① 이 회사의 이사는 3명 이상 ~ 9명 이하로 한다.
② 회사의 사외이사는 3명 이상으로 이사총수의 과반이 넘는 수로 한다.

01 다음 중 위 자료에 대한 설명으로 가장 적절한 것은?

① 주주총회에 참석한 주식의 비율은 ⓐ가 ⓑ의 약 6배이다.
② 총발행주식수 가운데 의결권 있는 주식수의 비율은 70%를 초과한다.
③ 정관에 따르면 L그룹은 최대 4억 주까지의 신주를 발행할 수 있다.
④ 의결권 있는 주식수 가운데 주주총회에 참석한 주식수의 비율은 73% 미만이다.
⑤ 정기주주총회 공고문에 제시된 사내이사 3명이 실제로 사내이사 전원이라면 유임된 사외이사는 최대 3명이다.

02 다음 〈보기〉의 설명 중 L그룹의 정기주주총회 공고문과 정관을 이해한 내용으로 옳은 것을 모두 고르면?

> **보기**
> ㄱ. 어떠한 안건이든지 최소 2,647만 주 이상의 찬성을 얻어야 가결될 수 있다.
> ㄴ. 발행주식총수 중에서 의결권이 없는 주식은 그렇지 않은 주식의 0.5배 이상이다.
> ㄷ. '사내이사 신○○ 선임의 건'에 찬성한 주식수와 반대한 주식수의 차이는 약 4,221만 주이다.
> ㄹ. 제56기 정기주주총회가 소집될 수 있는 시기로 ㉮에 들어갈 수 있는 월은 4월부터 5월까지 이다.

① ㄱ, ㄴ   ② ㄱ, ㄷ
③ ㄱ, ㄹ   ④ ㄴ, ㄷ
⑤ ㄴ, ㄹ

03 다음 자료에 나타난 표현 중 우리말 어법에 적절한 것은?

① 컨퍼런스(Conference)　　　　② 찬성율
③ 사업년도　　　　　　　　　　④ 유고 시에는
⑤ 과반이 넘는 수

04 다음 〈보기〉의 설명 중 L그룹의 정관을 이해한 내용으로 적절하지 않은 것을 모두 고르면?

> **보기**
> ㄱ. 주주총회를 소집하려고 할 때 이사회의 결의가 반드시 필요한 것은 아니다.
> ㄴ. 대표이사가 임시주주총회를 소집할 수 있는 횟수는 매 분기마다 1회로 제한된다.
> ㄷ. 대표이사가 궐위된 때에는 주주총회의 의결로 감사위원 중 1인이 대표이사의 직무를 대행할 수 있다.
> ㄹ. 발행주식총수의 25% 미만이 주주총회에 참석하더라도 절반이 넘는 수가 찬성하는 안건은 주주총회에서 가결될 수 있다.

① ㄱ, ㄴ　　　　　　　　　　② ㄴ, ㄷ
③ ㄷ, ㄹ　　　　　　　　　　④ ㄴ, ㄷ, ㄹ
⑤ ㄱ, ㄴ, ㄷ, ㄹ

※ 다음은 세계 에너지 수요 현황 및 전망에 대한 표와 보고서이다. 이를 보고 이어지는 질문에 답하시오.
[5~8]

〈세계 에너지 수요 현황 및 전망〉

(단위 : QBTU* / %)

구분		현황			전망			연평균 증가율 (2015 ~ 2035년)
		1990년	2000년	2010년	2015년	2025년	2035년	
OECD	북미	101	120	121	126	138	149	0.9
	유럽	70	81	81	84	89	92	0.5
	아시아 / 오세아니아	27	37	38	39	43	45	0.8
	소계	198	238	240	249	270	286	0.7
비(非) OECD	유럽	67	50	51	55	63	69	1.3
	아시아 / 오세아니아	58	122	133	163	222	277	3.5
	아프리카	10	14	14	17	21	24	2.1
	중남미	15	23	23	28	33	38	1.8
	소계	150	209	221	263	339	408	2.8
합계		348	447	461	512	609	694	1.8

*QBTU(Quadrillion British Thermal Units) : 1BTU는 1파운드의 물을 1˚F 올리는 데 필요한 열량(=1,055J)을 뜻하며, Quadrillion은 '1,000조'를 가리킴(1QBTU=1,055조J)

〈보고서〉

전 세계 에너지 수요는 2010년 461QBTU에서 2035년 694QBTU로 50% 이상 증가할 것으로 전망된다. Ⓐ 이 기간 중에 동안 유가와 천연가스 가격 상승이 예측되어 장기적으로 에너지 수요를 다소 둔화시키는 요인으로 작용하겠으나, 비(非)OECD 국가들의 높은 경제성장률과 인구증가율로 인해 세계 에너지 수요 증가율은 높은 수준을 유지할 것이다.

OECD 국가들의 에너지 수요는 2015 ~ 2035년 기간 중 연평균 0.7%씩 증가할 것으로 전망되어 2035년에는 2010년에 비해 19.2% 늘어날 것으로 예상된다. 반면, 같은 기간 비OECD 국가들의 에너지 수요는 연평균 2.8%씩 증가하여 2035년에는 2010년에 비해 84.6%나 늘어날 것으로 예상된다.

비OECD 국가들 중에서도 중국과 인도의 경제성장률이 가장 높게 전망되고 있으며, 두 국가의 2035년 에너지 수요는 2010년 수준보다 2배 이상으로 증가하여 전 세계 에너지 수요의 25%를 점유할 것으로 예측되고 있다. 한편 전 세계에서 미국의 에너지 수요가 차지하는 비중은 2010년 22%에서 2035년 17%로 줄어들 것으로 보인다.

05 다음 〈보기〉 중 위의 보고서를 작성하기 위해 추가로 이용한 자료를 모두 고르면?

> **보기**
>
> ㄱ. 1990 ~ 2035년 국제 유가와 천연가스 가격 현황 및 전망
> ㄴ. 1990 ~ 2035년 국가별 경제성장률 현황 및 전망
> ㄷ. 1990 ~ 2035년 국가별 인구증가율 현황 및 전망
> ㄹ. 1990 ~ 2035년 국가별 에너지 생산 현황 및 전망

① ㄱ, ㄴ   ② ㄱ, ㄹ
③ ㄷ, ㄹ   ④ ㄱ, ㄴ, ㄷ
⑤ ㄴ, ㄷ, ㄹ

06 다음 〈보기〉는 위의 자료에서 밑줄 친 Ⓐ와 관련한 기사를 검색한 내용이다. 〈보기〉의 ㉠ ~ ㉤에 들어갈 관용적 표현으로 적절하지 않은 것은?

> **보기**
>
> ### 예측하기 어려운 국제 유가 시나리오, 올해 전망은?
> ### - 지난해의 '유가 하락' 예측과 달리 우상향
>
> 세계 경제 조류와 유가 사이의 상관관계는 '___㉠___' 같은 측면이 있다. 호황 시에는 에너지에 대한 수요가 확대되어 유가 상승 가능성 또한 높아진다. 그러나 불황 시에는 소비가 위축되어 에너지 가격 또한 하락할 수 있다. 다만 현실에서 국제 유가는 석유 수출국과 수입국 사이의 복잡다단한 이해관계가 맞물리고 지정학적 요인 등의 여러 변수가 관여한다는 점에서 수요와 공급의 원칙을 토대로 한 예측을 '확신'하는 것은 위험하다. 이처럼 ___㉡___(이)라는 한자성어처럼 미래를 예측하기 어렵다고 하더라도 세계 주요 에너지 기구나 기관들이 정기적으로 발표하는 유가 전망은 ___㉢___(으)로 삼을 만하다. 이러한 조직에서 제시한 유가 전망의 그 배경과 변수들을 짚어보자.
> 석유수출기구(OPEC), IEA(국제에너지기구), 미국 에너지정보청(EIA) 등은 매월 원유, 천연가스 등을 포함한 전 세계 에너지 시장 동향 분석 보고서를 공개하고 있는데, 바로 1개월 전에 발표한 예측을 크게 바꾸는 등 ___㉣___하는 일이 잦다. 이는 에너지 수급을 둘러싼 국제 정세의 급변으로 미래를 정확히 예측할 수 없기 때문이다. 일례로, 에너지정보청은 2012년 말 공개한 보고서에서 코로나19로 인한 각국 정부의 이동 제한 조치 때문에 석유 수요가 줄어들 것으로 예상해 2022년 평균 브렌트유 가격의 하락을 예상했으나 실제로는 예상과 반대로 우상향했다. 이는 지난해 2월 러시아가 우크라이나를 침략한 사태를 계기로 미국과 유럽 등의 서방 국가들이 러시아에 대한 경제 제재에 나서면서 석유, 천연가스 수출을 제한하기 시작했는데, 도리어 러시아가 에너지 자원을 무기로 삼아 반격하면서 전 세계적으로 심각한 에너지 수급난이 발생한 것도 국제유가 급등의 원인이 되었다. 한편 이러한 에너지 패권 싸움의 불똥이 한국으로 크게 튈 수 있다. 이럴수록 각자도생(各自圖生)을 명심해 한국이 '___㉤___'(이)라는 관용구처럼 되지 않도록 철저히 대비해야 한다.

① ㉠ : 동전의 양면   ② ㉡ : 전가통신(錢可通神)
③ ㉢ : 시금석(試金石)   ④ ㉣ : 조변석개(朝變夕改)
⑤ ㉤ : 고래 싸움에 새우 등 터진다.

07 다음 중 자료의 표에서 제시된 내용을 분석한 것으로 적절하지 않은 것은?

① 2010년 현황과 2035년 전망을 비교하면 2010년 대비 2035년 에너지 수요 증가량은 유럽 지역의 비OECD 국가가 같은 지역의 OECD 국가의 약 1.63배일 것이다.

② 2010년 현황과 2035년 전망을 비교하면 아시아 / 오세아니아 지역의 비OECD 국가가 전체 에너지 수요 합계 중에서 차지하는 비중은 1.38배 정도 증가할 것이다.

③ 2010년 현황과 2035년 전망을 비교하면 아시아 / 오세아니아 지역의 OECD 국가가 전체 에너지 수요 합계 중에서 차지하는 비중은 2.0%p 이상 감소할 것이다.

④ 2015년부터 2035년까지 비OECD 국가의 에너지 수요 연평균 증가율은 같은 기간 동안의 OECD 국가의 연평균 증가율의 4배이다.

⑤ 2036년에도 세계 에너지 수요가 2015 ~ 2035년 연평균 증가율과 동일하게 상승한다면, 2036년에 북미 지역 OECD 국가의 에너지 수요 비중은 전체 합계의 21%가 넘을 것이다.

08 다음 〈보기〉 중 위 자료에 대한 설명으로 적절한 것을 모두 고르면?

> **보기**
>
> ㄱ. 2035년에는 중국과 인도 중에서 인도의 에너지 수요 비중이 중국보다 더욱 클 것으로 예상된다.
> ㄴ. 미국은 2010년에 비해 2035년에는 16% 이상의 양의 에너지가 필요하게 될 것으로 예상된다.
> ㄷ. 2035년 전 세계 에너지 수요는 OECD 국가들보다 비(非)OECD 국가들의 영향을 크게 받을 것으로 예상된다.
> ㄹ. 2015년 대비 2035년의 비(非)OECD 국가들의 에너지 수요는 OECD 국가들의 경우에 비해 4배 미만으로 증가할 것이다.

① ㄱ, ㄴ   ② ㄱ, ㄷ

③ ㄴ, ㄷ   ④ ㄴ, ㄹ

⑤ ㄷ, ㄹ

※ 다음은 자동차 수출 현황에 대한 기사이다. 이를 보고 이어지는 질문에 답하시오. [9~12]

<3월 자동차 수출, 역대 최고 65억 달러>

산업통상자원부에서 집계한 2023년 3월 자동차산업 동향에 따르면 전년 동월 대비 자동차 생산 대수는 35.6%, 국내 판매 대수는 19.6%, 수출 대수는 48.0% 증가한 것으로 나타났다. 수출액 기준으로 보면 완성차 수출은 전년 동월 대비 64.1% 증가한 반면, 부품 수출의 경우 5.3% 감소했다.

2023년 3월 자동차 생산·수출 현황					
구분	2023년 3월	전년 동월 대비 (2022년 3월)	전월 대비 (2023년 2월)	2023년 1~3월	전년 동기 대비 (2022년 1~3월)
생산(대)	409,806	35.6%	17.9%	1,064,249	27.1%
내수(대)	165,851	19.6%	12.8%	429,474	15.2%
국산차(대)	140,748	26.7%	12.4%	366,501	18.9%
수입차(대)	25,103	△9.0%	15.4%	62,973	△2.7%
수출(대)	262,341	48.0%	17.6%	684,009	30.8%
차 수출액 (백만 달러)	6,510	64.1%	16.5%	17,000	44.1%
부품 수출액 (백만 달러)	2,059	△5.3%	2.1%	5,801	△3.5%

특히 3월 생산량은 차량용 부품 공급 정상화 등에 따라 40만 대 이상으로 집계되었는데, 월 생산 40만 대를 넘어선 것은 2017년 3월 40.7만 대를 기록한 이후 처음이다. 내수 판매의 경우 대기 수요를 바탕으로 생산량을 ⓐ 늘인 것도 증가세의 원동력으로 ⓑ 지적된다.

2022년 8월~2023년 3월 자동차·친환경차 수출 현황								
구분	2022년					2023년		
	8월	9월	10월	11월	12월	1월	2월	3월
자동차 수출량(만 대)	16.7	19.5	20.8	21.8	21.8	19.9	22.3	26.2
자동차 수출액(억 달러)	41.1	47.8	49.1	53.7	54.2	49.8	56.0	65.2
친환경차 수출량(만 대)	4.1	4.9	5.3	4.9	5.5	5.5	6.3	7.2
친환경차 수출액(억 달러)	12.2	14.1	14.5	14.8	17.6	17.9	20.2	22.7

3월 해외로 수출된 자동차는 국산 브랜드의 글로벌 판매 호조 등에 따라 26만 대 이상인 것으로 집계되었는데, 이는 2016년 12월 29.8만 대 이후 최고치이며, 전기차를 비롯한 수출단가가 높은 친환경차 수출 증가로 수출액은 지난 2월에 이어 역대 최고치를 ⓒ 경신했다. 아울러 수출 상승세를 이끄는 친환경차(승용 기준) 수출 역시 역대 최초로 7만 대를 넘어서 수출량과 수출액 모두 ⓓ 역대급을 기록했다.

미국 내 전기차, 수소차, 플러그인 하이브리드 수출 및 판매 현황								
구분	2022년					2023년		
	8월	9월	10월	11월	12월	1월	2월	3월
수출(천 대)	5.5	5.6	6.5	10.5	10.3	10.8	13.3	14.4
판매(천 대)	5.5	4.0	4.4	3.8	5.0	5.3	6.6	7.5

한편, 미국 IRA 세액공제 적용 대상 차종인 전기차, 수소차, 플러그인 하이브리드의 미국 내 판매량은 2022년 12월부터 회복 추세를 보이고 있으며, 2023년 3월 수출은 1.44만 대로 역대 최고 기록을 깬 것으로 잠정 집계되었다. 이는 북미산이 아니더라도 IRA ⓔ 수혜를 받을 수 있는 상업용 판매 비중이 2022년 약 5%에서 2023년 1분기 28%(잠정)까지 증가하였기 때문으로 풀이된다.

09 다음 〈보기〉 중 위 자료의 '2023년 3월 자동차 생산·수출 현황' 표에서 제시된 내용을 분석한 것으로 옳지 않은 것을 모두 고르면?

> **보기**
>
> ㄱ. 2022년 3월 부품 수출액은 약 21억 7,000만 달러 미만이다.
> ㄴ. 2022년 1분기의 자동차 수출 대수는 52만 2,000대 이상이다.
> ㄷ. 2023년 1월의 자동차 수출액은 2023년 1분기 중에서 30% 이상을 차지한다.
> ㄹ. 전월 대비 상승률이 절반으로 감소한다면 2023년 4월에는 44만 6,500대에 육박하는 자동차가 생산될 것이다.

① ㄱ, ㄴ   ② ㄱ, ㄷ
③ ㄱ, ㄹ   ④ ㄴ, ㄷ
⑤ ㄴ, ㄹ

10 다음 〈보기〉 중 위 자료의 '2022년 8월 ~ 2023년 3월 자동차·친환경차 수출 현황' 표에서 제시된 내용을 분석한 것으로 옳지 않은 것을 모두 고르면?(단, 비율은 소수점 셋째 자리에서 버린다)

> **보기**
>
> ㄱ. 2022년 9월부터 2023년 3월까지 친환경차 수출량 및 수출액의 전월 대비 증감 추이는 동일하다.
> ㄴ. 2022년 9월부터 2023년 3월까지 자동차 수출량과 친환경차 수출량의 전월 대비 증감 추이는 동일하다.
> ㄷ. 2023년 4월 자동차 수출량의 전월 대비 증가율이 같은 해 1분기 각 월의 증가율 평균과 같다면 2023년 4월에는 약 28만 대의 자동차가 수출될 것이다.
> ㄹ. 2023년 4월 친환경차 수출액의 전월 대비 증가율이 같은 해 1분기 각 월의 증가율 평균과 같다면 2023년 4월의 친환경차 수출액은 약 24억 7,000만 달러를 기록할 것이다.

① ㄱ, ㄴ   ② ㄱ, ㄷ
③ ㄱ, ㄹ   ④ ㄴ, ㄷ
⑤ ㄴ, ㄹ

11 다음 중 제시된 자료의 내용으로 적절하지 않은 것은?

① 2023년 1분기에는 2022년 같은 분기에 비해 자동차 부품 수출액이 3% 이상 증가하였다.

② 2023년 3월에는 2022년 3월에 비해 완성차의 생산, 국내외 판매 대수, 수출액 등이 모두 호조를 이루었다.

③ 2022년 8월 대비 2023년 3월의 미국의 IRA 세액공제 적용 대상 차종의 수출량 증가율은 같은 시점에서의 자동차 판매 대수 증가율의 4.4배이다.

④ 2022년 8월 대비 2023년 3월의 친환경차 수출액 증가율은 같은 시점에서의 자동차 수출액 증가율의 1.4배이다.

⑤ 2017년 4월부터 2023년 2월까지 월간 자동차 생산 대수가 40만 대를 넘지 못한 원인 중 하나는 자동차 부품 수급이 원활하지 못했기 때문이다.

12 다음 중 밑줄 친 ㉠~㉤을 우리말 어법에 맞도록 수정한 것으로 적절하지 않은 것은?

① ㉠ : 늘인 → 늘린

② ㉡ : 지적된다 → 꼽힌다, 평가된다

③ ㉢ : 경신했다 → 갱신했다

④ ㉣ : 역대급을 기록했다 → 역대 최고인 것으로 나타났다

⑤ ㉤ : 수혜를 받을 → 혜택을 받을

정답 및 해설 p.011

※ 다음은 청년실업 문제에 대한 기사와 정부 관계자들의 주장이다. 이어지는 질문에 답하시오. [1~3]

정부가 향후 3~4년을 청년실업 위기로 판단한 것은 에코세대(1991~1996년생·베이비부머의 자녀세대)
의 노동시장 진입 때문이다. 에코세대가 본격적으로 취업전선에 뛰어들면서 일시적으로 청년실업 상황이 더
악화될 것이란 인식이 강화된 것이다.
2021년을 기점으로 청년인구가 감소하기 시작하면 청년실업 문제가 일부 해소될 것이란 정부 전망도 이런
맥락에서 나왔다. 고용노동부 고용정책실장은 15일 "2021년 이후 인구문제와 맞물리면 청년 고용시장 여건
은 좀 더 나아질 것이라 생각한다."라고 말했다.
그러나 청년인구 감소가 청년실업 문제 완화로 이어질 것이란 생각은 지나치게 낙관적이라는 지적이다. 한
국노동연구원 부연구위원은 "지금의 대기업과 중소기업, 정규직과 비정규직 간 일자리 질의 격차를 해소하
지 않는 한 청년실업 문제는 더 심각해질 수 있다."라고 우려했다. 일자리 격차가 메워지지 않는 한, 질 좋은
직장을 구하기 위해 자발적 실업상황조차 감내하는 현 청년들의 상황이 개선되지 않을 것이란 설명이다.
한국보다 먼저 청년실업 사태를 경험한 일본을 비교대상으로 거론하는 것도 적절치 않다는 지적이 나온다.
일본의 경우 청년인구가 줄면서 청년실업 문제는 상당 부분 해결됐다. 하지만 이는 '단카이 세대(1947~
49년에 태어난 일본의 베이비부머)'가 노동시장에서 빠져나오는 시점과 맞물렸기 때문에 가능했다. 베이비
부머가 1~2차에 걸쳐 넓게 포진된 한국과는 상황이 다르다는 얘기다.
부연구위원은 "일본에서도 (일자리) 질적 문제는 나타나고 있다."며 "일자리 격차가 큰 한국에선 문제가 더
심각하게 나타날 수 있어 중장기적 대책이 필요하다."라고 말했다.

- (○○○ 기재부 1차관) '구구팔팔(국내 사업체 중 중소기업 숫자가 99%, 중기 종사자가 88%란 뜻)'이란
  말이 있다. 중소기업을 새로운 성장동력으로 만들어야 한다. 취업에서 중소기업 선호도는 높지 않다. 여러
  가지 이유 중 임금 격차도 있다. 청년에게 중소기업에 취업하고자 하는 유인을 줄 수 있는 수단이 없다.
  그 갭을 메워 의사 결정의 패턴을 바꾸자는 것이다. 계속 지속할 수는 없다. 앞으로 에코세대가 노동시장에
  진입하는 4년 정도가 중요한 시기다.
- (○○○ 고용노동부 고용정책실장) 올해부터 3~4년은 인구 문제가 크다. 수요·공급 문제가 있다. 개선
  되는 방향으로 가더라도 '에코세대' 대응까지 맞추기 쉽지 않다. 집중 투자해야 한다. 3~4년 후에는 갭을
  줄여가기 위한 대책도 병행하겠다. 이후부터는 청년의 공급이 줄어들기 때문에 인구 측면에서 노동시장에
  유리한 조건이 된다.

01 제시문의 내용으로 미루어 볼 때, 정부 관계자들은 청년 고용시장에 대해 어떠한 태도를 취하고 있다고 볼 수 있는가?

① 올해를 가장 좋지 않은 시기로 평가하고 있다.

② 현재 회복국면에 있다고 판단하고 있다.

③ 실제 전망은 어둡지만, 밝은 면을 강조하여 말하고 있다.

④ 에코세대의 노동시장 진입을 통해 청년실업 위기가 해소될 것으로 기대한다.

⑤ 한국의 상황이 일본보다 낫다고 평가한다.

02 청년실업 문제를 해결하고자 다음 〈조건〉에 따라 L사 채용을 진행한다. 전체 지원자가 120명이라면, 이 중 회계 부서 지원자는 몇 명인가?

> **조건**
> • L사는 기획, 영업, 회계 부서에서 채용모집을 공고하였으며, 전체 지원자 중 신입직은 경력직의 2배였다.
> • 신입직 중 기획 부서에 지원한 사람은 30%이다.
> • 신입직 중 영업 부서와 회계 부서에 지원한 사람의 비율은 3:1이다.
> • 기획 부서에 지원한 경력직은 전체의 5%이다.
> • 전체 지원자 중 50%는 영업 부서에 지원하였다.

① 14명   ② 16명

③ 28명   ④ 30명

⑤ 45명

03 A씨는 해외 청년 일자리에 대해서 알아보다가 L사의 해외사업연계 청년채용 지원 사업 업무 협약식에 대한 기사를 보았다. 이 글을 읽은 A씨의 반응으로 적절하지 않은 것은?

L사는 11일 본사에서 Z사와 「K-Move 스쿨(연수과정) 개설 및 해외사업연계 청년채용 지원 사업 업무 협약식」을 개최하였다고 밝혔다.

본 협약은 국내 유수의 청년 인재를 선발하여 K-Move 스쿨 개설 및 맞춤 연수를 시행한 후 L사가 투자 및 운영자로 참여하고 있는 해외법인(인도네시아, 자메이카 등)에 취업을 지원하는 「청년 일자리 창출을 위한 해외사업연계 취업 지원 사업」의 첫걸음이다. 이를 위해 L사는 K-Move 스쿨 연수생 선발·맞춤연수 시행·해외 법인과의 협의를 통한 취업연계와 같은 지원을, Z사는 연수비용 일부 및 취업 장려금을 지원하게 된다.

K-Move 스쿨 맞춤형 연수과정의 첫 취업처는 L사가 투자하여 건설 중인 회사(TPI*)이며 최종적으로 10명이 선발되어 한국발전교육원 및 당진 발전기술 EDU센터에서 3개월(2022.9 ~ 2022.12)의 교육을 받고 취업하게 된다.

이날 협약식에 참석한 L사 관계자는 "이번 협약을 계기로 실질적인 국내 청년 인재의 해외취업이 이루어져 '국내 청년 해외일자리 창출'의 모범사례가 될 수 있기를 바란다."며 "앞으로도 L사는 국내외 청년 일자리 창출을 위해 최선의 노력을 다하겠다."라고 말했다.

L사는 청년 인재들이 해외사업장에 취업하는 것뿐만 아니라 해당 국가의 고급 기술 인력으로 거듭날 수 있도록 지속적인 지원을 아끼지 않을 예정이다.

*TPI : 내년 초 인도네시아 칼셀 석탄화력 발전사업 프로젝트 회사(TPI; Tanjung Power Indonesia) 취업을 목표로 연수생 선발 모집공고를 2022년 8월 중 시행할 예정임

① 첫 취업처는 인도네시아 석탄화력 발전사업 회사네, 지금이 9월 초니깐 모집이 끝났는지 확인해 봐야겠어.
② 해외사업연계 취업 지원 사업과 K-Move 스쿨은 시행처가 다르니 잘 보고 지원해야겠어.
③ K-Move 최종합격 후에는 한국발전교육원과 당진 발전기술 EDU센터에서 교육을 받게 되는구나.
④ Z사에서 연수비용 일부와 취업 장려금을 지원해주니 부담이 없겠어.
⑤ L사는 청년 인재들을 위한 지원을 앞으로도 계속하겠구나.

※ 다음은 L사의 '리튬이온배터리 취급 시 주의사항에 대한 소비자 안내사항' 초안이다. 이를 읽고 이어지는 질문에 답하시오. [4~6]

<**사용 및 취급 시 주의사항**>

1. 배터리를 장착한 장비 사용 시, 사용자 매뉴얼을 참조하십시오.
2. 배터리 충전 전에 충전기 설명서를 참조하십시오.
3. 충전 시간은 매뉴얼에 기재된 시간을 초과하여선 안 됩니다.
4. 배터리가 장시간 동안 충전기로 충전이 되지 않을 시, 충전을 멈추십시오.
5. 배터리는 반드시 동작 온도 범위(0 ~ 50℃)에서 충전하여야 합니다.
6. 배터리는 반드시 동작 온도 범위(−20 ~ 75℃, 배터리 표면 온도 기준)에서 사용하여야 합니다.
7. 팩 제조 시 양극(+)과 음극(−) 방향을 확인하십시오.
8. 배터리 연결용 금속판 또는 wire가 팩 조립을 위해 연결되었을 때, 단락이 되지 않도록 절연 상태를 확인하십시오.
9. 배터리는 반드시 낱개로 분리하여 따로 보관해야 합니다.
10. 배터리를 장기간 보관하기 위해서는 반드시 저온 저습한 곳에 두어야 합니다.
11. 배터리를 직사광선 및 열에 노출시키지 마십시오.
12. 배터리를 보호 장치가 손상될 수 있는 고전압 환경에서 사용하지 마십시오.
13. 처음 사용할 때 배터리에 녹이나 냄새가 감지되면 즉시 제품을 판매자에게 반품하십시오.
14. 배터리를 어린 아이나 반려동물에게 주지 마십시오.
15. 장기간 사용으로 배터리 수명이 짧아졌을 시, 새로운 배터리로 교체하십시오.
16. 배터리 연결용 금속판과 배터리 혹은 다른 부품들이 전기적 단락을 일으키지 않도록 절연처리 하십시오.
17. 배터리는 오직 팩 또는 시스템 제조 회사에서 취급/사용될 수 있습니다.
18. 배터리는 오직 배터리 팩 제조사 또는 시스템 통합 사업자에게만 판매될 수 있습니다. 개인 소비자가 배터리를 취급할 수 없으며, 개별 시장에서 개인소비자에게 판매될 수 없습니다(특히, 모든 종류의 전자담배 장치에 사용하는 것을 엄격하게 금지합니다).
19. 해당 배터리를 사용하여 다른 제품을 만들거나, 해당 배터리를 구매 또는 다른 장비에 사용하기 전에 세부 사항을 설명하는 최신 제품 사양을 사전에 요청하고 확인하십시오.

04 다음 중 위 주의사항에 대한 설명으로 가장 적절한 것은?

① 배터리는 반려동물에게는 위험 요소로 작용하지 않는다.
② 개인용 전자담배에 사용하는 경우, 예외적으로 개인이 배터리를 취급할 수 있다.
③ 배터리 충전 시 매뉴얼상 충전 시간을 초과하여 충전하여서는 안 된다.
④ 제품의 수명이 다하기 이전이라면, 배터리 교체는 불필요하다.
⑤ 배터리는 배터리 표면 온도 기준 0 ~ 50℃의 범위에서 사용되어야 한다.

05 L사는 고객에게 단전지 사용과 관련하여 경각심을 일깨우기 위해 '단전지 소비자 안전 교육' 자료를 제작하고자 한다. 다음 〈보기〉의 설명 중 적절한 제안이 아닌 것을 모두 고르면?

> **보기**
> ㄱ. 단전지의 구체적 제조 과정에 대한 설명을 추가한다.
> ㄴ. 실제 사고 장면을 재현한 영상을 추가한다.
> ㄷ. 단전지 사용 제품 구매를 자제하여야 한다는 문구를 추가한다.
> ㄹ. 단전지 오용으로 인한 사고 피해자의 인터뷰를 추가한다.

① ㄱ   ② ㄴ
③ ㄱ, ㄷ   ④ ㄴ, ㄷ
⑤ ㄱ, ㄴ, ㄷ

06 다음은 배터리 취급에 대해 보증이 적용되지 않는 법적 제외 사항에 대한 안내 자료이다. 〈보기〉의 설명 중 적절하지 않은 것을 모두 고르면?

> **〈법적 제외 사항〉**
>
> L사 에너지솔루션이 아닌 제3자 혹은 L사 에너지솔루션의 허가를 받은 L사 에너지솔루션 대리인에 의한 배터리 또는 팩의 정상적인 마모, 부적절한 유지 보수, 취급, 보관 결함이 있는 수리, 수정으로 인한 결함 및 본문에 제공된 제품 사양을 준수하지 않거나 다음을 포함하되 이에 국한되지 않는 부적절한 사용 또는 설치에 대해서는 보증이 적용되지 않습니다.
> 1. 운송 또는 보관 중 손상
> 2. 팩 또는 시스템 내에 부적절하게 배터리 결합한 경우
> 3. 부적절한 환경에서 배터리 또는 팩을 사용한 경우
> 4. 본문에 명시되지 않은 제품 회로 또는 부적절하거나, 부정확한 충/방전 시
> 5. 부정확하거나 부적절한 사용의 경우
> 6. 불충분한 환기
> 7. 적용 가능한 안전 경고 및 지시사항 무시
> 8. 허가받지 않은 직원에 의한 수리 또는 변경 시도
> 9. 불가항력의 경우(예 번개, 폭풍우, 홍수, 화재, 지진 등)
> 본문에 명시된 것 이외의 묵시적 또는 명시적 보증은 없습니다. L사 에너지솔루션은 제품 사양, 배터리 또는 팩과 관련하여 발생하는 필연적 또는 간접적인 손해에 대해 책임지지 않습니다.

> **보기**
> ㄱ. 장기간 정상적인 사용에 따른 배터리 성능 저하의 경우, 보증을 적용받을 수 있다.
> ㄴ. 사설 수리업체에서 배터리 관련 수리를 받던 중 파손된 경우에도 보증을 적용받을 수 있다.
> ㄷ. 지진 발생에 따른 사물 간 충격으로 배터리에 화재가 발생한 경우는 보증 적용 대상에 해당한다.
> ㄹ. 운송 중 배터리가 물리적으로 파손된 경우에는 보증을 적용받을 수 없다.

① ㄱ, ㄴ   ② ㄱ, ㄷ
③ ㄴ, ㄷ   ④ ㄴ, ㄹ
⑤ ㄷ, ㄹ

※ 고객관리팀에서 근무하는 귀하는 A주임으로부터 고객 멤버십 제도를 검토해달라는 메일을 수신하였다. 첨부된 멤버십 관련 내용이 다음과 같을 때, 다음을 읽고 이어지는 질문에 답하시오. [7~9]

〈롯데기업 멤버십 안내〉

운영매장	3년 무상 서비스 (VIP 멤버십)	포인트 적립 (행사 진행시)	포인트 사용
롯데.COM	네	네	네
롯데기업 SHOP	네	네	네
롯데·AK·갤러리아 신세계·현대 백화점 등	네	아니오	아니오
홈플러스	네	아니오	아니오
이마트	네	아니오	아니오
롯데하이마트	네	아니오	아니오
전자랜드	네	아니오	아니오
시그니처 키친 스위트 쇼룸	네	아니오	아니오
롯데기업 서비스센터	해당 없음	아니오	네

※ 포인트는 제품 구매처가 달라도 전국 SHOP 매장에서 적립 / 사용이 가능(백화점, 대형마트 등 입점매장 제외)
※ 1포인트 이상 적립 시 현금처럼 사용 가능(1포인트=현금 1원과 동일)
※ 롯데.COM에서 상품 구매 시 현금처럼 사용 가능(롯데기업 서비스센터 수리 또는 렌탈 구매 시에도 가능)
※ 멤버십 포인트의 유효기간은 롯데.COM에 로그인 후 마이페이지>멤버십 포인트 조회에서 확인 가능

〈롯데기업 VIP 멤버십 안내〉

STEP 1.		STEP 2.		STEP 3.		STEP 4.
SHOP, 제휴매장에서 제품 구입	→	1년간 500만 원 이상 구매	→	우수고객 지정	→	무상 A/S혜택 부여

VIP 멤버십 제휴 매장
롯데.COM, 롯데기업 SHOP, 현대 백화점, 롯데백화점, 신세계 백화점, AK 백화점, 갤러리아 백화점, 이마트, 롯데하이마트, 홈플러스, 전자랜드, 시그니처 키친 스위트 쇼룸

- 일반 멤버십 혜택 기본 제공
- 무상 A/S 안내

롯데기업 멤버십 VIP고객 대상으로 TV / 냉장고 / 세탁기 / 에어컨 / 김치냉장고 5대 제품의 무상 서비스를 제공합니다.

– TV : LED, LCD, PDP, 울트라HD, 올레드(벽걸이/스탠드 자재 제외)
– 김치냉장고 : 김치냉장고 전제품
– 세탁기 : 트윈워시, 트롬, 통돌이, 미니세탁기, 워시타워(건조기 포함)
  * 세탁기 받침대 제외, 스타일러 / 건조기 단품 제외
– 냉장고 : 상냉장, 양문형, 정수기냉장고, 일반, 냉동고, 와인셀러
– 에어컨 : 스탠드, 벽걸이, 일반 냉난방기, 시스템 에어컨(배관자재 제외)

※ VIP고객 달성 시점으로부터 1년 전에 구매한 5가지 제품(TV, 냉장고, 세탁기, 에어컨, 김치냉장고)에 한하여 무상 A/S 혜택 부여
※ VIP 기간 종료 후, 추가 구매를 하시어 1년간 구매금액 기준 5백만 원 이상이 되어야 VIP 멤버십 기간이 자동 연장됨
※ 한 번 3년 무상 처리된 제품은 추가 연장되지 않음
※ 유의사항 안내
  - 무상 서비스 기간 : 설치 일자 기준 3년 적용
  - 멤버십 등급 산정 : 멤버십 가입한 고객의 1년간 구매금액 합산 관리
  - 고장성 불량에 한해서 적용(소비자 과실에 의한 서비스는 미적용), 온라인 몰 및 홈쇼핑 구매제품 제외
※ A/S에 소요되는 시간은 수리 담당 센터 사정 및 수리 내용에 따라 상이하므로 별도 안내

07 다음 중 현행 멤버십 제도에 대한 설명으로 가장 적절한 것은?

① 적립된 포인트의 사용 가능 여부는 모든 롯데기업 멤버십 운영매장에서 동일하다.
② VIP 기간 종료 후, 연장 신청을 한다면 추가 구매 없이 1년간 연장이 가능하다.
③ VIP 멤버십에 해당되더라도 정수기냉장고 제품은 무상 서비스를 제공받을 수 없다.
④ 적립된 멤버십 포인트는 롯데기업 서비스센터에서 렌탈 구매를 하는 경우에도 사용가능하다.
⑤ VIP 멤버십에 따른 무상 서비스는 제품 구매일로부터 3년 이내라면 사유와 관련 없이 제공된다.

08 B고객으로부터 다음과 같은 내용의 고객지원 요청이 접수되었다. 고객에 대한 정보가 아래와 같을 때, 현행 멤버십 제도하에서 해당 고객에 대한 설명으로 적절하지 않은 것은?

〈고객지원 요청〉

• 고객명 : B
• 일시 : 2022. 08. 21. 14:21
• 내용 : 지난달에 신세계 백화점에서 롯데기업의 TV 1대를 구매하였습니다. 그런데 어제부터 화면 하단부가 표시되지 않네요. 무상으로 A/S를 받을 수 있을까요? 아직 수리를 받은 적이 없고, 저는 작년 11월에 VIP 멤버가 되었다는 메일을 받았습니다.
A/S가 무상으로 불가능하다면 비용이 얼마인지, A/S에 시간은 얼마나 걸릴지도 궁금합니다. 그리고 함께 구매한 TV스탠드도 도색이 벗겨져서 같이 A/S 받고 싶습니다.

① B가 문의한 TV 1대는 무상 A/S 서비스 대상에 해당하므로 별도 수리비용이 발생하지 않는다.
② B는 A/S를 요청한 제품들 전체에 대해 무상으로 서비스를 제공받을 수 있다.
③ B가 요청한 무상 A/S 서비스가 제공되더라도, 수리에 소요되는 시간에 대하여는 정확한 답변이 불가능하다.
④ B의 VIP 멤버십은 문의일 현재 유효하다.
⑤ B는 2020년 11월 이후 롯데기업 제품을 500만 원 이상 구매하였다.

09 고객관리팀은 고객들의 민원 종합 결과, VIP 멤버십이 일반 멤버십 혜택에 더해 제공받는 추가혜택이 부족하다고 판단하여 개선 방안을 전달하고자 한다. 다음 〈보기〉의 제안 중 VIP 멤버십 혜택 확장 방안으로 적절하지 않은 것을 모두 고르면?

> **보기**
>
> ㄱ. 포인트 사용 가능처를 백화점 내 입점매장에서 확대한다.
> ㄴ. VIP 멤버십 획득을 위한 구매금액 요건을 5백만 원 이상에서 3백만 원 이상으로 완화한다.
> ㄷ. 제품의 무상 처리 기한을 1회 연장할 수 있는 기회를 부여한다.
> ㄹ. 무상 A/S 서비스 제공 대상인 제품의 종류를 확대한다.

① ㄱ, ㄴ
② ㄱ, ㄷ
③ ㄴ, ㄷ
④ ㄴ, ㄹ
⑤ ㄷ, ㄹ

※ 다음은 L사에서 주관하는 신혼부부 매입임대주택 예비입주자의 모집공고이다. 이를 보고 이어지는 질문에 답하시오. [10~12]

〈신혼부부 매입임대주택 예비입주자 모집일정〉

- 예비입주자 모집일정

  입주자 모집공고 → 신청접수 → 서류심사 대상자 발표 → 서류제출 → 예비입주자 순번 발표
- 입주자 모집공고는 7월 31일부터 시작하여 10일(휴일 포함) 동안 진행한다.
- 신청접수는 근무일 5일, 서류제출은 근무일 3일이 소요되고, 나머지 단계는 근무일 1일이 소요된다.
- 예비입주자 모집일정의 각 단계는 휴일 제외 1일 이하의 간격을 두고 진행한다.
- 예비입주자 모집일정은 8월 24일까지 완료하고자 한다.

〈8월〉

일요일	월요일	화요일	수요일	목요일	금요일	토요일
						1
2	3	4	5	6	7	8
9	10	11	12	13	14	15
16	17	18	19	20	21	22
23	24	25	26	27	28	29
30	31					

※ 근무일 1일만 소요되는 단계일 때 휴가는 불가능하며, 근무일이 3일 이상 소요되는 단계에서는 2일 이상 근무함

10 L사에 근무하는 M대리는 하계휴가를 8월 근무일 중에 연이어 3일을 신청하려고 한다. 예비입주자 모집일정 업무에 맞추어 연차를 신청한다고 할 때, 다음 중 모든 경우에서 M대리가 신청 가능한 휴가 기간은?(단, 근무일은 주중이다)

① 8월 2 ~ 4일

② 8월 7 ~ 10일

③ 8월 11 ~ 13일

④ 8월 17 ~ 19일

⑤ 8월 19 ~ 21일

11 다음은 연도별 신혼부부 매입임대주택 입주자의 근로 형태를 나타낸 자료이다. 이에 대한 설명으로 적절하지 않은 것은?(단, 소수점 첫째 자리에서 반올림한다)

〈연도별 신혼부부 매입임대주택 입주자의 근로 형태〉

구분	2017년	2018년	2019년	2020년	2021년
전업	68%	62%	58%	52%	46%
겸직	8%	11%	15%	21%	32%
휴직	6%	15%	18%	23%	20%
무직	18%	12%	9%	4%	2%
입주자 수(명)	300,000	350,000	420,000	480,000	550,000

① 전년 대비 전업자의 비율은 감소하는 반면, 겸직자의 비율은 증가하고 있다.

② 2021년 휴직자 수는 2020년 휴직자 수보다 많다.

③ 전업자 수가 가장 적은 연도는 2017년이다.

④ 2020년 겸직자 수는 2017년의 4.2배이다.

⑤ 2017년 휴직자 수는 2021년 휴직자 수의 16%이다.

12 신혼부부 매입임대주택의 1월과 6월의 난방요금 비율이 7 : 3이다. 1월의 난방요금에서 2만 원을 뺐을 때 그 비율이 2 : 1이면, 1월의 난방요금은?

① 10만 원

② 12만 원

③ 14만 원

④ 16만 원

⑤ 18만 원

정답 및 해설 p.015

※ 다음은 L사의 자율 휴가제도에 대한 설명이다. 이를 읽고 이어지는 질문에 답하시오. [1~3]

〈자율 휴가제〉

• 연중 본인이 원하는 기간을 지정해 자유롭게 휴가를 사용할 수 있다.
• 3년 이상 근속 시 매해 1일씩 가산 휴가를 준다.
• 휴일에 근무 시 당일 근무일수의 2배에 해당하는 휴가를 지급한다.
• 휴가 사용 시 토요일은 0.5일, 평일은 1.0일로 계산한다.
※ 월~토요일 주 6일제 근무임

---

01 다음 중 신입사원 교육 시 자율 휴가제에 대한 장점을 부각하고자 할 때, 적절하지 않은 것은?

① 우리 회사는 근속한 사람에게 그만큼의 대우를 해 준다.

② 정규 근무일 이외에 근무 시 그에 정해진 보상을 한다.

③ 본인이 원하는 기간에 탄력적으로 휴가를 사용할 수 있다.

④ 휴일 근무 시 기존 휴가기간에 0.5일을 가산해 휴가를 지급한다.

⑤ 6년 동안 근속 시 4일의 가산 휴가를 지급한다.

02 C팀장은 개인 프로그램 참가로 인해 휴가 제안서를 제출했다. 다음 제안서와 달력을 참고하여 C팀장이 신청할 총휴가일수를 바르게 계산한 것은?

〈휴가 제안서〉	◀		2022년 10월			▶
○○프로그램 참가	일	월	화	수	목	금	토
프로그램 일정 : 10월 1 ~ 13일	27	28	29	30	①1	2	3
휴가 신청일수 : ( )일	4	5	6	7	8	9	10
	11	12	13	14	15	16	17
	18	19	20	21	22	23	24
	25	26	27	28	29	30	31
	1	2	3	4	5	6	7

① 9일
② 10일
③ 11일
④ 12일
⑤ 13일

03 경순, 민경, 정주는 여름 휴가를 맞이하여 대만, 제주도, 일본 중 각각 한 곳으로 여행을 가는데, 게스트하우스 혹은 호텔에서 숙박할 수 있다. 다음 〈조건〉을 바탕으로 민경이의 여름 휴가 장소와 숙박 장소를 바르게 짝지은 것은?(단, 세 사람 모두 이미 한 번 다녀온 곳으로는 휴가를 가지 않는다)

> **조건**
> • 제주도의 호텔은 예약이 불가하여, 게스트하우스에서만 숙박할 수 있다.
> • 호텔이 아니면 잠을 못 자는 경순이는 호텔을 가장 먼저 예약했다.
> • 여행 갈 때마다 호텔에 숙박했던 정주는 이번 여행은 게스트하우스를 예약했다.
> • 대만으로 여행 가는 사람은 앱 할인으로 호텔에 숙박한다.
> • 작년에 정주는 제주도와 대만을 다녀왔다.

① 제주도 – 게스트하우스
② 대만 – 게스트하우스
③ 제주도 – 호텔
④ 일본 – 호텔
⑤ 대만 – 호텔

※ L사의 총무부와 인사부는 친목도모를 위해 각각 5월 3일과 5월 7일에 청량산 트레킹을 시작했다. 다음 트레킹 코스와 구간별 소요시간에 대한 자료와 〈조건〉을 읽고 이어지는 질문에 답하시오. **[4~6]**

〈청량산 트레킹 코스〉	〈구간별 트레킹 소요시간〉

〈청량산 트레킹 코스〉

(2,833m)L ─ ○M (3,012m)
(2,594m)J ○ ○K (2,641m)
(2,502m)I ○
(2,348m)G ○ ○H (2,467m)
(2,260m)F ○
        ○E (2,178m)
        ○D (2,111m)
(2,050m)C ○
    B (1,638m) ○

북
서 ← → 동
남

○A (1,050m)

※ 괄호 안의 수치는 해발고도를 나타냄

〈구간별 트레킹 소요시간〉

• 올라가는 경우

(단위 : 시간)

경로	소요시간
A → B	3
B → C	2
C → D	1
D → E	1
E → F	2
F → G	3
G → H	2
H → I	2
I → J	1
J → K	2
K → L	3
L → M	3

• 내려오는 경우, 구간별 소요시간은 50% 단축된다.

조건

• 트레킹 코스는 A지점에서 시작하여 M지점에 도달한 다음 A지점으로 돌아오는 것이다.
• 하루에 가능한 트레킹의 최장시간은 6시간이다.
• 하루 트레킹이 끝나면 반드시 비박을 해야 하고, 비박은 각 지점에서만 가능하다.
• M지점에 도달한 날은 그날 바로 내려오지 않고, M지점에서 비박한다.
• 해발 2,500m를 통과하는 날부터 고산병 예방을 위해 당일 수면고도를 전날 수면고도보다 200m 이상 높일 수 없다.
• 하루에 이동할 수 있는 최대거리로 이동하며, 최단시간의 경우로 트레킹한다.

※ 수면고도는 비박하는 지역의 해발고도를 의미함

04   다음 중 총무부의 청량산 트레킹 일정에 대한 설명으로 적절하지 않은 것은?

① A지점에서 B지점에 도착하는 데 걸리는 시간과 B지점에서 D지점에 도착하는 데 걸리는 시간은 같다.

② F지점에서 G지점으로 가는 것은 E지점에서 F지점으로 가는 것보다 시간이 더 많이 소요된다.

③ M지점에서 L지점에 도착하는 데 걸리는 시간과 K지점에서 I지점에 도착하는 데 걸리는 시간은 같다.

④ F지점에서 E지점으로 가는 데에는 2시간이 소요된다.

⑤ B지점에서 C지점에 도착하는 데 걸리는 시간은 C지점에서 B지점에 도착하는 데 걸리는 시간의 2배이다.

05   다음 중 총무부의 청량산 트레킹에 대한 설명으로 적절하지 않은 것은?

① 트레킹 첫째 날 수면고도는 2,111m이다.

② 트레킹 둘째 날 수면고도는 2,400m보다 낮다.

③ 트레킹 둘째 날과 셋째 날의 소요시간은 서로 같다.

④ 트레킹 셋째 날에 해발고도 2,500m 이상의 높이를 올라갔다.

⑤ 트레킹 넷째 날 출발지점과 최종 도착지점의 해발고도 차이는 150m 이하이다.

06   다음 중 총무부가 모든 트레킹 일정을 완료한 날짜는?

① 5월 10일   ② 5월 11일
③ 5월 12일   ④ 5월 13일
⑤ 5월 14일

※ 다음은 L사의 연구개발사업 추진절차에 대한 내용이다. 추진절차를 보고, 이어지는 질문에 답하시오.
　　[7~9]

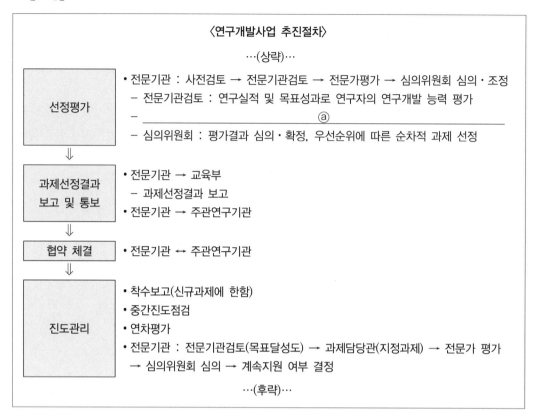

〈연구개발사업 추진절차〉

…(상략)…

선정평가

- 전문기관 : 사전검토 → 전문기관검토 → 전문가평가 → 심의위원회 심의·조정
  - 전문기관검토 : 연구실적 및 목표성과로 연구자의 연구개발 능력 평가
  - _____ⓐ_____
  - 심의위원회 : 평가결과 심의·확정, 우선순위에 따른 순차적 과제 선정

⇓

과제선정결과 보고 및 통보

- 전문기관 → 교육부
  - 과제선정결과 보고
- 전문기관 → 주관연구기관

⇓

협약 체결

- 전문기관 ↔ 주관연구기관

⇓

진도관리

- 착수보고(신규과제에 한함)
- 중간진도점검
- 연차평가
- 전문기관 : 전문기관검토(목표달성도) → 과제담당관(지정과제) → 전문가 평가
  → 심의위원회 심의 → 계속지원 여부 결정

…(후략)…

07 다음은 연구개발사업 추진절차에서 언급하고 있지 않은 내용이다. 절차 ㉠ ~ ㉤을 추진 순서대로 나열한 것은?

<연구개발사업 추진절차>

㉠ 최종평가	• 전문기관 : 최종 연구결과 및 성과 평가(협약종료 후 45일 이내) • 연구기관 : 최종보고서 제출(협약종료 후 3개월 이내)
㉡ 수요조사	• 교육부 및 전문기관 : 수요조사
㉢ 공고 및 접수	• 전문기관 : 사업별 세부추진계획 공고 - 사업안내서, 과제제안서(RFP 포함) • 연구기관 : 연구개발계획서 및 신청서 작성·제출
㉣ 시행계획 수립	• 교육부 및 전문기관 : 당해 연도 연구개발사업 기본방향 수립 - 사업별 예산 및 연구개발방향 설정 등
㉤ 연구결과 활용	• 전문기관 및 주관기관 : 성과활용결과 보고 또는 활용계약 체결

① ㉡ - ㉢ - ㉣ - ㉤ - ㉠
② ㉡ - ㉣ - ㉢ - ㉠ - ㉤
③ ㉠ - ㉡ - ㉣ - ㉠ - ㉤
④ ㉣ - ㉢ - ㉡ - ㉤ - ㉠
⑤ ㉣ - ㉡ - ㉢ - ㉠ - ㉤

08 다음 중 ⓐ에 들어갈 내용으로 가장 적절한 것은?

① 전문가평가 : 연구개발과제 평가단 구성, 발표 심사
② 연구비 지급
③ 과제 선정결과 통보 및 협약체결요령, 제출구비 서류 안내
④ 연구기관 : 연차실적·계획서 제출(당해 연도 연구종료 1개월 전)
⑤ 사전검토

09 연구개발사업을 진행하기 위해 남자 연구자 145명과 여자 연구자 203명을 조로 나누어 편성하려고 한다. 되도록 많은 조로 구성할 때, 한 조에 남자 연구자 a명과 여자 연구자 b명이 편성된다면 $a+b$의 값은?

① 11
② 12
③ 13
④ 14
⑤ 15

※ 다음은 스케줄 조정을 위한 마케팅부의 대화 내용이다. C차장 입장에서 본 메신저일 때, 이어지는 질문에 답하시오. [10~12]

[사내 메신저]

C차장이 A사원, B대리, D과장, E사원을 초대하였습니다.

이번 주 화요일이나 수요일에 다 같이 1시간 동안 업무 회의를 하려고 합니다. 언제가 좋을까요?

B대리 저는 화요일 3시부터 4시까지 외근이 있습니다. 또 화, 수 9시부터 11시까지는 시장조사 관련 회의가 있습니다.

A사원 저는 화요일 1시부터 3시까지는 급하게 제품개발을 해야 합니다.

E사원 저도 화요일 오전과 오후 5시부터는 회의에 참석하기 어려울 것 같습니다.

D과장 수요일이 좋을 것 같네요. 화요일엔 급한 업무가 많아요.

A사원 저는 수요일엔 2시부터 1시간 동안 외근을 다녀와야 합니다.

E사원 저는 수요일에 4시 전까지는 가능합니다.

그럼 D과장님만 되시면 ___@___ 에 회의를 하겠습니다.

D과장 네. 됩니다.

그리고 화요일 3시부터 4시까지 저 대신 외근을 나갈 분을 찾습니다.

___ⓑ___ 제가 그 시간에 스케줄이 없으니 다녀오겠습니다.

내용을 입력하세요.
전송

※ 외근은 외근 전 준비 1시간과 외근 후 정리 1시간이 필요함
※ 근무시간 : 오전 9시 ~ 오후 6시
※ 점심시간 : 오후 12시 ~ 1시(업무 불가능)

10 다음 중 빈칸 ⓐ에 들어갈 회의시간은?

① 수요일 오전 10시   ② 수요일 오전 11시

③ 수요일 오후 1시   ④ 수요일 오후 3시

⑤ 수요일 오후 4시

11 다음 중 빈칸 ⓑ에 들어갈 직원은?

① A사원   ② B대리

③ D과장   ④ E사원

⑤ 없음

12 A사원과 E사원은 회의를 마치고 보고서를 제출하려 한다. 이 보고서를 혼자 작성할 경우 A사원은 24일이 걸리고, E사원은 16일이 걸린다. 처음 이틀은 A사원과 E사원이 같이 하고, 이후엔 E사원 혼자서 작성을 하다가, 보고서 제출 하루 전부터 A사원도 같이 하였다. 보고서를 제출할 때까지 총 며칠이 걸렸는가?

① 11일   ② 12일

③ 13일   ④ 14일

⑤ 15일

정답 및 해설 p.018

※ L그룹 인사팀에 입사한 귀하는 업무를 진행 중이다. 다음을 보고 이어지는 질문에 답하시오. [1~3]

〈11월 월간 일정표〉

월	화	수	목	금	토	일
	1	2 오전 10시 연간 채용계획 발표(A팀장)	3	4 오전 10시 주간 업무보고 오후 7시 B대리 송별회	5	6
7	8 오후 5시 총무팀과 팀 연합회의	9	10	11 오전 10시 주간 업무보고	12	13
14 오전 11시 승진대상자 목록 취합 및 보고(C차장)	15	16	17 A팀장 출장	18 오전 10시 주간 업무보고	19	20
21 오후 1시 팀미팅(30분 소요 예정)	22	23 D사원 출장	24 외부인사 방문 일정	25 오전 10시 주간 업무보고	26	27
28 E대리 휴가	29	30				

※ 인사팀은 귀하, C차장, A팀장, B대리, E대리, D사원으로 구성되어 있다.

01 다음 〈조건〉을 고려하여 인사팀의 1박 2일 워크숍 날짜를 결정하려고 한다. 인사팀의 워크숍 날짜로 가장 적절한 것은?

> **조건**
> • 워크숍은 평일로 한다.
> • 워크숍에는 모든 팀원들이 빠짐없이 참석해야 한다.
> • 워크숍 일정은 첫날 오후 3시에 출발하여 다음 날 오후 2시까지이다.
> • 다른 팀과 함께하는 업무가 있는 주에는 워크숍 일정을 잡지 않는다.
> • 매월 말일에는 월간 업무 마무리를 위해 워크숍 일정을 잡지 않는다.

① 11월 9 ~ 10일 ② 11월 18 ~ 19일
③ 11월 21 ~ 22일 ④ 11월 28 ~ 29일
⑤ 11월 29 ~ 30일

02 인사팀 업무를 수행하던 귀하는 실수로 L그룹 1차 시험 합격 응시생의 데이터를 잃어버렸다. L그룹 1차 시험 응시생이 2,500명이었고 전체 시험 평균점수는 54.5점, 합격자 평균점수는 80점이었으며, 불합격자 평균점수가 50점일 때, 상사에게 보고해야 하는 1차 시험 합격 응시생 수는?

① 375명 ② 380명
③ 385명 ④ 390명
⑤ 395명

03 가까스로 1차 시험 합격 응시생 데이터를 복구한 귀하는 2차 면접시험 및 워크숍에 대비하기 위해 감염병관리위원회를 구성해야 한다. 아래 자료를 읽고 〈조건〉에 따라 위원회를 구성할 때, 다음 중 항상 참인 것은?

> 코로나19 감염 확산에 따라 감염병의 예방 및 관리에 관한 법률 시행령을 일부 개정하여 감염병관리위원회를 신설하고자 한다. 감염병관리위원회는 관련 위원장 총 4명으로 구성할 예정이며, 위원회 후보는 감염대책위원장 1명, 재택관리위원장 1명, 생활방역위원장 4명, 위생관리위원장 2명이다.

> **조건**
> • 감염대책위원장이 뽑히면 재택관리위원장은 뽑히지 않는다.
> • 감염대책위원장이 뽑히면 위생관리위원장은 2명이 모두 뽑힌다.
> • 재택관리위원장과 생활방역위원장은 합쳐서 4명 이상이 뽑히지 않는다.

① 재택관리위원장이 뽑히면 위생관리위원장은 1명이 뽑힌다.
② 재택관리위원장이 뽑히면 생활방역위원장은 1명이 뽑힌다.
③ 감염대책위원장이 뽑히면 재택관리위원장도 뽑힌다.
④ 감염대책위원장이 뽑히면 생활방역위원장은 2명이 뽑힌다.
⑤ 생활방역위원장이 뽑히면 위생관리위원장도 뽑힌다.

※ 다음은 L기업 홍보혁신실에 근무하는 귀하가 오전 회의를 위해 받은 자료 중 일부이다. 이를 읽고 이어지는 질문에 답하시오. [4~6]

〈L기업, 로봇 '혁신' 위해 고객 아이디어 모은다〉

L기업은 26일 '제1회 로봇 인큐베이션 공모전'을 개최한다. 공모전 참가를 원하는 팀 또는 개인은 내달 29일까지 지원서를 홈페이지로 제출하면 된다. L기업은 이번 공모전에 직장인, 학생, 스타트업 등 다양한 분야에서 활동하면서 로봇에 관심 있는 팀이 참가, 일상생활에 도움을 주는 다양한 로봇 아이디어가 많이 나올 것으로 기대하고 있다.

L기업은 내부 심사를 거쳐 오는 9월 본선 진출팀을 발표한다. 본선 진출팀은 이번 공모전의 협력기관인 서울산업진흥원(SBA; Seoul Business Agency)이 운영하는 '메이커스페이스 전문랩 G캠프(서울 위치)'에서 L기업이 제시하는 프로젝트를 수행하며 팀별 경합을 거치게 된다. 서울산업진흥원은 서울시 산하 중소기업 지원기관이다. 연말에 가려지는 최종 우승팀에게는 1,500만 원의 상금이 주어진다.

이번 공모전은 로봇이 이미 일상으로 들어온 상황에서 다양한 아이디어를 통해 신규 비즈니스를 발굴하기 위한 목적으로 기획됐다. 위험하고 반복적인 일 대신 인간이 더 가치 있는 것들에 집중할 수 있도록 돕는 다양한 서비스 로봇을 선보이겠다는 의미이다.

L기업은 로봇을 미래사업의 한 축으로 삼고, 일상생활에서 쉽게 접할 수 있는 서비스에 초점을 맞춰 호텔 솔루션, 병원 솔루션, F&B 솔루션 등 각종 맞춤형 솔루션을 선보이고 있다. L기업 로봇사업 담당자는 "로봇을 사용하게 될 고객들이 직접 참여해 선보일 다양한 서비스 로봇들을 통해 고객에게 새로운 경험과 가치를 제공하는 것은 물론, 일상에 도움이 되는 로봇 솔루션을 지속 개발할 것"이라고 말했다.

---

04 다음 중 회의자료에 대한 설명으로 가장 적절한 것은?

① 해당 공모전의 본선은 서울산업진흥원 본부에서 진행된다.
② 로봇 인큐베이션 공모전은 인간이 보다 가치집약적인 일들에 집중하도록 하는 것을 목표로 한다.
③ 최종 우승팀은 내년 초에 결정된다.
④ 공모전에 참가를 원하는 팀은 기한 내에 홈페이지 혹은 우편으로 지원서를 제출하면 된다.
⑤ 개인 자격으로는 로봇 인큐베이션 공모전에 참가할 수 없다.

05 다음 〈보기〉 중 위 공모전의 흥행 촉진을 위해 고려해야 할 사항으로 적절한 것을 모두 고르면?

> **보기**
> ㄱ. 본선 진출팀의 수를 늘리고, 최종 우승팀에 대한 상금을 인상한다.
> ㄴ. 심사 시 일반 고객들에 의한 투표를 추가하고 이를 홍보한다.
> ㄷ. 전문성 확보를 위해 로봇 관련 공학 전공자만 참여가 가능하도록 지원요건을 추가한다.

① ㄱ   ② ㄷ
③ ㄱ, ㄴ   ④ ㄴ, ㄷ
⑤ ㄱ, ㄴ, ㄷ

06 다음은 로봇 인큐베이션 공모전 결과 최종 후보로 선정된 다섯 팀에 대한 평가 결과이다. 아래의 선정방식에 따라 평가를 진행할 때, 최종 우승팀으로 결정될 팀은?

〈최종 우승팀 선정방식〉

• 안전개선, 고객지향, 기술혁신, 가치창조의 4가지 항목을 3 : 1 : 2 : 1의 가중치로 합산하여 최종 점수를 산출한다.
• 최종 점수가 동일한 경우, 고객지향 – 기술혁신 – 안전개선 – 가치창조 항목 순서대로 점수가 더 높은 팀을 선정한다.

〈최종 후보팀〉

다음은 최종 후보 다섯 팀을 안전개선, 고객지향, 기술혁신, 가치창조의 4가지 항목으로 평가하여 항목별 10점 만점으로 점수를 부여한 것이다.

(단위 : 점)

팀명	안전개선	고객지향	기술혁신	가치창조
A	8	5	8	4
B	6	8	5	5
C	7	6	6	7
D	7	7	7	7
E	5	6	10	4

① A
② B
③ C
④ D
⑤ E

※ L그룹 본부지원실에 근무하는 귀하는 L푸드의 ESG 경영전략에 대한 회의에 참여할 예정이다. 다음을 읽고 이어지는 질문에 답하시오. **[7~9]**

〈L푸드, ESG 경영으로 "옳은 약속, 더 나은 미래" 만든다〉

L푸드가 ESG 경영을 강화하며 '글로벌 No.1 소재 · 부품 기업' 도약에 속도를 내고 있다. L푸드는 ESG 경영의 목표를 지속가능경영 비전인 "Right Promise, Better Tomorrow(옳은 약속, 더 나은 미래)" 달성으로 삼고, 전사 차원의 ESG 내재화와 리스크 관리에 주력하고 있다. 특히 올해인 2021년을 ESG 경영의 원년으로 삼고 모든 역량을 집중해 ESG 경영 기반을 확고히 해 나간다는 방침이다.

올 초 신년사에서 CEO는 지속가능한 기업을 위해 기업가치를 높이는 질(質)적 성장에 집중할 것을 임직원들에게 당부한 바 있다. 매출, 영업이익과 같은 재무적 성과는 물론 ESG와 같은 비재무성과도 함께 높여 나가자는 의미다. L푸드는 체계적인 ESG 경영을 위한 관련 조직을 강화해 나가고 있다. 올 초 'ESG Committee'를 신설하여 전사 차원의 핵심과제 발굴해 적극 추진하고 있다. 'ESG Committee'는 CFO를 의장으로 안전환경, 사회공헌 등 영역별 전문부서가 참여해 전략 수립과 이행 점검, 글로벌 ESG 이슈 및 대응 방안 등을 논의한다.

최근에는 이사회 내 ESG 위원회를 설치했다. ESG 위원회는 ESG 경영 관련 최고 심의기구로 지속가능한 성장 실현을 위한 환경, 사회적 책임, 지배구조 등 ESG 정책, 중장기 전략, 목표 등을 심의한다. 이와 함께 L푸드는 전사 차원의 ESG 내재화와 체계적인 리스크 관리에 집중하고 있다.

무엇보다 L푸드는 ESG를 특정 조직의 업무가 아닌 전 임직원들이 스스로 중요성을 인식하고 일상 업무를 ESG 관점에서 실천할 수 있도록 하는 데 중점을 두고 있다. 이를 위해 R&D, 구매, 생산, 품질, 마케팅 등 전사의 모든 업무 프로세스 전반에 ESG 요소를 반영하여 이를 강도 높게 관리 및 실천해 나가고 있다. 또한 환경(Environment), 사회(Social), 지배구조(Governance) 분야별 다각적인 활동을 추진하고 있다.

환경분야에서는 기후변화에 적극 대응하며 글로벌 기후변화 노력에 적극 동참하고 있다. 신재생 에너지 활용, 고효율 설비 적용 등 에너지 절감 및 온실가스 감축 활동을 지속하고 있다. 사회는 임직원 자부심 제고를 위한 조직문화 활동인 'PRIDE 활동'과 임직원 안전을 위한 무사고 · 무재해 안전 사업장을 실현에 힘을 쏟고 있다. 협력회사 대상의 금융, 기술, 경영, 교육 분야 상생활동, 지역사회와의 공존을 위한 사회공헌활동 등도 활발히 펼치고 있다.

지배구조는 주주친화 정책과 경영 투명성 강화에 주력하고 있다. 올해 L푸드는 주주 가치 제고를 위해 전년 대비 배당금을 2배 이상 확대했으며, 주주총회 전자투표제를 전격 도입했다. 또한 경영 투명성 확보를 위해 2022년 여성 이사회 참여를 추진하는 등 이사회의 독립성과 다양성을 강화하고 있다. ESG Committee 의장인 CFO는 "ESG는 일시적 유행이 아닌 산업 전반과 사회에 큰 영향을 미치는 글로벌 메가 트렌드"라며, "L푸드가 소재 · 부품기업 중 ESG를 가장 잘하는, 신뢰할 수 있는 회사로 자리매김할 수 있도록 지속적인 노력을 기울일 것"이라고 말했다.

---

07 귀하는 회의 참석 전 위 자료를 전달받았다. 이에 대한 설명으로 적절하지 않은 것은?

① L푸드는 ESG 위원회 및 지원 조직이 ESG 경영을 담당하여 추진하고 있다.

② ESG 경영의 일환으로 주주총회 전자투표제가 도입되었다.

③ L푸드의 ESG 위원회는 CFO를 의장으로 하고 있다.

④ ESG에서 E는 환경적 부문을 의미한다.

⑤ ESG 경영 기조에 따라 주주친화적 지배구조를 지향하고 있다.

08 다음 〈보기〉 중 L푸드에서 ESG 경영의 일환으로 추진할 조치로 적절하지 않은 것을 모두 고르면?

> **보기**
> ㄱ. 현재 진행 중인 탄소연료 설비를 이용한 단기 추진사업을 집중 보완하여 가까운 시점의 리스크부터 줄여나간다.
> ㄴ. 지역사회로부터의 독립성을 확보하고, 조직 내적 의견 조율 및 반영에 집중한다.
> ㄷ. 운송 수단들에 대한 배출가스 점검을 실시하고, 연비효율을 극대화할 수 있는 운행 방안에 대해 노조와 협의한다.

① ㄱ
② ㄴ
③ ㄱ, ㄴ
④ ㄱ, ㄷ
⑤ ㄱ, ㄴ, ㄷ

09 L그룹 본부는 다음 규칙에 따라 ESG 상임위원을 선정하고자 한다. 후보자들에 대한 정보가 아래와 같을 때, 다음 중 상임위원으로 선정될 사람을 모두 고르면?

〈선정방식〉

- 각 후보자의 경력점수, 학위점수, 성과점수, 대외점수를 단순합산하여 최종 점수를 산출하며, 최종 점수가 가장 높은 두 명을 상임위원으로 선정한다.
- 관련 경력은 다음과 같이 점수를 부여한다.

구분	3년 미만	3년 이상 5년 미만	5년 이상 7년 미만	7년 이상
경력점수	16	19	22	25

- 최종 학위는 다음과 같이 점수를 부여한다.

구분	학사 졸업	석사 수료	석사 졸업	박사 수료	박사 졸업
학위점수	10	12	15	18	20

- 최종 점수가 동일한 경우, 성과점수가 더 높은 후보자에게 더 높은 우선순위를 부여한다.

〈후보자별 평가결과〉

구분	관련 경력	최종 학위	성과점수	대외점수
A	7년	석사 수료	24	18
B	2년	박사 수료	28	14
C	5년	박사 졸업	21	19
D	3년	석사 졸업	32	17
E	11년	학사 졸업	27	20

① A, C
② B, E
③ C, D
④ C, E
⑤ D, E

※ 고객대응실에 근무 중인 귀하는 상품기획실로부터 현재 제공 중인 스마트홈 펫케어 서비스에 대한 자료를 전달받았다. 다음을 읽고 이어지는 질문에 답하시오. [10~12]

〈스마트홈 펫케어 이벤트〉

1. 펫케어
   - 서비스 구성
     이동식 원격카메라＋원격급식기＋간식로봇
   - 가격
     월 9,900원(3년 약정, 스마트 인터넷 결합 기준)

2. 펫케어 라이트
   - 서비스 구성
     이동식 원격카메라＋원격급식기
   - 가격
     월 7,700원(3년 약정, 스마트 인터넷 결합 기준)

3. 펫케어 공통혜택
   - 배상보험 3년 무료 가입 : 배상금 500만 원, 사망위로금 10만 원
   - 반려동물 동반 무료 촬영권 증정 : 총 18만 원 상당
   - 무료 및 할인쿠폰 증정 : P펫호텔 연 2회 무료 숙박권
   - O펫샵 : VIP회원 등급 및 할인가 제공(총 18만 원 상당)
   - 모바일 상품권 추가 증정 : S백화점, E마트에서 사용 가능한 상품권 제공(10만 원)

4. 주의사항
   - 위 모든 혜택은 스마트홈 펫케어 3년 약정 가입 시 제공됩니다.
   - 가입 후 1년 이내 해지 시 사은품으로 증정한 모바일 상품권에 대한 할인반환금이 발생합니다.
   - 보험가입은 앱 내에서 본인이 직접 가입 신청해야 합니다.
   - 배상책임 담보의 적용 범위는 대인·대동물 배상책임에 한합니다(＊대물 제외).
   - 만 10세 이상의 반려동물의 경우, "반려동물 사망 시 위로금" 담보 가입이 불가합니다.
   - 맹견의 경우 반려동물보험 가입이 불가(시베리안 허스키, 울프 하운드, 불독, 마스티프 등)합니다.
   - 최초 보험목적물로 등록된 반려동물이 사망한 경우, 해당 고객(회선) 재가입이 불가합니다.
   - 반려동물 동반 무료 사진 촬영권은 액자비 2만 원이 현장 청구됩니다.
   - 스튜디오 촬영 시 가족 3인 방문 필수입니다.

---

10 다음 중 스마트홈 펫케어 서비스에 대한 설명으로 적절하지 않은 것은?

① 펫케어 라이트와 펫케어 서비스의 차이점은 월 이용요금과 간식로봇 제공 여부뿐이다.

② 3년 약정 가입한 경우에만 반려동물 동반 무료 촬영권이 증정된다.

③ 펫케어 서비스에 가입한 경우, 배상보험에 무료 가입된다.

④ 가입 후 1년 이내에 해지하는 경우, 사은품에 대한 할인반환금이 발생하지 않는다.

⑤ 서비스 가입 시, 펫샵에서 할인혜택을 받을 수 있다.

11 다음과 같은 고객의 문의가 접수되었다. 다음 〈보기〉의 설명 중 적절하지 않은 것은?

〈고객 문의 사항〉

• 고객명 : A
• 문의일시 : 2021.07.22.
• 내용 : 펫케어 라이트 서비스를 작년 3월 1일부터 이용하고 있습니다. 3년 약정에 스마트 인터넷을 결합하여 가입하였습니다. 만 11세인 시츄 1마리와 거주하고 있습니다. 현재 저희 시츄의 경우도 반려동물보험에 가입되어 있는 상태인지 궁금합니다. 그리고 지인에게 들으니, 간식로봇도 제공된다고 하는데, 저는 지금껏 제공받지 못하였습니다. 그동안 누락되었지만 8월부터라도 제공 부탁드립니다.

보기

ㄱ. A가 문의일 현재 펫케어 서비스를 해지하는 경우, 10만 원 상당의 모바일 상품권에 대한 할인 반환금이 발생한다.
ㄴ. A의 시츄는 반려동물보험 가입대상에 해당하지 않는다.
ㄷ. A가 배상보험에 직접 가입하지 않았다면, A의 반려견은 보험에 가입되어 있지 않을 것이다.
ㄹ. A의 반려견이 사망한 경우, A는 사망 위로금 10만 원을 지급받을 수 있다.

---

① ㄴ, ㄹ   ② ㄷ, ㄹ
③ ㄱ, ㄴ, ㄷ   ④ ㄱ, ㄴ, ㄹ
⑤ ㄴ, ㄷ, ㄹ

12 스마트 홈 펫케어 서비스 이용고객인 B의 상황은 다음과 같다. B가 자신이 부담하는 요금을 최소화하고자 할 때, 월이용요금을 제외하고 B가 부담해야 할 비용은?

〈상황〉

• B는 펫케어 라이트 서비스에 가입한 상태이다.
• B는 자신의 유일한 반려견인 시베리안 허스키와 거주 중이다.
• B는 자신의 반려견과 P펫호텔에서 올해 처음으로 1박 숙박을 하였다.
• B는 반려견을 동반하여 무료 촬영권을 사용하였다.
• B는 H백화점에서 10만 원 상당의 물품을 구매하였다.

---

① 2만 원   ② 4만 원
③ 10만 원   ④ 12만 원
⑤ 14만 원

정답 및 해설 p.022

※ 사내 메신저를 통해 다음과 같은 문서가 전달되었다. 이를 읽고 이어지는 질문에 답하시오. [1~5]

〈A학교 교실 천장 교체공사 수의계약 안내 공고〉

다음과 같이 시설공사 수의 견적서 제출 안내를 공고합니다.

1. 견적에 부치는 사항
    가. 공사명 : A학교 교실 천장 교체공사
    나. 공사기간 : 착공일로부터 28일간
    다. 공사내용 : 본관 교실 7실 및 복도(1, 2층)

2. 견적 제출 및 계약방식
    가. 국가종합전자조달시스템을 이용하여 2인 이상으로부터 견적서를 제출받는 소액수의계약 및 전자입찰 방식으로 제출하여야 합니다.
    나. 안전 입찰서비스를 이용하여 입찰서를 제출하여야 합니다.

3. 견적서 제출기간
    가. 견적서 제출기간 : 2021. 06. 01.(화) 09:00 ~ 2021. 06. 14.(월) 10:00
    나. 견적서 제출확인은 국가종합전자조달 전자입찰시스템의 웹 송신함에서 확인하기 바라며, 마감 시간이 임박하여 제출할 경우 입력 도중 중단되는 경우가 있으니 10분 전까지 입력을 완료하기 바랍니다.
    다. 전자입찰은 반드시 안전 입찰서비스를 이용하여 입찰서를 제출하여야 합니다(자세한 사항은 안전 입찰서비스 유의사항 안내 참고).

4. 개찰일시 및 장소
    가. 개찰일시 : 2021. 06. 14.(월) 11:00
    나. 개찰장소 : K시 교육청 입찰집행관 PC(전산 장애 발생 시 개찰 시간이 다소 늦어지거나 연기될 수 있습니다)

5. 견적 제출 참가 자격
    가. ⊙ 수의 견적 재출 안내 공고일 전일부터 걔약체결일까지 해당 지역에 법인등기부상 본점 소재지를 둔 업체이어야 하며, 그러하지 않을 경우 낙찰차 결정을 취소합니다(이외 지역 업체는 견적 제출에 참가할 수 없으며, 제출 시 무효 처리됩니다).
    나. 본 입찰은 지문인식 신원확인 입찰이 적용되므로 개인인증서를 보유한 대표자 또는 입찰대리인은 미리 지문정보를 등록하여야 전자입찰서 제출이 가능합니다. 다만, 지문인식 신원확인 입찰이 곤란한 자는 예외적으로 개인인증서에 의한 전자입찰서 제출이 가능합니다.
    다. 기타 자세한 사항은 K시 교육청 재정지원팀으로 문의하기 바랍니다.

2021. 05. 28.

---

01 다음 중 메신저를 통해 전달받은 공고문을 이해한 내용으로 가장 적절한 것은?

① 제출한 견적서에 대한 내용은 개인의 메일 수신함에서 확인할 수 있다.
② 개찰은 견적서 제출 마감일의 바로 다음 날 K시 교육청의 입찰집행관 PC에서 진행된다.
③ 견적서 입력 도중 마감 시간에 따라 시스템이 중단되었다면 10분 이내로 다시 제출할 수 있다.
④ 입찰대리인은 신원확인의 방법으로 지문이나 개인인증서 둘 중 하나를 선택할 수 있다.
⑤ 견적서 제출은 국가종합전자조달시스템의 안전 입찰서비스를 통해서만 가능하다.

02 당신은 공고문을 읽던 중 맞춤법 오류를 발견하였다. 밑줄 친 ㉠에서 찾아낼 수 있는 오류의 개수는?

① 1개
② 2개
③ 3개
④ 4개
⑤ 5개

03 L그룹 영업 1팀에서 A학교 교실 천장 교체공사 수의계약과 관련하여 K시 교육청 재정지원팀에 문의하기로 했다. 총 10명의 팀원 중 문의 관련 업무를 진행할 2명의 사원을 선정하고 남은 팀원들 중 2명이 계약 관련 업무를 진행한다고 할 때, 나올 수 있는 경우의 수는?

① 1,024가지
② 1,180가지
③ 1,260가지
④ 1,320가지
⑤ 1,380가지

04 영업 1팀은 A학교 교실 천장 교체공사 수의계약에 대한 견적서를 제출하기 전에 내부회의를 진행하기로 했다. 회의 결과에 따라 견적서를 수정하는 기간 사흘과 제출 전 검토 기간 이틀 그리고 주말을 제외할 때, 견적서 제출일과 가장 가까운 회의 날짜는?

① 6월 1일
② 6월 2일
③ 6월 3일
④ 6월 4일
⑤ 6월 7일

05 영업 1팀의 김대리는 계약 관련 업무 진행을 위한 협조 요청 메일을 보내고자 한다. 다음 중 담당자와 이메일을 주고받을 때 유의해야 할 사항으로 적절하지 않은 것은?

① 내용을 보낼 때는 용건을 간단히 하여 보낸다.
② 용량이 큰 파일은 반드시 압축하여 첨부한다.
③ 업무 보안상 제목에 메일의 내용이 드러나지 않도록 유의한다.
④ 메일 내용은 첫인사 → 내용 → 끝인사 순으로 작성해야 하며 소속과 직책을 밝혀야 한다.
⑤ 문장 구성 요소를 생략하거나 줄임말을 사용하지 말고 내용을 간결하게 정리한다.

※ L그룹은 신생아를 출산한 산모를 위한 하반기 신제품을 기획하고자 ○○병원 산모 150명을 대상으로 조사를 진행했다. 다음 자료를 참고하여 이어지는 질문에 답하시오. **[6~9]**

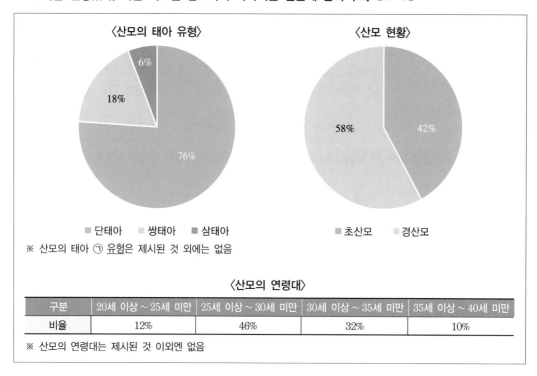

〈산모의 태아 유형〉
- ■ 단태아 ■ 쌍태아 ■ 삼태아
- 76% 18% 6%

※ 산모의 태아 ㉠유형은 제시된 것 외에는 없음

〈산모 현황〉
- ■ 초산모 ■ 경산모
- 58% 42%

〈산모의 연령대〉

구분	20세 이상 ~ 25세 미만	25세 이상 ~ 30세 미만	30세 이상 ~ 35세 미만	35세 이상 ~ 40세 미만
비율	12%	46%	32%	10%

※ 산모의 연령대는 제시된 것 이외엔 없음

06 다음 중 자료에 대한 설명으로 적절하지 않은 것은?(단, 소수점 첫째 자리에서 버림한다)

① 초산모가 20대라고 할 때, 20대에서 초산모가 차지하는 비율은 70% 이상이다.

② 초산모가 모두 단태아를 출산했다고 할 때, 단태아 항목에서 경산모가 차지하는 비율은 48% 미만이다.

③ 경산모의 $\frac{1}{3}$이 30대라고 할 때, 30대에서 경산모가 차지하는 비율은 50% 이상이다.

④ 20대 산모는 30대 산모보다 20명 이상 많다.

⑤ 산모가 200명일 때의 단태아를 출산한 산모의 수는 산모가 400명일 때의 초산모의 수보다 적다.

07 25세 이상 35세 미만의 산모의 $\frac{1}{3}$이 경산모라고 할 때, 이 인원이 경산모에서 차지하는 비율은? (단, 소수점 첫째 자리에서 버림한다)

① 29% ② 37%

③ 44% ④ 58%

⑤ 67%

08 다음 중 밑줄 친 단어 ㉠의 유의어가 아닌 것은?

① 종류 ② 가닥

③ 갈래 ④ 특징

⑤ 전형

09 팀장인 당신은 팀원들이 제출한 하반기 신제품 기획서의 내용을 검토하고자 한다. 제시된 자료를 바탕으로 다음 기획서의 문장을 읽었을 때 적절하지 않은 것은?

① 대다수의 산모들이 단태아를 출산하기 때문에 삼태아를 출산한 산모를 위한 아이템 시장은 상대적으로 진입장벽이 낮을 것이다.

② 초산모보다 경산모의 비중이 더 많기 때문에 경산모를 위한 아이템 기획에 초점을 맞추었다.

③ 산모의 연령대가 25세 이상~35세 미만에 7할 이상이 몰려있으므로 해당 연령대의 고객들이 좋아하는 콘셉트를 지향했다.

④ 쌍태아의 수가 삼태아의 3배에 이르므로 쌍둥이를 위한 상품을 기획한다면 쌍태아들을 중심으로 기획하는 것이 수요가 더 높을 것이다.

⑤ 연령대가 높을수록 해당 산모의 경제력 또한 높아질 것이므로 40대 이상의 산모를 위한 프리미엄 상품을 기획했다.

※ 귀하는 메신저로 다음 주 부서 내 분기종합성적발표회를 진행하기 위해 회의실을 예약해달라는 업무 지시를 받았고, 인트라넷에서 다음 주 예약현황을 열었다. 다음을 읽고 이어지는 질문에 답하시오. [10~13]

〈발표회 조건〉

- 발표회는 오후 1시부터 오후 4시 사이에 진행되어야 한다.
- 발표회는 1시간 30분 동안 연이어 진행되어야 한다.
- 발표회 참석자는 24명이다.
- 발표회에는 빔프로젝터가 필요하다.

〈세미나실별 다음 주 예약현황〉

구분	월	화	수	목	금
본관 1세미나실		인사관리부(예약) (10:00 ~ 15:00)		조직개발부(예약) (13:30 ~ 15:00)	기술영업부(예약) (14:00 ~ 15:00)
본관 2세미나실	기획전략부(예약) (10:00 ~ 11:30)	위기관리부(예약) (14:00 ~ 15:00)	남미사업단(예약) (13:00 ~ 16:00)	마케팅부(예약) (16:00 ~ 17:00)	-
국제관 세미나실A	-	품질관리부(예약) (10:00 ~ 11:30)	생산관리부(예약) (09:00 ~ 10:00)	-	경영지원부(예약) (09:30 ~ 10:30)
국제관 세미나실B	회계세무부(예약) (14:00 ~ 16:00)	글로벌전략부(예약) (13:00 ~ 13:30)	사업부(예약) (14:00 ~ 15:30)	글로벌전략부(예약) (10:00 ~ 16:00)	
복지동 세미나실	경영관리부(예약) (09:30 ~ 11:00)	-	법무부(예약) (14:00 ~ 16:30)	-	법무부(예약) (10:00 ~ 11:00)

〈세미나실별 시설현황〉

구분	빔프로젝터 유무	최대 수용가능인원
본관 1세미나실	○	28명
본관 2세미나실	○	16명
국제관 세미나실A	○	40명
국제관 세미나실B	○	32명
복지동 세미나실	×	38명

10 발표회 조건과 세미나실별 다음 주 예약현황, 세미나실별 시설현황을 토대로, 다음 중 귀하가 다음 주 분기종합회의를 위해 예약 가능한 세미나실과 요일이 바르게 짝지어진 것은?

① 본관 1세미나실, 수요일
② 본관 2세미나실, 금요일
③ 국제관 세미나실B, 화요일
④ 국제관 세미나실B, 수요일
⑤ 복지동 세미나실, 목요일

11 예정되어 있던 발표자에게 문제가 발생해 발표자 및 보조자 2명을 대리급 발표회 참석자 중에서 차출하기로 했다. 24명의 발표회 참석자 중 남자 대리급 참석자가 5명, 여자 대리급 참석자가 3명일 때, 발표자 1명과 남녀 보조자 각각 1명씩을 차출하는 경우의 수는?

① 90가지   ② 124가지

③ 220가지   ④ 336가지

⑤ 352가지

12 발표회가 끝난 뒤, 귀하는 복지동 세미나실에도 빔프로젝터를 설치하자는 상부의 의견에 따라 빔프로젝터 카탈로그에서 적절한 기기를 선택해 구매하는 업무를 맡게 되었다. 이메일로 수신 받은 첨부자료가 다음과 같을 때, 〈조건〉에 부합하는 빔프로젝터 회사는?

<주요 빔프로젝터 정보>

구분	제품명	가격	최대 스크린	무료 A/S 기간	해상도	스피커 출력
A기업	HF60LA	1,210,000원	300	2년	1,680*1,050	10W
B기업	PH550	899,000원	200	1년	1,024*768	5W
	PL680	1,020,000원	180	2년	800*600	7W
C기업	Leisure 470	979,000원	250	6개월	1,280*1,024	3W
	Leisure 520	1,230,000원	300	1년	1,680*1,050	5W
D기업	T - 1000	1,280,000원	300	3년	1,024*768	8W
	T - 2500	1,420,000원	250	1년	1,280*1,024	7W
E기업	SY3211	655,000원	180	없음	800*600	5W
	SY8200	1,690,000원	300	6개월	1,680*1,050	10W

조건
- 최대 스크린은 200 이상이어야 한다.
- 무료 A/S 기간은 1년 이상이어야 한다.
- 800*600 이하 해상도를 지닌 제품은 구매대상에서 제외한다.
- 스피커 출력은 7W 이상이어야 한다.
- 위 조건이 전부 부합하는 기업의 제품 중 가장 가격이 저렴한 것을 고른다.

① A기업   ② B기업

③ C기업   ④ D기업

⑤ E기업

13 귀하는 빔프로젝터 구매 요청을 끝낸 뒤, 상사로부터 발표회를 정리한 보고서를 작성하여 해당 자료를 참여자 전원에게 메일로 발송하라는 지시를 받았다. 이때 사원급의 경우 받는 사람으로, 사원급을 제외한 대리급 이하 참여자들은 참조 기능을 활용하여 자료를 보내되, 팀장, 매니저, 책임급 참여자들에게는 숨은 참조 기능을 사용했다면, 메일을 보낸 뒤 나타나는 결과로 가장 적절한 것은?

① 사원급을 포함한 대리급 이하 참여자들에게 메일이 발송되고 숨은 참조인을 포함한 모든 수신자들을 확인할 수 있다.

② 팀장, 매니저, 책임급 참여자들에게 메일이 발송되고, 숨은 참조인을 제외한 수신자들을 확인할 수 있다.

③ 사원급을 제외한 모든 참조인에게 메일이 발송되고, 숨은 참조인을 포함한 모든 수신자들을 확인할 수 있다.

④ 사원급, 대리급 이하 참여자들과 숨은 참조인들 모두에게 메일이 발송되고, 사원급과 대리급 이하 참여자들은 숨은 참조인을 제외한 수신자들을 확인할 수 있다.

⑤ 사원급, 대리급 이하 참여자들과 숨은 참조인들 모두에게 메일이 발송되고, 숨은 참조인만이 수신자들을 확인할 수 있다.

※ 당신은 사내 이메일로 L기업의 당직 근무 규칙과 이번 주 당직 근무자들의 일정표를 받았다. 다음을 읽고 이어지는 질문에 답하시오. [14~15]

〈당직 근무 규칙〉

• 1일 당직 근무 최소 인원은 오전 1명, 오후 2명으로 총 3명이다.
• 1일 최대 6명을 넘길 수 없다.
• 같은 날 오전 · 오후 당직 근무는 서로 다른 사람이 해야 한다.
• 오전 또는 오후 당직을 모두 포함하여 당직 근무는 주당 3회 이상 5회 미만으로 해야 한다.

〈당직 근무 일정〉

성명	일정	성명	일정
공주원	월 오전 / 수 오후 / 목 오전	최민관	월 오후 / 화 오후 / 토 오전 / 일 오전
이지유	월 오후 / 화 오전 / 금 오전 / 일 오후	이영유	수 오전 / 화 오후 / 금 오후 / 토 오후
강리환	수 오전 / 목 오전 / 토 오후	지한준	월 오전 / 수 오후 / 금 오전
최유리	화 오전 / 목 오후 / 토 오후	강지공	수 오후 / 화 오후 / 금 오후 / 토 오전
이건율	목 오전 / 일 오전	김민정	월 오전 / 수 오후 / 토 오전 / 일 오후

14 다음 중 당직 근무 규칙에 따라 이번 주에 당직 근무 일정을 추가해야 하는 사람은?

① 공주원
② 이지유
③ 최유리
④ 지한준
⑤ 김민정

15 팀장인 당신은 이번 주 급한 업무로 인해 출장을 가게 되었는데 당직 근무자 중 동행할 인원이 1명 필요하다. 다음 중 별도의 조정 없이 이번 주 당직에서 제외되더라도 문제가 없는 근무자는?

① 최유리
② 최민관
③ 공주원
④ 이지유
⑤ 김민정

정답 및 해설 p.026

01 | 언어적 사고

01 L사는 공개 채용을 통해 4명의 남자 사원과 2명의 여자 사원을 최종 선발하였고, 선발된 6명의 신입 사원을 기획부, 인사부, 구매부 세 부서에 배치하려고 한다. 다음 〈조건〉에 따라 신입 사원을 배치할 때, 옳지 않은 것은?

> **조건**
> • 기획부, 인사부, 구매부 각 부서에 적어도 1명의 신입 사원을 배치한다.
> • 기획부, 인사부, 구매부에 배치되는 신입 사원의 수는 서로 다르다.
> • 부서별로 배치되는 신입 사원의 수는 구매부가 가장 적고, 기획부가 가장 많다.
> • 여자 신입 사원만 배치되는 부서는 없다.

① 인사부에는 2명의 신입 사원이 배치된다.
② 구매부에는 1명의 남자 신입 사원이 배치된다.
③ 기획부에는 반드시 여자 신입 사원이 배치된다.
④ 인사부에는 반드시 여자 신입 사원이 배치된다.

02 다음 글의 주장에 대한 반박으로 가장 적절한 것은?

> 대리모는 허용되어서는 안 된다. 최근의 자료에 의하면 대리모는 대부분 금전적인 대가가 지불되는 상업적인 대리모의 형태로 이루어지고 있다. 아이를 출산해 주는 대가로 대리모에게 금전을 지불하는 것은 아이를 상품화하는 것이다. 칸트가 말했듯이, 인간은 수단이 아니라 목적으로 대하여야 한다. 대리모는 결국 아이를 목적이 아닌 수단으로 취급하고 있다는 점에서 인간의 존엄과 가치를 침해한다.

① 최근 조사에 따르면 우리나라의 불임부부는 약 100만 쌍으로 불임 여성은 지속적으로 증가하고 있다.

② 경제적 취약 계층이 된 여성들은 대리모를 통해 빈곤을 해결할 수 있다.

③ 대리모의 건강에 문제가 생길 경우 대리모를 보호할 제도적 장치가 부족하다.

④ 대리모는 아이가 아닌 임신·출산 서비스를 매매의 대상으로 삼고 있으므로 아이의 존엄과 가치를 떨어뜨리지 않는다.

03 L사에서 근무하고 있는 직원 갑 ~ 정 4명은 서로의 세미나 참석 여부에 대하여 다음과 같이 진술하였고, 이들 중 단 1명만이 진실을 말하였다. 이들 가운데 반드시 세미나에 참석하는 사람은?(단, 진술한 사람은 거짓만 말하거나 진실만 말한다)

> 갑 : 나는 세미나에 참석하고, 을은 세미나에 참석하지 않는다.
> 을 : 갑과 병 중 적어도 1명은 세미나에 참석한다.
> 병 : 나와 을 중 적어도 1명은 세미나에 참석하지 않는다.
> 정 : 을과 병 중 1명이라도 세미나에 참석한다면, 나도 세미나에 참석한다.

① 갑 ② 을

③ 병 ④ 정

04 다음 글을 이해한 내용으로 적절하지 않은 것은?

> 우리는 어떻게 장소에 익숙해지는 것일까? 뇌과학운영단 세바스찬 로열 박사팀은 뇌의 해마 속 과립세포(Granule Cell)가 이끼세포(Mossy Cell) 등 다양한 신경 네트워크를 통해 장소를 학습하며 장소세포(Space Cell)로 변하는 과정을 규명했다.
>
> 과거 오키프 박사와 모세르 부부는 뇌에서 위치와 방향, 장소와 공간 등을 파악할 수 있게 해주는 장소세포와 뇌 해마 옆 내후각피질에서 위치정보처리시스템을 구성하는 격자세포(Grid Cell)를 발견했다. 하지만 그들은 장소세포가 어떻게 생성되고 변화하는지는 밝혀내지 못했는데, 세바스찬 로열 박사팀은 공간훈련 장치인 트레드밀에서 실험용 생쥐를 훈련시키면서 뇌 해마에서 장소 정보 입력이 시작되는 부위로 알려진 치아이랑(Dentate Gyrus)의 뇌세포를 관찰해 새 환경을 학습할 때 뇌에 장소세포가 생성되는 과정을 규명했다.
>
> 생쥐는 새로운 장소에 놓였을 때 격자세포가 활성화되었고, 과립세포에서는 사물의 위치 정보나 거리 정보를 나타내는 세포가 작동했다. 하지만 공간에 익숙해져 학습이 된 이후에는 위치와 거리 정보를 나타내는 세포들이 소멸하고 특정 장소를 나타내는 장소세포가 점차 늘어났다.

① 해마 속 과립세포는 신경 네트워크를 통한 학습을 거쳐 장소세포로 변화한다.

② 오키프 박사와 모세르 부부는 뇌의 해마 속 과립세포와 이끼세포가 장소를 학습하며 장소세포로 변하는 과정을 규명했다.

③ 세바스찬 로열 박사팀은 실험용 생쥐의 치아이랑 뇌세포 변화를 관찰하여 장소세포가 생성되는 과정을 규명했다.

④ 생쥐가 새로운 공간에 익숙해진다면 격자세포와 과립세포는 소멸할 것이다.

01 다음은 A씨가 1월부터 4월까지 지출한 외식비이다. 1월부터 5월까지의 평균 외식비가 120,000원 이상 130,000원 이하가 되게 하려고 할 때, A씨가 5월에 최대로 사용할 수 있는 외식비는?

〈월별 외식비〉

(단위 : 원)

1월	2월	3월	4월	5월
110,000	180,000	50,000	120,000	

① 14만 원 　　　　　　　　　　② 15만 원
③ 18만 원 　　　　　　　　　　④ 19만 원

02 L사는 프린터를 새로 구입하거나 대여하려 한다. 프린터를 구입하는 경우에는 프린터 가격 200,000원과 매달 15,000원의 유지비를 내고, 대여하는 경우에는 매달 22,000원의 대여료만 낸다. 이때 프린터를 구입하여 최소 몇 개월 이상 사용하면 대여하는 경우보다 이득인가?

① 29개월 　　　　　　　　　　② 27개월
③ 25개월 　　　　　　　　　　④ 23개월

03 철도 길이가 720m인 터널이 있다. A기차는 터널을 완전히 빠져나갈 때까지 56초가 걸리고, 기차 길이가 A기차보다 40m 짧은 B기차는 160초가 걸렸다. 두 기차가 터널 양 끝에서 동시에 출발하면 $\frac{1}{4}$ 지점에서 만난다고 할 때, B기차의 길이는?(단, 기차의 속력은 일정하다)

① 50m 　　　　　　　　　　② 60m
③ 70m 　　　　　　　　　　④ 80m

04 다음은 자동차 판매현황이다. 표를 보고 〈보기〉의 설명 중 옳지 않은 것을 모두 고르면?

〈자동차 판매현황〉

(단위 : 천 대)

구분	2018년	2019년	2020년
소형	27.8	32.4	30.2
준중형	181.3	179.2	180.4
중형	209.3	202.5	205.7
대형	186.1	185.0	177.6
SUV	452.2	455.7	450.8

보기

ㄱ. 2018년 대비 2019년 판매량 감소율이 가장 낮은 차종은 대형이다.
ㄴ. 2020년 준중형 자동차 판매량은 전년 대비 1% 이상 증가했다.
ㄷ. 2018 ~ 2020년 동안 매년 자동차 판매 순위는 동일하다.
ㄹ. 2018년 모든 종류의 자동차 각각의 판매량은 2019년보다 모두 높다.

① ㄱ, ㄴ
② ㄱ, ㄹ
③ ㄷ, ㄹ
④ ㄴ, ㄷ, ㄹ

05 다음은 산업통상자원부의 지난 3년간 기업규모별 지원액을 나타낸 자료이다. 이에 대한 설명으로 적절하지 않은 것은?

〈연간 기업규모별 산업통상자원부 지원액〉

(단위 : 개)

구분	지원액	5억 미만	5억 이상 10억 미만	10억 이상 20억 미만	20억 이상 50억 미만	50억 이상 100억 미만
2020년	대기업	4	11	58	38	22
	중견기업	11	88	124	32	2
	중소기업	244	1,138	787	252	4
2019년	대기업	8	12	62	42	25
	중견기업	22	99	184	28	1
	중소기업	223	982	669	227	3
2018년	대기업	9	25	66	54	28
	중견기업	18	111	155	29	2
	중소기업	188	774	552	201	1

① 매년 산업통상자원부 지원금을 지급받는 대기업 수는 감소하는 반면, 중소기업의 수는 증가하고 있다.

② 2020년 중소기업 총지원액은 대기업 총지원액보다 많다.

③ 대기업과 중견기업은 지원액 규모가 10억 이상 20억 미만에서, 중소기업은 5억 이상 10억 미만에서 가장 많은 기업이 산업통상자원부 지원금을 지급받는다.

④ 2020년 산업통상자원부 지원금을 지급받는 기업수가 총 2,815개라면 그중 중소기업이 차지하는 비율은 85% 미만이다.

※ 다음은 L씨가 딸의 대학 졸업전시회 참석을 위한 이동경로에 대한 자료이다. 이를 보고 이어지는 질문에 답하시오. **[1~3]**

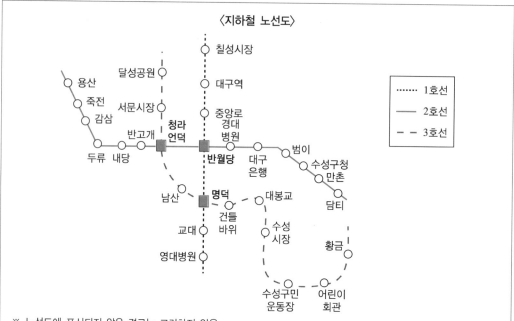

⟨지하철 노선도⟩

※ 노선도에 표시되지 않은 경로는 고려하지 않음

⟨1호선 명덕역 시간표⟩

교대 방향	시간	반월당 방향
07 15 23 31 39 47 55	15	02 10 18 26 34 42 50 58
03 11 19 27 35 43 51 59	16	06 14 22 30 38 46 54
07 15 23 31 39 47 55	17	02 10 18 26 34 42 50 58

⟨2호선 청라언덕역 시간표⟩

반고개 방향	시간	반월당 방향
05 13 21 29 37 45 53	15	04 12 20 28 36 44 52
01 09 17 25 33 41 49 57	16	00 08 16 24 32 40 48 56
05 13 21 29 36 43 50 57	17	04 12 20 27 34 41 47 53 58

⟨3호선 수성시장역 시간표⟩

대봉교 방향	시간	수성구민운동장 방향
01 08 15 22 29 36 43 50 57	15	06 13 20 27 34 41 48 55
04 11 18 25 32 39 46 53	16	02 09 16 23 30 37 44 51 58
00 07 14 21 28 35 42 49 56	17	05 12 19 26 3 40 47 53 59

〈상황〉

- L씨는 자택에서 출발하여 오후 4시 30분에 전시회장에 도착할 예정이다.
- L씨의 자택은 수성시장역에서 도보로 10분 거리에 위치한다.
- 전시회장은 용산역에서 도보로 12분 거리에 있다.
- 모든 환승에 소요되는 시간은 4분이다.
- 역과 역 사이의 이동시간은 2호선은 3분, 1호선과 3호선은 4분이다.
- L씨가 출발 후 도착할 때까지 이동시간 외에 소요하는 시간은 없으며, 최소한의 이동시간으로 움직인다.

01 L씨는 지하철로 이동하는 시간을 비교하여 딸의 전시회 장소로 이동할 경로를 선택하려고 한다. 3호선 수성시장역에서 2호선 용산역까지의 환승시간 및 지하철 탑승시간과 상황만을 고려할 때, 다음 중 가장 빠른 경로와 소요시간이 짝지어진 것은?(단, 지하철 시간표에 관계없이 소요시간만 계산한다)

경로	소요시간
① 3호선 수성시장역 → 2호선 청라언덕역 → 2호선 용산역	44분
② 3호선 수성시장역 → 1호선 명덕역 → 2호선 반월당역 → 2호선 용산역	43분
③ 3호선 수성시장역 → 2호선 청라언덕역 → 2호선 용산역	42분
④ 3호선 수성시장역 → 1호선 명덕역 → 2호선 반월당역 → 2호선 용산역	41분

02 위 상황에서 L씨의 가족들은 예정시간까지 도착하기 위해 늦어도 몇 시에 자택에서 출발해야 하는가?(단, 1호선은 타지 않는다)

① 오후 3시 15분   ② 오후 3시 19분
③ 오후 3시 21분   ④ 오후 3시 25분

03 위 상황에서 L씨가 오후 3시 50분에 자택에서 출발하여 **02**번 문제와 같은 경로를 이용한다면, L씨가 전시회장에 도착하는 가장 빠른 시각은?

① 오후 4시 51분   ② 오후 4시 58분
③ 오후 5시   ④ 오후 5시 3분

정답 및 해설 p.030

01	언어적 사고

01 다음 글을 이해한 내용으로 적절한 것은?

> 세계 식품 시장의 20%를 차지하는 할랄식품(Halal Food)은 '신이 허용한 음식'이라는 뜻으로 이슬
> 람 율법에 따라 생산, 처리, 가공되어 무슬림들이 먹거나 사용할 수 있는 식품을 말한다. 이런 기준
> 이 적용된 할랄식품은 엄격하게 생산되고 유통과정이 투명하기 때문에 일반 소비자들에게도 좋은
> 평을 얻고 있다.
> 할랄식품 시장은 최근 들어 급격히 성장하고 있는데, 이의 가장 큰 원인은 무슬림 인구의 증가이다.
> 무슬림은 최근 20년 동안 5억 명 이상의 인구증가를 보이고 있어서 많은 유통업계들이 할랄식품을
> 위한 생산라인을 설치하는 등의 노력을 하고 있다.
> 그러나 할랄식품을 수출하는 것은 쉬운 일이 아니다. 신이 '부정한 것'이라고 하는 모든 것으로부터
> 분리돼야 하기 때문이다. 또한, 국제적으로 표준화된 기준이 없다는 것도 할랄식품 시장의 성장을
> 방해하는 요인이다. 세계 할랄 인증 기준만 200종에 달하고 수출업체는 각 무슬림 국가마다 별도의
> 인증을 받아야 한다. 전문가들은 이대로라면 할랄 인증이 무슬림 국가들의 수입장벽이 될 수 있다고
> 지적한다.

① 할랄식품은 무슬림만 먹어야 하는 식품이다.
② 할랄식품의 이미지 덕분에 무슬림한테만 인기가 좋다.
③ 할랄식품 시장의 급격한 성장으로 유통업계에서 할랄식품을 위한 생산라인을 설치 중이다.
④ 표준화된 할랄 인증 기준을 통과하면 모든 무슬림 국가에 수출이 가능하다.

02 다음 글을 읽고 추론할 수 있는 내용으로 가장 적절한 것은?

> 미국 사회에서 동양계 미국인 학생들은 '모범적 소수 인종(Model Minority)'으로, 즉 미국의 교육
> 체계 속에서 뚜렷하게 성공한 소수 인종의 전형으로 간주되어 왔다. 그리고 그들은 성공적인 학교생
> 활을 통해 주류 사회에 동화되고 이것에 의해 사회적 삶에서 인종주의의 영향을 약화시킨다는 주장
> 으로 이어졌다. 하지만 동양계 미국인 학생들이 이렇게 정형화된 이미지처럼 인종주의의 장벽을 넘
> 어 미국 사회의 구성원으로 참여하고 있는가는 의문이다. 미국 사회에서 동양계 미국인 학생들의
> 인종적 정체성은 다수자인 '백인'의 특성이 장점이라고 생각하는 것과 소수자인 동양인의 특성이 단
> 점이라고 생각하는 것의 사이에서 구성된다. 그리고 이것은 그들에게 두 가지 보이지 않는 결과를
> 제공한다. 하나는 대부분의 동양계 미국인 학생들이 인종적인 차이에 대한 그들의 불만을 해소하고
> 인종 차이에서 발생하는 차별을 피하고자 백인이 되기를 원하는 것이다. 다른 하나는 사람들이 자신
> 을 동양인으로 연상하지 않도록 스스로 동양인들의 전형적인 모습에서 벗어나려고 하는 것이다. 그
> 러면서 모범적 소수 인종으로서의 동양계 미국인 학생은 백인에 가까운 또는 동양인에서 먼 '미국
> 인'으로 성장할 위험 속에 있다.

① '모범적 소수 인종'은 북미의 인종적 정체성을 내면화하고 있다.
② '동양계 미국인 학생들'의 성공은 일시적이고 허구적인 것이다.
③ 모든 소수 인종 집단은 인종 차이가 초래할 부정적인 효과에 대해 의식하고 있다.
④ 여러 집단의 인종은 사회에서 한정된 자원의 배분을 놓고 갈등하고 있다.

03 5명의 여자 1～5가 원형 탁자에 번호 순서대로 앉아 있다. 이 사이에 5명의 남자 A～E가 한 명씩 앉아야 한다. 다음 〈조건〉에 따라 자리를 배치할 때 적절하지 않은 것은?

> **조건**
> • A는 짝수번호의 여자 옆에 앉아야 하고, 5 옆에는 앉을 수 없다.
> • B는 짝수번호의 여자 옆에 앉을 수 없다.
> • C가 3 옆에 앉으면 D는 1 옆에 앉는다.
> • E는 3 옆에 앉을 수 없다.

① A는 1과 2 사이에 앉을 수 없다.
② D는 4와 5 사이에 앉을 수 없다.
③ C가 2와 3 사이에 앉으면 A는 반드시 3과 4 사이에 앉는다.
④ E가 4와 5 사이에 앉으면 A는 반드시 2와 3 사이에 앉는다.

01 어떤 열차가 50m의 터널을 통과하는 데 10초, 200m의 터널을 통과하는 데 25초가 걸린다. 이 열차의 길이는 몇 m인가?

① 35m
② 40m
③ 45m
④ 50m

02 다음 빈칸에 해당하는 숫자의 합은?(단, °F＝℃×9÷5＋32이다)

• 2km＝(　　)m	• 3m²＝(　　)cm²
• 1시간＝(　　)초	• 68°F＝(　　)℃

① 5,935
② 6,250
③ 35,620
④ 35,950

03 다음은 우편매출액에 대한 자료이다. 이에 대한 설명으로 적절하지 않은 것은?

〈우편매출액〉

(단위 : 만 원)

구분	2015년	2016년	2017년	2018년	2019년				
					소계	1분기	2분기	3분기	4분기
일반통상	11,373	11,152	10,793	11,107	10,899	2,665	2,581	2,641	3,012
특수통상	5,418	5,766	6,081	6,023	5,946	1,406	1,556	1,461	1,523
소포우편	3,390	3,869	4,254	4,592	5,017	1,283	1,070	1,292	1,372
합계	20,181	20,787	21,128	21,722	21,862	5,354	5,207	5,394	5,907

① 매년 매출액이 가장 높은 분야는 일반통상 분야이다.
② 1년 집계를 기준으로 매년 매출액이 꾸준히 증가하고 있는 분야는 소포우편 분야뿐이다.
③ 2019년 1분기 우편매출액에서 특수통상 분야의 매출액이 차지하고 있는 비율은 20% 이상이다.
④ 2019년 소포우편 분야의 2015년 대비 매출액 증가율은 70% 이상이다.

04 다음 그래프를 보고 이해한 내용으로 적절하지 않은 것은?

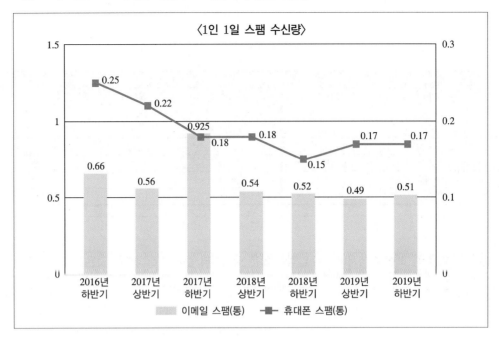

① 이메일과 휴대폰 모두 스팸 수신량이 가장 높은 시기는 2017년 하반기이다.

② 이메일 스팸 수신량이 휴대폰 스팸 수신량보다 항상 많다.

③ 이메일과 휴대폰 스팸 수신량 사이에 밀접한 관련이 있다고 보기 어렵다.

④ 이메일 스팸 총수신량의 평균은 휴대폰 스팸 총수신량 평균의 3배 이상이다.

※ 다음은 2019년도 국가별 교통서비스 수입 현황을 나타낸 자료이다. 이를 보고 이어지는 질문에 답하시오.
  [5~6]

〈국가별 교통서비스 수입 현황〉

(단위 : 백만 달러)

구분	합계	해상	항공	기타
한국	31,571	25,160	5,635	776
인도	77,256	63,835	13,163	258
터키	10,157	5,632	4,003	522
멕시코	14,686	8,550	6,136	–
미국	94,344	36,246	53,830	4,268
브라질	14,904	9,633	4,966	305
이탈리아	26,574	7,598	10,295	8,681

05 다음 중 해상 교통서비스 수입액이 많은 국가부터 순서대로 나열한 것은?

① 인도 – 미국 – 한국 – 브라질 – 멕시코 – 이탈리아 – 터키
② 인도 – 미국 – 한국 – 멕시코 – 브라질 – 터키 – 이탈리아
③ 인도 – 한국 – 미국 – 브라질 – 멕시코 – 이탈리아 – 터키
④ 인도 – 미국 – 한국 – 브라질 – 이탈리아 – 터키 – 멕시코

06 다음 중 자료에 대한 설명으로 적절하지 않은 것은?

① 터키의 교통서비스 수입에서 항공 수입이 차지하는 비중은 45% 미만이다.
② 전체 교통서비스 수입 금액이 첫 번째와 두 번째로 높은 국가의 차이는 17,088백만 달러이다.
③ 해상 교통서비스 수입보다 항공 교통서비스 수입이 더 높은 국가는 미국과 터키이다.
④ 멕시코는 해상과 항공 교통서비스만 수입하였다.

※ 1∼2번 문제는 정답과 해설을 따로 제공하지 않는 유형이니 참고하기 바랍니다.

01 C사원은 최근 인사이동에 따라 A부서로 옮겨오게 되었다. 그런데 인수인계를 하는 과정에서 몇 가지 업무를 제대로 전달받지 못했다. 하지만 상사는 C사원이 당연히 모든 업무를 다 알고 있으리라 생각하고 기한을 정해준 후 업무를 지시하고 있다. C사원은 상사가 지시한 업무를 하겠다고 대답은 했지만, 막상 업무를 하려니 어떻게 해야 할지 당황스러운 상황이다. 이 상황에서 당신이 C사원이라면 어떻게 하겠는가?

① 팀 공유 폴더의 지난 업무 파일들을 참고하여 업무를 수행한다.

② 상사에게 현재 상황을 솔직하게 이야기하고 모르는 부분에 대해 다시 설명을 듣는다.

③ 옆에 앉은 다른 팀원에게 이야기해 자신의 업무를 대신 해달라고 부탁한다.

④ 자신이 할 수 있는 데까지 방법을 찾다가 그래도 안 되겠으면 다시 설명을 듣는다.

02 평소에 B사원은 남들보다 업무를 빨리 끝내는 편이다. 하지만 은근슬쩍 야근을 압박하는 팀 분위기 때문에 B사원은 매번 정시에 퇴근하는 것이 눈치가 보인다. 하지만 B사원으로선 주어진 업무가 다 끝났는데 눈치를 보며 회사에 남아 있는 것이 시간을 허비하는 느낌이다. 이 상황에서 당신이 B사원이라면 어떻게 하겠는가?

① 상사에게 현재 상황의 비효율성을 이야기하며 불만을 호소한다.

② 회사 익명 게시판에 야근을 강요하는 분위기에 대한 불만의 글을 올린다.

③ 어차피 야근해야 하니 업무를 느긋하게 수행한다.

④ 사원인 자신이 할 수 있는 일이 없으니 비효율적이지만 참고 야근을 한다.

※ 다음은 L공장에서 전기 사용량을 줄이기 위해 정기적으로 실시하는 검침에 대한 안내사항이다. 이를 보고 이어지는 질문에 답하시오. **[3~4]**

〈계기판 검침 안내사항〉

정기적으로 매일 오전 8시에 다음의 안내사항에 따라 검침을 하고 그에 따른 조치를 취한다.

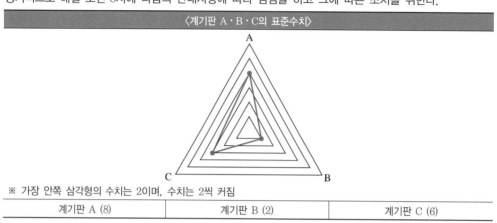

계기판 A (8)	계기판 B (2)	계기판 C (6)

[기계조작실]

1. 계기판을 확인하여 PSD 수치를 구한다.

   ※ 검침하는 시각에 실내 온도가 16℃ 이상이면 B계기판은 고려하지 않음

   ※ 검침하는 시각에 실내 온도가 10℃ 미만이면 Parallel Mode를, 10℃ 이상이면 Serial Mode를 적용함

   • Parallel Mode

   PSD=전날 오후 1시부터 5시까지 매 정각의 각 계기판 수치 중 가장 높은 수치의 평균

   • Serial Mode

   PSD=전날 오후 6시 정각 각 계기판 수치의 합

2. PSD 수치에 따라서 알맞은 버튼을 누른다.

수치	버튼
PSD ≤ 기준치-3	정상
기준치-3 < PSD < 기준치+5	주의
기준치+5 ≤ PSD	비정상

   ※ 화요일과 금요일은 세 계기판의 표준수치 합의 $\frac{1}{2}$ 을 기준치로 삼고, 나머지 요일은 세 계기판의 표준수치의 합을 기준치로 삼음(단, 온도에 영향을 받지 않는다)

3. 기계조작실에서 버튼을 누르면 버튼에 따라 상황통제실의 경고등에 불이 들어온다.

버튼	경고등
정상	파란색
주의	노란색
비정상	빨간색

[상황통제실]

들어온 경고등의 색을 보고 필요한 조치를 취한다.

경고등	조치
파란색	정상가동
노란색	공장 가동속도 조절
빨간색	부품 교체 후 오후에 정상가동

03 L공장의 기계조작실에서 근무하는 K사원은 수요일 오전 8시에 계기판 점검을 시작하였다. 검침일지의 실내 온도는 9℃이고, 전날 오후 업무시간 동안 계기판 수치 그래프는 다음과 같았다. K사원이 눌러야 하는 버튼은 무엇이며, 이를 본 상황통제실에서는 어떤 조치를 취해야 하는가?

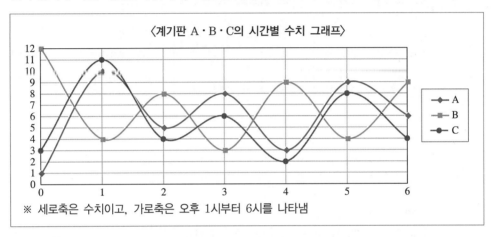

〈계기판 A·B·C의 시간별 수치 그래프〉

※ 세로축은 수치이고, 가로축은 오후 1시부터 6시를 나타냄

	버튼	조치
①	정상	정상가동
②	정상	공장 가동속도 조절
③	주의	공장 가동속도 조절
④	비정상	부품 교체 후 오후에 정상가동

04 L공장의 기계조작실에서 근무하는 K사원은 수요일에 작성한 검침일지에서 실내 온도가 잘못된 사실을 발견하였다. 올바른 실내 온도가 16℃일 때, 03번 문제를 참고하여 K사원이 눌러야 하는 버튼의 경고등은 무엇이며, 이를 본 상황통제실에서는 어떤 조치를 취해야 하는가?

	경고등	조치
①	파란색	공장 가동속도 조절
②	노란색	공장 가동속도 조절
③	파란색	정상가동
④	빨간색	부품 교체 후 오후에 정상가동

J대리는 세미나에 참석하기 위해 11월 17일부터 19일까지 경주로 출장을 갈 예정이다. 다음 〈조건〉에 따라 출장 기간에 이용할 숙소를 예약하고자 할 때, J대리가 예약 가능한 숙소로만 짝지어진 것은?

〈호텔별 예약정보〉

구분	가격 (원/1박)	숙박 기준인원	세미나실 대여비용 (원/1일)	비고
글래드 경주	78,000	1명	4인실(25,000) 8인실(48,000)	숙박 기준인원 초과 시 초과인원 1인당 10,000원 추가지급
호텔 아뜰리에	81,000	2명	4인실(40,000) 10인실(70,000)	보수공사로 인해 10인 세미나실 이용불가 (9월 30일부터 10월 23일까지)
스카이뷰 호텔	80,000	2명	6인실(50,000)	연박 시 1박당 10% 할인
경주 베일리쉬	92,000	1명	4인실(32,000)	10주년 기념 1박당 8% 할인 (10월 22일부터 11월 2일까지)
이데아 호텔	85,000	1명	6인실(30,000) 8인실(45,000)	출장목적 투숙객 1박당 5% 할인
경주 하운드	80,000	2명	10인실(80,000)	세미나실 대여 시 대여료 40% 할인 (2박 이상 투숙객 대상)

조건

- J대리가 숙소 예약 및 세미나실 대여에 사용 가능한 총경비는 200,000원이다.
- 11월 18일에는 A팀장과 B주임, C주임, D책임연구원이 방문하여 J대리로부터 중간보고를 받을 예정이므로 세미나실이 필요하다.
- J대리의 숙소는 J대리 혼자 이용한다.
- 숙소 예약과 세미나실 대여는 동일한 호텔에서 한다.

① 글래드 경주, 호텔 아뜰리에
② 글래드 경주, 스카이뷰 호텔
③ 스카이뷰 호텔, 이데아 호텔
④ 경주 베일리쉬, 경주 하운드

2일 차

언어적 사고 / 수리적 사고

01 언어적 사고

합격 CHEAT KEY

L-TAB의 언어적 사고 영역은 지원자의 독해력과 언어적 추론 능력은 물론 어휘어법, 논리적 사고력 등 다양한 방면의 언어적 사고능력을 평가하기 위한 영역이다.

언어적 사고 영역은 과거 각 지문당 1 ~ 3개의 문제가 딸린 장문독해의 형태로 출제되거나 짧은 지문의 난이도 높고 생소한 독해 문제가 출제되었으나, 2021년 상반기 시험부터는 가상 업무 상황을 부여하고 이를 다양한 방법을 이용해 해결하는 방식으로 크게 바뀌었다.

따라서 상황과 지시 사항을 보다 정확하게 파악하여 이에 대응할 수 있는 전반적인 사고 능력이 요구된다.

01 독해

제시문의 내용과 일치 여부를 묻는 사실적 독해, 주어진 글에 대한 반박으로 옳은 것을 고르는 비판적 독해, 지문을 읽고 추론 가능·불가능한 내용을 찾는 추론적 독해 등이 있다.

> **⊣ 학습 포인트 ⊢**
>
> • 경제·경영·철학·역사·예술·과학 등 다양한 분야와 관련된 글이 제시된다.
> • 독해의 경우 단기간의 공부로 성적을 올릴 수 있는 부분이 아니므로 평소에 꾸준히 연습해야 한다.
> • 추론적·비판적 독해의 경우 제시문을 바탕으로 정확한 근거를 판단하여 풀이하면 오답을 피할 수 있다.

02 문장구조

글의 개요나 한 편의 글에서 적절하지 못한 부분을 찾아 올바르게 수정할 수 있는지를 평가하기 위한 유형으로, 각 개요의 서론·본론·결론 및 각각의 하위 항목을 수정하거나 항목을 추가·제거하는 유형, 글의 어휘·문장호응을 수정하거나 특정 문장을 추가 및 제거하는 유형이 출제된다.

---| **학습 포인트** |--

- 개요 수정 유형의 경우 각 항목이 전체 주제 및 소주제의 하위 항목으로 적절한지 또는 소주제가 전체 주제의 하위 항목과 하위 항목을 포괄하는 내용으로 적절한지 확인해야 한다.
- 글의 수정은 일정 수준의 언어 기본기가 요구되는 유형으로, 비슷해 보이더라도 실제 사용되는 의미가 같은지, 글의 호응이 제대로 이루어졌는지, 글에 필요한 문장인지를 파악하는 실력이 필요하다.

---

03 빈칸추론

주어진 명제 또는 조건을 통한 논리적 사고력을 평가하는 유형으로, 언어추리 유형의 문제를 풀기 위해서는 삼단논법 및 명제의 역·이·대우에 대한 이해가 필요하며, 주어진 조건을 통해 경우의 수를 따지는 연습이 충분히 이루어져야 한다.

---| **학습 포인트** |--

- 세 개 이상의 비교대상이 등장하며, '~보다', '가장' 등의 표현에 유의해 풀어야 한다.
- '어떤'과 '모든'이 나오는 명제는 벤다이어그램을 활용한다.
- 주어진 규칙과 조건을 파악한 후 이를 도식화(표, 기호 등으로 정리)하여 문제에 접근해야 한다.
- 조건에 사용된 조사의 의미와 제한사항 등을 제대로 이해해야 정답을 찾을 수 있으므로 문제와 제시된 문장을 꼼꼼히 읽는 습관을 기른다.

01 언어적 사고 핵심이론

01 논리구조

논리구조에서는 주로 단락과 문장 간의 관계나 글 전체의 논리적 구조를 정확히 파악했는지를 묻는다. 주로 글의 순서를 바르게 배열하는 유형이 출제되고 있다. 제시문의 전체적인 흐름을 바탕으로 각 문단의 특징, 단락 간의 역할 등을 논리적으로 구조화할 수 있는 능력을 길러야 한다.

1. 문장과 문장 간의 관계

① **상세화 관계** : 주지 → 구체적 설명(비교, 대조, 유추, 분류, 분석, 인용, 예시, 비유, 부연, 상술 등)

② **문제(제기)와 해결 관계** : 한 문장이 문제를 제기하고, 다른 문장이 그 해결책을 제시하는 관계(과제 제시 → 해결 방안, 문제 제기 → 해답 제시)

③ **선후 관계** : 한 문장이 먼저 발생한 내용을 담고, 다음 문장이 나중에 발생한 내용을 담고 있는 관계

④ **원인과 결과 관계** : 한 문장이 원인이 되고, 다른 문장이 그 결과가 되는 관계(원인 제시 → 결과 제시, 결과 제시 → 원인 제시)

⑤ **주장과 근거 관계** : 한 문장이 필자가 말하고자 하는 바(주지)가 되고, 다른 문장이 그 문장의 증거(근거)가 되는 관계(주장 제시 → 근거 제시, 의견 제안 → 의견 설명)

⑥ **전제와 결론 관계** : 앞 문장에서 조건이나 가정을 제시하고, 뒤 문장에서 이에 따른 결론을 제시하는 관계

2. 문장의 연결 방식

① **순접** : 원인과 결과, 부연 설명 등의 문장 연결에 쓰임
   예 그래서, 그리고, 그러므로 등

② **역접** : 앞글의 내용을 전면적 또는 부분적으로 부정
   예 그러나, 그렇지만, 그래도, 하지만 등

③ **대등·병렬** : 앞뒤 문장의 대비와 반복에 의한 접속
   예 및, 혹은, 또는, 이에 반하여 등

④ **보충·첨가** : 앞글의 내용을 보다 강조하거나 부족한 부분을 보충하기 위해 다른 말을 덧붙이는 문맥
   예 단, 곧, 즉, 더욱이, 게다가, 왜냐하면 등

⑤ **화제 전환** : 앞글과는 다른 새로운 내용을 이야기하기 위한 문맥

⑥ **비유·예시** : 앞글에 대해 비유적으로 다시 말하거나 구체적인 예를 보임
   예 예를 들면, 예컨대, 마치 등

3. 원리 접근법

앞뒤 문장의 중심 의미 파악	→	앞뒤 문장의 중심 내용이 어떤 관계인지 파악	→	문장 간의 접속어, 지시어의 의미와 기능	→	문장의 의미와 관계성 파악
각 문장의 의미를 어떤 관계로 연결해서 글을 전개하는지 파악해야 한다.		지문 안의 모든 문장은 서로 논리적 관계성이 있다.		접속어와 지시어를 음미하는 것은 독해의 길잡이 역할을 한다.		문단의 중심 내용을 알기 위한 기본 분석 과정이다.

02 논리적 이해

1. 전제의 추론

전제의 추론은 원칙적으로 주어진 내용의 이면에 내포되어 있는 이미 옳다고 인정된 사실을 유추하는 유형이다.

① 먼저 주장이 무엇인지 명확하게 파악해야 한다.

② 주장이 성립하기 위해서 논리적으로 필요한 요건이 무엇인지 생각해 본다.

③ 선택지 중 주장과 논리적으로 인과 관계를 형성할 수 있는 조건을 찾아낸다.

2. 결론의 추론

주어진 내용을 명확히 이해한 다음, 이를 근거로 이끌어 낼 수 있는 올바른 결론이나 관련 사항을 논리적인 관점에서 찾는 문제 유형이다. 이와 같은 문제는 평상시 비판적이고 논리적인 관점으로 글을 읽는 연습을 충분히 해두어야 유리하다고 볼 수 있다.

3. 주제의 추론

주제와 관련된 추론 문제는 적성검사에서 자주 출제되는 유형으로서, 글의 표제, 부제, 주제, 주장, 의도를 파악하는 형태의 문제와 같은 유형이다. 이러한 유형의 문제는 주제를 글의 첫 문단이나 마지막 문단을 통해서 찾을 수 있으며, 그렇지 않더라도 문단의 병렬·대등 관계를 파악하면 쉽게 찾을 수 있다. 여러 문단에서 공통된 주제를 추론할 때는 각각의 제시문을 먼저 요약한 뒤, 핵심 키워드를 찾은 다음, 이를 토대로 주제문을 가려내어 하나의 주제를 유추하면 된다. 따라서 평소에 제시문을 읽고, 핵심 키워드를 찾아 문장을 구성하는 연습을 많이 해두어야 한다. 또한 겉으로 드러난 주제나 정보를 찾는 데 그치지 않고 글 속에 숨겨진 의도나 정보를 찾기 위해 꼼꼼히 관찰하는 태도가 필요하다.

1. 연역 추론

이미 알고 있는 판단(전제)을 근거로 새로운 판단(결론)을 유도하는 추론이다. 연역 추론은 진리일 가능성을 따지는 귀납 추론과는 달리, 명제 간의 관계와 논리적 타당성을 따진다. 즉, 연역 추론은 전제들로부터 절대적인 필연성을 가진 결론을 이끌어내는 추론이다.

(1) 직접 추론

한 개의 전제로부터 중간적 매개 없이 새로운 결론을 이끌어내는 추론이며, 대우 명제가 그 대표적인 예이다.

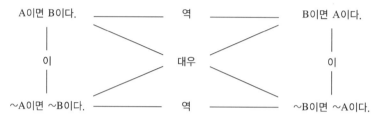

• 한국인은 모두 황인종이다.	(전제)
• 그러므로 황인종이 아닌 사람은 모두 한국인이 아니다.	(결론 1)
• 그러므로 황인종 중에는 한국인이 아닌 사람도 있다.	(결론 2)

(2) 간접 추론

둘 이상의 전제로부터 새로운 결론을 이끌어내는 추론이다. 삼단논법이 가장 대표적인 예이다.

① **정언 삼단논법** : 세 개의 정언명제로 구성된 간접추론 방식이다. 세 개의 명제 가운데 두 개의 명제는 전제이고, 나머지 한 개의 명제는 결론이다. 세 명제의 주어와 술어는 세 개의 서로 다른 개념을 표현한다.

② **가언 삼단논법** : 가언명제로 이루어진 삼단논법을 말한다. 가언명제란 두 개의 정언명제가 '만일 ~이라면'이라는 접속사에 의해 결합된 복합명제이다. 여기서 '만일'에 의해 이끌리는 명제를 전건이라고 하고, 그 뒤의 명제를 후건이라고 한다. 가언 삼단논법의 종류로는 혼합가언 삼단논법과 순수가언 삼단논법이 있다.

    ㉠ **혼합가언 삼단논법** : 대전제만 가언명제로 구성된 삼단논법이다. 긍정식과 부정식 두 가지가 있으며, 긍정식은 'A면 B이다. A이다. 그러므로 B이다.'이고, 부정식은 'A면 B이다. B가 아니다. 그러므로 A가 아니다.'이다.

> • 만약 A라면 B이다.
> • B가 아니다.
> • 그러므로 A가 아니다.

ⓛ 순수가언 삼단논법 : 대전제와 소전제 및 결론까지 모두 가언명제들로 구성된 삼단논법이다.

> • 만약 A라면 B이다.
> • 만약 B라면 C이다.
> • 그러므로 만약 A라면 C이다.

③ 선언 삼단논법 : '~이거나 ~이다.'의 형식으로 표현되며 전제 속에 선언 명제를 포함하고 있는 삼단논법이다.

> • 내일은 비가 오거나 눈이 온다(A 또는 B이다).
> • 내일은 비가 오지 않는다(A가 아니다).
> • 그러므로 내일은 눈이 온다(그러므로 B이다).

④ 딜레마 논법 : 대전제는 두 개의 가언명제로, 소전제는 하나의 선언명제로 이루어진 삼단논법으로, 양도추론이라고도 한다.

> • 만일 네가 거짓말을 하면, 신이 미워할 것이다. (대전제)
> • 만일 네가 거짓말을 하지 않으면, 사람들이 미워할 것이다. (대전제)
> • 너는 거짓말을 하거나, 거짓말을 하지 않을 것이다. (소전제)
> • 그러므로 너는 미움을 받게 될 것이다. (결론)

2. 귀납 추론

특수한 또는 개별적인 사실로부터 일반적인 결론을 이끌어내는 추론을 말한다. 귀납 추론은 구체적 사실들을 기반으로 하여 결론을 이끌어내기 때문에 필연성을 따지기보다는 개연성과 유관성, 표본성 등을 중시하게 된다. 여기서 개연성이란, 관찰된 어떤 사실이 같은 조건하에서 앞으로도 관찰될 수 있는가 하는 가능성을 말하고, 유관성은 추론에 사용된 자료가 관찰하려는 사실과 관련되어야 하는 것을 일컬으며, 표본성은 추론을 위한 자료의 표본 추출이 공정하게 이루어져야 하는 것을 가리킨다. 이러한 귀납 추론은 일상생활 속에서 많이 사용하고, 우리가 알고 있는 과학적 사실도 이와 같은 방법으로 밝혀졌다.

그러나 전제들이 참이어도 결론이 항상 참인 것은 아니다. 단 하나의 예외로 인하여 결론이 거짓이 될 수 있다.

> • 성냥불은 뜨겁다.
> • 연탄불도 뜨겁다.
> • 그러므로 모든 불은 뜨겁다.

위 예문에서 '성냥불이나 연탄불이 뜨거우므로 모든 불은 뜨겁다.'라는 결론이 나왔는데, 반딧불은 뜨겁지 않으므로 '모든 불이 뜨겁다.'라는 결론은 거짓이 된다.

(1) 완전 귀납 추론

관찰하고자 하는 집합의 전체를 다 검증함으로써 대상의 공통 특질을 밝혀내는 방법이다. 이는 예외 없는 진실을 발견할 수 있다는 장점은 있으나, 집합의 규모가 크고 속성의 변화가 다양할 경우에는 적용하기 어려운 단점이 있다.

예 1부터 10까지의 수를 다 더하여 그 합이 55임을 밝혀내는 방법

(2) 통계적 귀납 추론

통계적 귀납 추론은 관찰하고자 하는 집합의 일부에서 발견한 몇 가지 사실을 열거함으로써 그 공통점을 결론으로 이끌어내려는 방식을 가리킨다. 관찰하려는 집합의 규모가 클 때 그 일부를 표본으로 추출하여 조사하는 방식이 이에 해당하며, 표본 추출의 기준이 얼마나 적합하고 공정한가에 따라 그 결과에 대한 신뢰도가 달라진다는 단점이 있다.

예 여론조사에서 일부의 국민에 대한 설문 내용을 바탕으로, 이를 전체 국민의 여론으로 제시하는 것

(3) 인과적 귀납 추론

관찰하고자 하는 집합의 일부 원소들이 지닌 인과 관계를 인식하여 그 원인이나 결과를 이끌어내려는 방식을 말한다.

① **일치법** : 공통적인 현상을 지닌 몇 가지 사실 중에서 각기 지닌 요소 중 어느 한 가지만 일치한다면 이 요소가 공통 현상의 원인이라고 판단

예 마을 잔칫집에서 돼지고기를 먹은 사람들이 집단 식중독을 일으켰다. 따라서 식중독의 원인은 상한 돼지고기가 아닌가 생각한다.

② **차이법** : 어떤 현상이 나타나는 경우와 나타나지 않은 경우를 놓고 보았을 때, 각 경우의 여러 조건 중 단 하나만이 차이를 보인다면 그 차이를 보이는 조건이 원인이 된다고 판단

예 현수와 승재는 둘 다 지능이나 학습 시간, 학습 환경 등이 비슷한데 공부하는 태도에는 약간의 차이가 있다. 따라서 두 사람이 성적이 차이를 보이는 것은 학습 태도의 차이 때문으로 생각된다.

③ **일치·차이 병용법** : 몇 개의 공통 현상이 나타나는 경우와 몇 개의 그렇지 않은 경우를 놓고 일치법과 차이법을 병용하여 적용함으로써 그 원인을 판단

예 학업 능력 정도가 비슷한 두 아동 집단에 대해 처음에는 같은 분량의 과제를 부여하고 나중에는 각기 다른 분량의 과제를 부여한 결과, 많이 부여한 집단의 성적이 훨씬 높게 나타났다. 이로 보아, 과제를 많이 부여하는 것이 적게 부여하는 것보다 학생의 학업 성적 향상에 도움이 된다고 판단할 수 있다.

④ **공변법** : 관찰하는 어떤 사실의 변화에 따라 현상의 변화가 일어날 때 그 변화의 원인이 무엇인지 판단

예 담배를 피우는 양이 각기 다른 사람들의 집단을 조사한 결과, 담배를 많이 피울수록 폐암에 걸릴 확률이 높다는 사실이 발견되었다.

⑤ **잉여법** : 앞의 몇 가지 현상이 뒤의 몇 가지 현상의 원인이며, 선행 현상의 일부분이 후행 현상의 일부분이라면, 선행 현상의 나머지 부분이 후행 현상의 나머지 부분의 원인임을 판단

예 어젯밤 일어난 사건의 혐의자는 정은이와 규민이 두 사람인데, 정은이는 알리바이가 성립되어 혐의 사실이 없는 것으로 밝혀졌다. 따라서 그 사건의 범인은 규민이일 가능성이 높다.

3. 유비 추론

두 개의 대상 사이에 일련의 속성이 동일하다는 사실에 근거하여 그것들의 나머지 속성도 동일하리라는 결론을 이끌어내는 추론, 즉 이미 알고 있는 것에서 다른 유사한 점을 찾아내는 추론을 말한다. 그렇기 때문에 유비 추론은 잣대(기준)가 되는 사물이나 현상이 있어야 한다. 유비 추론은 가설을 세우는 데 유용하다. 이미 알고 있는 사례로부터 아직 알지 못하는 것을 생각해 봄으로써 쉽게 가설을 세울 수 있다. 이때 유의할 점은 이미 알고 있는 사례와 이제 알고자 하는 사례가 매우 유사하다는 확신과 증거가 있어야 한다. 그렇지 않은 상태에서 유비 추론에 의해 결론을 이끌어내면, 그것은 개연성이 거의 없고 잘못된 결론이 될 수도 있다.

- 지구에는 공기, 물, 흙, 햇빛이 있다(A는 a, b, c, d의 속성을 가지고 있다).
- 화성에는 공기, 물, 흙, 햇빛이 있다(B는 a, b, c, d의 속성을 가지고 있다).
- 지구에 생물이 살고 있다(A는 e의 속성을 가지고 있다).
- 그러므로 화성에도 생물이 살고 있을 것이다(그러므로 B도 e의 속성을 가지고 있을 것이다).

| 유형분석 |

- 글의 내용과 선택지가 일치·불일치하는지를 묻는 유형이다.
- 제시문에 있는 내용을 그대로 선택지에 제시하거나 다른 표현으로 돌려서 제시한다.
- 오답의 근거가 명확한 선택지를 답으로 고른다.

다음 글의 내용으로 가장 적절한 것은?

레드와인이란 포도 과육을 압착하여 과즙을 만든 뒤, 여기에 포도 껍질과 씨를 넣고 양조통에서 일정 시간 발효시켜 당분을 제거한 주류를 말한다. 이 과정에서 포도 껍질과 씨앗 등에 있던 탄닌 성분이 우러나게 되면서 레드와인은 특유의 떫고 신맛이 생긴다.

레드와인은 원재료인 포도의 품종에 따라 붉은색에서 보라색까지 색상에 차이가 생기며, 이는 특히 포도껍질과 관련이 있다. 또한 포도의 재배 환경에 따라서도 산도와 향, 와인 색상에도 차이가 생기는데, 날씨가 더울수록 산도가 약해지고 향은 진해진다.

이렇게 만들어진 레드와인은 적정량을 섭취하게 되면 항산화 성분을 얻을 수 있어 인체에 유익한 영향을 준다. 대표적인 효능으로는 레드와인의 섭취를 통해 얻은 항산화 성분의 영향으로 혈관질환의 개선, 인지기능의 향상, 호흡기관의 보호, 암 예방이 있다.

이외에도 지질 산화를 감소시키고 혈관 내벽을 두껍게 만들어 주기 때문에 고혈압과 관련된 심혈관계 질환에 도움이 되고, 세포의 노화를 감소시켜 치매와 세포 파괴 위험을 낮출 수 있다. 또한 소염 살균효과도 가지고 있어 호흡기에 환경 오염물질이 침투하지 않도록 보호하고, 폐에 악성 종양이 생기는 것을 예방한다.

① 레드와인은 포도에서 과육만을 추출하여 만든다.

② 기온이 높은 환경에서 재배한 포도로 만든 와인일수록 레드와인 특유의 신맛이 강해진다.

③ 진한 향의 레드와인을 선호할 경우 더운 지역의 포도로 제조한 것을 구매해야 한다.

④ 같은 품종의 포도로 만든 레드와인의 색상은 동일하다.

⑤ 심혈관질환이 있는 모든 환자에게 일정량의 레드와인 섭취는 유익한 영향을 준다.

정답 ③

두 번째 문단에 따르면 포도 재배 환경의 날씨가 더울수록 향은 진해진다고 하였으므로, 진한 향의 레드와인을 원한다면 기온이 높은 지역의 포도를 사용한 와인을 구매해야 한다.

오답분석

① 레드와인은 포도에서 과육뿐만 아니라 껍질과 씨를 모두 사용하여 제조한다.

② 기온이 높은 환경에서 재배한 포도로 만든 와인이 산도가 약해진다고 하였으므로, 레드와인 특유의 신맛이 강해지려면 기온이 낮은 환경에서 재배한 포도로 만들어야 한다.

④ 레드와인의 색상은 포도의 품종뿐만 아니라 포도의 재배 환경에 따라서도 영향을 받으므로, 같은 품종의 포도로 제조한 와인이라도 그 색상은 다를 수 있다.

⑤ 제시문에서 심혈관질환 중 고혈압 이외의 내용은 없으므로 모든 심혈관질환자들에게 유익한 영향을 준다고 보기는 어렵다.

30초 컷 풀이 Tip

주어진 글의 내용과 일치하는 것 또는 일치하지 않는 것을 고르는 문제의 경우, 제시문을 읽기 전에 문제와 선택지를 먼저 읽어보는 것이 좋다. 이를 통해 제시문 속에서 찾아내야 할 정보가 무엇인지를 먼저 인지한 후 글을 읽어야 문제 푸는 시간을 단축할 수 있다.

온라인 풀이 Tip

선택지를 읽고 전체적인 내용을 대략적으로 이해한 후 제시문을 읽는다. 롯데그룹의 온라인 L-TAB은 주어진 하나의 상황마다 3~4개의 문항이 출제되므로, 제시문을 두세 번 읽으면 그만큼 다른 문제의 풀이시간에 손해가 생긴다. 때문에 시험 시작 전에 화면으로 텍스트를 읽으면서 워밍업을 하는 것도 좋은 방법이다.

| 유형분석 |

- 글의 내용을 바탕으로 논리적으로 추론할 수 있는지를 묻는 유형이다.
- 글의 전체적인 내용과 세부적인 내용을 정확하게 알고 있어야 풀 수 있는 유형이다.
- 독해 유형 중 난도가 높은 편에 속한다.
- 오답의 근거가 명확한 선택지부터 소거한다.

다음 글을 읽고 추론할 수 있는 내용으로 가장 적절한 것은?

사람들은 단순히 공복을 채우기 위해서 뿐만 아니라 많은 것을 이유로 '먹는다'. 먹는다는 것의 비 생리학적 동기에 관해 연구하고 있는 과학자들에 따르면, 비만인 사람들의 식사 패턴과 표준체중인 사람들의 그것은 매우 다르다고 한다. 한 연구에서 비만인 사람에게 식전에 식사에 대해 설명했더니, 설명을 하지 않은 경우에 비해서 식사량이 늘은 것을 알 수 있었다. 하지만 표준체중인 사람들은 그런 현상을 보이지 않았다. 또한 밝은 색 접시와 어두운 색 접시에 각각 견과류를 담았을 때, 표준체중인 사람들이 견과류를 구분 없이 먹은 반면, 비만인 사람들은 밝은 색 접시에 담긴 견과류를 어두운 색 접시에 담긴 견과류보다 2배 더 많이 먹었다는 연구 결과가 있다.

① 비만인 사람들은 표준체중인 사람들에 비해 외부 자극에 의해 식습관에 영향을 받기 쉽다.
② 표준체중인 사람들은 비만체중인 사람들에 비해 식사량이 적다.
③ 비만인 사람들은 생리학적인 필요성이라기보다 감정적 또는 심리적인 필요성에 쫓겨서 식사를 하고 있다.
④ 비만인 사람들은 표준체중인 사람들보다 감각이 예민하다.
⑤ 표준체중인 사람들은 음식에 대한 욕구를 절제할 수 있다.

식사에 관한 상세한 설명이 주어지거나, 요리가 담긴 접시 색이 밝을 때 비만인 사람들의 식사량이 증가했다는 내용을 통해 비만인 사람들이 외부로부터의 자극에 의해 식습관에 영향을 받기 쉽다는 것을 추론할 수 있다.

30초 컷 풀이 Tip

문제에서 제시하는 추론 유형이 어떤 형태인지 파악한다.

• 글쓴이의 주장 / 의도를 추론하는 유형

　글에 나타난 주장, 근거, 논증 방식을 파악하는 유형으로, 주장의 타당성을 평가하여 글쓴이의 관점을 이해하며 읽는다.

• 세부적인 내용을 추론하는 유형

　주어진 선택지를 먼저 읽고 지문을 읽으면서 답이 아닌 선택지를 지워나가는 방법이 효율적이다.

| 유형분석 |

- 어떠한 견해에 대하여 적절한 반응을 보이거나 타당한 비판을 하는 유형이다.
- 글의 전체적인 주제를 정확히 이해하는 것이 중요하다.
- 특정한 문장에 의해 한쪽으로 치우친 판단을 하지 않는 것이 중요하다.

다음 글의 주장에 대한 비판으로 가장 적절하지 않은 것은?

> 동물실험이란 교육, 시험, 연구 및 생물학적 제제의 생산 등 과학적 목적을 위해 동물을 대상으로 실시하는 실험 또는 그 과학적 절차를 말한다. 전 세계적으로 매년 약 6억 마리의 동물들이 실험에 쓰이고 있다고 추정되며, 대부분의 동물들은 실험이 끝난 뒤 안락사를 시킨다.
>
> 동물실험은 대개 인체실험의 전 단계로 이루어지는데, 검증되지 않은 물질을 바로 사람에게 주입하여 발생하는 위험을 줄일 수 있다는 점에서 필수적인 실험이라고 말할 수 있다. 물론 살아있는 생물을 대상으로 하는 실험이기 때문에 대체(Replacement), 감소(Reduction), 개선(Refinement)으로 요약되는 3R 원칙에 입각하여 실험하는 것이 당연하다. 그러나 다른 방법이 있다면 그 방법을 채택할 것이며, 희생이 되는 동물의 수를 최대한 줄이고, 필수적인 실험 조건 외에는 자극을 주지 않아야 한다.
>
> 하지만 보다 안전한 결과를 도출해내기 위한 동물실험은 필요악이며, 필수적인 의약실험조차 금지하는 것은 기술 발전 속도를 늦춰 약이 필요한 누군가의 고통을 감수하자는 이기적인 주장과 같다고 할 수 있다.

① 동물실험에서 안전성을 검증받은 이후 인체에 피해를 준 약물의 사례가 존재한다.

② 화장품 업체들의 동물실험과 같은 사례를 통해 생명과 큰 연관이 없는 실험은 필요악이라고 주장할 수 없다.

③ 3R 원칙과 같은 윤리적 강령이 법적인 통제력을 지니지 않은 이상 실제로 얼마나 엄격하게 지켜질 것인지는 알 수 없다.

④ 과거와 달리 현대에서는 인공 조직을 배양하여 실험의 대상으로 삼을 수 있으므로 동물실험 자체를 대체하는 것이 가능하다.

⑤ 아무리 엄격하게 통제된 실험이라고 해도 동물 입장에서 바라본 실험이 비윤리적이며 생명체의 존엄성을 훼손하는 행위라는 사실을 벗어날 수는 없다.

정답 ②

제시문에서 필자는 3R 원칙을 강조하며 최저한의 필수적인 동물실험이 필요악임을 주장하고 있다. 특히 '보다 안전한 결과를 도출해 내기 위한 동물실험은 필요악이며, 필수적인 의약실험조차 금지하는 것은 기술 발전 속도를 늦춰 약이 필요한 누군가의 고통을 감수하자는 이기적인 주장'이라는 대목을 통해 약이 필요한 이들을 위한 의약실험에 초점을 맞추고 있음을 확인할 수 있다. 따라서 ②의 주장처럼 생명과 큰 관련이 없는 동물실험을 비판의 근거로 삼는 것은 적절하지 않다.

30초 컷 풀이 Tip

- 주장, 관점, 의도, 근거 등 문제를 풀기 위한 제시문의 핵심을 파악한다. 이후 제시문의 주장 및 근거의 어색한 부분을 찾아 반박할 주장과 근거를 생각해본다.
- 제시문이 지나치게 길 경우 선택지를 먼저 파악하여 홀로 제시문의 주장이 어색하거나 상반된 의견을 제시하고 있는 답은 없는지 확인한다.

온라인 풀이 Tip

비판적 독해는 결국 주제 찾기와 추론적 독해가 결합된 유형이다. 반박하는 내용으로 제시되는 선택지는 추론적 독해처럼 세세하게 제시문을 파악하지 않아도 풀이가 가능하다. 그러므로 너무 긴장하지 말고 문제에 접근하도록 한다.

04 주제 · 제목 찾기

| 유형분석 |

- 글을 읽고 말하고자 하는 주제를 파악할 수 있는지를 평가하는 유형이다.
- 단순한 설명문부터 주장, 반박문까지 다양한 성격의 지문이 제시되므로 글의 성격별 특징을 알아두는 것이 좋다.

다음 글의 제목으로 가장 적절한 것은?

반대는 필수불가결한 것이다. 지각 있는 대부분의 사람이 그러하듯 훌륭한 정치가는 항상 열렬한 지지자보다는 반대자로부터 더 많은 것을 배운다. 만약 반대자들이 위험이 있는 곳을 지적해 주지 않는다면, 그는 지지자들에게 떠밀려 파멸의 길을 걷기 때문이다. 따라서 현명한 정치가라면 종종 친구들로부터 벗어나기를 기도할 것이다. 친구들이 자신을 파멸시킬 수 있다는 것을 알기 때문이다. 그리고 비록 고통스럽다고 할지라도, 반대자 없이 홀로 남겨지는 일이 일어나지 않기를 기도할 것이다. 반대자들이 자신을 이성과 양식의 길에서 멀리 벗어나지 않도록 해준다는 사실을 알기 때문이다. 자유의지를 가진 국민의 범국가적 화합은 정부의 독단과 반대당의 혁명적 비타협성을 무력화시키는 정치권력의 충분한 균형에 의존하고 있다. 그 균형이 어떤 상황 때문에 강제로 타협하지 않는 한, 모든 시민이 어떤 정책에 영향을 미칠 수는 있으나 누구도 혼자 정책을 지배할 수 없다는 것을 느끼지 않는 한 그리고 습관과 필요에 의해서 서로 조금씩 양보하지 않는 한 자유는 유지될 수 없기 때문이다.

① 민주주의와 사회주의
② 반대의 필요성과 민주주의
③ 민주주의와 일방적인 의사소통
④ 권력을 가진 자와 혁명을 꿈꾸는 집단
⑤ 혁명의 정의

정답 ②

제시문의 핵심 내용을 보면 '반대는 필수불가결한 것이다.', '자유의지를 가진 국민의 범국가적 화합은 정부의 독단과 반대당의 혁명적 비타협성을 무력화시키는 정치권력의 충분한 균형에 의존하고 있다.', '서로 조금씩 양보하지 않는 한 자유는 유지될 수 없기 때문이다.'로 요약할 수 있다. 이 내용을 토대로 주제를 찾는다면 ②와 같은 의미가 전체 내용의 핵심이라는 것을 알 수 있다.

30초 컷 풀이 Tip

- 주제가 되는 글 또는 문단의 앞과 뒤에 핵심어가 오는 경우가 있으므로 먼저 글을 읽어 핵심어를 잡아낸 뒤 중심 내용을 파악할 수 있도록 한다. 또한 선택지 중 세부적인 내용을 다루고 있는 것은 정답에서 제외시킨다.
- 글의 전체적인 진행 중에 반전이 되는 내용이나 접속어가 나온다면 그 다음 내용이 중심 내용인 경우가 많다. 따라서 글의 분위기가 반전되는 경우 이에 집중하여 독해한다.

05 개요 수정

대표유형

| 유형분석 |

- 글의 개요의 흐름을 파악하여 부족한 부분을 추가하거나 잘못 수정한 부분을 잡아내는 유형이다.
- 글의 맥락을 이해하여 통일성에 위배되는 부분을 찾아낼 수 있도록 한다.

다음은 '우리나라 장애인 고용 정책'에 대한 글을 쓰기 위해 작성한 개요이다. 빈칸에 들어갈 내용으로 가장 적절한 것은?

Ⅰ. 서론 : 우리나라 장애인 고용 현황

Ⅱ. 본론
    1. 우리나라 장애인 고용 정책의 문제점과 원인
        가. 장애인들의 삶을 사회가 책임져야 한다는 공감대 부족
        나. 작업 환경 개선을 위한 정부의 재정적 지원 부족
    2. 우리나라 장애인 고용 정책의 문제 해결 방안
        가. _____
        나. 장애인 고용 기업에 대한 재정적 지원 확대 정책

Ⅲ. 결론
    1. 사회적 의식 개선을 위한 홍보 활동 강화
    2. 재정적 지원 확대를 위한 법률 마련

---

① 찾아가는 장애인 고충 상담 서비스
② 기업의 장애인 채용 제도 개선
③ 장애인 지원에 대한 사회적 인식 변화
④ 장애인에 대한 정서적 지원 확대 정책
⑤ 고용 안정을 위한 정규직 전환 실시

정답 ③

'Ⅱ-1'에서는 우리나라 장애인 고용 정책의 문제점과 그 원인을, 'Ⅱ-2'에서는 우리나라 장애인 고용 정책의 문제 해결 방안을 제시하고 있다. 따라서 빈칸에는 글의 논리적 흐름에 따라 'Ⅱ-1-가'와 'Ⅲ-1'을 연결하여 사회적 인식의 변화 방안을 제시하는 내용의 ③이 들어가는 것이 가장 적절하다.

30초 컷 풀이 Tip

가장 먼저 숙지해야 할 것은 서론·본론·결론의 주제의식으로, 이를 기반으로 하위 주제들과의 호환성이나 결론의 타당성을 확인할 수 있다.

06 내용 수정

| 유형분석 |

- 주어진 글에서 적절하지 않은 부분을 찾아 올바르게 수정할 수 있는지 평가하는 유형이다.
- 어휘력, 문장의 호응, 첨삭 여부를 판단해야 한다.

다음 글에서 밑줄 친 ⊙ ～ ⑩의 수정 방안으로 적절하지 않은 것은?

조직문화란 조직 구성원들이 공유하는 가치체계・신념체계・사고방식의 복합체를 말한다. ⊙ 그러나 조직문화는 조직 구성원들에게 정체성과 집단적 몰입(Collective Commitment)을 가져오며, 조직체계의 안정성과 조직 구성원들의 행동을 형성하는 기능을 ⓒ 수행할 것이다.

따라서 어느 조직사회에서나 조직 구성원들에게 소속감을 부여하고 화합을 도모하여 조직생활의 활성화를 ⓒ 기하므로 여러 가지 행사를 마련하는데, 예컨대 본 업무 외에 회식・야유회(MT)・체육대회・문화행사 등의 진행이 그것이다.

개인이 규범・가치・습관・태도 등에서 ② 공통점이 느껴지고 동지의식을 가지며 애착・충성의 태도로 임하는 집단을 내집단(In Group)이라고 한다. 가족・친구・국가・민족 등이 이에 해당한다. 반면에 타인・타국 등 다른 문화를 가진 집단을 외집단(Out Group)이라고 부른다. 조직 구성원 간의 단합을 ⑩ 도모함으로써 조직의 정체성과 집단적 몰입을 꾀하는 조직문화는 곧 조직의 내집단 의식 고취를 목적으로 한다고 할 수 있다.

① ⊙ : 문맥을 고려하여 '그리하여'로 수정한다.

② ⓒ : 미래・추측의 의미가 아니므로 '수행한다'로 수정한다.

③ ⓒ : 문맥을 고려하여 '기하기 위해'로 수정한다.

④ ② : 문장 중간에 동작 표현이 바뀌어 어색하므로 '공통점을 느끼고'로 수정한다.

⑤ ⑩ : 문장의 부사어로 사용되고 있으므로 '도모함으로서'로 수정한다.

정답 ⑤

조사 '−로써'는 '~을 가지고', '~으로 인하여'라는 의미이고, '−로서'는 '지위', '신분' 등의 의미이다.
따라서 '도모함으로써'가 올바른 표현이다.

30초 컷 풀이 Tip

주로 시험에 출제되는 문제는 주어와 피동・사동 형태, 역접 기능의 접속어 존재 유무 등과 맞춤법이다. 헷갈리는 문항에 매달리기보단 확실한 답을 먼저 소거해나가는 형태로 풀도록 한다.

07 맞춤법

| 유형분석 |

- 의미상의 오류나 어법상의 오류를 묻는 유형이 출제된다.
- 알고 있는 어문 규정에 대한 문제라면 선택지를 읽어보고 정답 및 오답을 파악하고, 잘 모르는 규정은 평소에 익숙한 선택지를 중심으로 오답을 체크한다.

다음 중 빈칸에 들어갈 단어를 바르게 짝지은 것은?

- 이번 일은 <u>금새 / 금세</u> 끝날 것이다.
- 이 사건에 대해 <u>일절 / 일체</u> 말하지 않았다.
- 새 프로젝트가 최고의 결과를 <u>낳았다 / 나았다</u>.

① 금세, 일체, 낳았다
② 금새, 일체, 나았다
③ 금세, 일절, 나았다
④ 금세, 일절, 낳았다
⑤ 금새, 일절, 나았다

정답 ③

- 금세 : 지금 바로. '금시에'가 줄어든 말로 구어체에서 많이 사용된다.
- 금새 : 물건의 값. 또는 물건 값의 비싸고 싼 정도를 의미한다.
- 일절 : 아주, 전혀, 절대로의 뜻으로, 흔히 행위를 그치게 하거나 어떤 일을 하지 않을 때에 사용된다.
- 일체 : 모든 것을 의미한다.
- 낳았다 : 어떤 결과를 이루거나 가져올 때 사용된다.
- 나았다 : 감기 등의 병이 나았을 때 사용된다.

| 유형분석 |

- 명제 간의 관계를 정확히 알고 이를 활용할 수 있는지를 평가하는 유형이다.
- 역, 이, 대우의 개념을 정확하게 숙지하고 있어야 한다.
- 'A○ → B×'와 같이 명제를 단순화하여 정리하면서 풀어야 한다.

제시된 명제가 모두 참일 때, 빈칸에 들어갈 명제로 가장 적절한 것은?

- 과학자들 가운데 미신을 따르는 사람은 아무도 없다.
- 돼지꿈을 꾼 다음 날 복권을 사는 사람들은 모두가 미신을 따르는 사람들이다.
- 그러므로 _____

① 미신을 따르는 사람들은 모두 돼지꿈을 꾼 다음 날 복권을 산다.

② 미신을 따르지 않는 사람 중 돼지꿈을 꾼 다음 날 복권을 사는 사람이 있다.

③ 과학자가 아닌 사람들은 모두 미신을 따른다.

④ 돼지꿈을 꾼 다음 날 복권을 사는 사람이라면 과학자가 아니다.

⑤ 돼지꿈을 꾼 다음 날 복권을 사지 않는다면 미신을 따르는 사람이 아니다.

정답 ④

돼지꿈을 꾼 다음 날 복권을 사는 사람들은 모두가 미신을 따르는 사람이고, 미신을 따르는 사람 중 과학자는 없다.
따라서 돼지꿈을 꾼 다음 날 복권을 사는 사람이라면 과학자가 아니다.

30초 컷 풀이 Tip

명제 문제를 풀 때는 각 명제들을 간단하게 기호화한 다음 관계에 맞게 순서대로 도식화하면 깔끔한 풀이를 할 수 있어 시간단축이 가능하다. 참인 명제의 대우 명제도 반드시 참이라는 점을 가장 먼저 활용한다.

09 나열하기·연결하기·묶기

유형분석

- 주어진 조건에 따라 한 줄로 세우거나 자리를 배치하는 유형이다.
- 평소 충분한 연습이 되어있지 않으면 풀기 어려운 유형이므로, 최대한 다양한 유형을 접해 보고 패턴을 익히는 것이 좋다.

다음 제시된 명제를 참고하여 내린 A, B의 결론으로 가장 적절한 것은?

- 축구부원 6명(ㄱ, ㄴ, ㄷ, ㄹ, ㅁ, ㅂ)이 미니게임을 하기 위해서 팀을 나누려고 한다.
- 방식은 가위바위보 중 바위와 보만을 내며, 양 팀의 인원이 같을 때 팀을 결정하기로 한다.
- 단, 골키퍼 2명(ㄱ, ㄴ)은 같은 팀이 될 수 없다.
- ㄷ은 초지일관 같은 것만 냈다.
- ㄹ은 번갈아 가면서 냈다.
- ㅁ은 가위바위보 게임 룰에 따르면 ㄴ을 이겼다.
- ㅂ은 결정되는 순간에 더 많은 손톱이 보이는 것을 냈다.

A : 위 조건만으로 팀 구성이 어떻게 되었는지 알 수 있다.
B : ㄱ, ㄴ이 같은 팀이 될 수도 있다고 조건이 바뀐다면, 팀 구성의 경우의 수는 두 가지이다.

① A만 옳다.
② B만 옳다.
③ A, B 모두 옳다.
④ A, B 모두 틀리다.
⑤ A, B 모두 옳은지 틀린지 판단할 수 없다.

정답 ③

- A : 제시된 조건에 따르면 다음과 같이 팀 구성이 된다.

| 바위 팀 | ㄴ | ㄷ | ㄹ | 보 팀 | ㄱ | ㅁ | ㅂ |

- B : 조건을 바꾸면 다음과 같이 한 가지의 경우의 수가 추가된다.

| 바위 팀 | ㄱ | ㄴ | ㄷ | 보 팀 | ㄹ | ㅁ | ㅂ |

따라서 총 두 가지의 경우의 수가 존재한다.

30초 컷 풀이 Tip

제시된 조건을 도식화하여 나열하는 것이 중요하다. 먼저 조건을 살펴보고 변하지 않아서 기준이 되는 조건을 중심으로 차례차례 살을 붙여 표나 도식의 형태를 완성해 경우의 수를 생각하는 것이 좋다.

진실게임

| 유형분석 |

- 일반적으로 4 ~ 5명의 진술이 제시되며, 각 진술의 진실 및 거짓 여부를 확인하여 범인을 찾는 유형이다.
- 추리영역 중에서도 체감난이도가 상대적으로 높은 유형으로 알려져 있으나, 문제풀이 패턴을 익히면 시간을 절약할 수 있는 문제이다.
- 각 진술 사이의 모순을 찾아 성립하지 않는 경우의 수를 제거하거나, 경우의 수를 나누어 모든 조건이 들어맞는지를 확인해야 한다.

어느 날 밤 11시경 L회사 사무실에 도둑이 들었다. CCTV를 확인해 보니 도둑은 1명이며, 수사 결과 용의 자는 갑 ~ 무 5명으로 좁혀졌다. 이 중 2명은 거짓말을 하고 있으며, 그중 1명이 범인이라고 할 때, 범인은 누구인가?

> 갑 : 그날 밤 11시에 저는 을, 무하고 셋이서 함께 있었습니다.
> 을 : 갑은 그 시간에 무와 함께 타 지점에 출장을 가 있었어요.
> 병 : 갑의 진술은 참이고, 저도 회사에 있지 않았습니다.
> 정 : 을은 밤 11시에 저와 단둘이 있었습니다.
> 무 : 저는 사건이 일어났을 때 집에 있었습니다.

① 갑
② 을
③ 병
④ 정
⑤ 무

갑과 병은 둘 다 참을 말하거나 거짓을 말하고 있고, 을과 무의 진술이 모순이므로 둘 중 한 명은 무조건 거짓말을 하고 있다. 만약 갑과 병이 거짓을 말하고 있다면 을과 무의 진술로 인해 거짓말을 하는 사람이 최소 3명이 되므로 조건에 맞지 않는다. 따라서 갑과 병은 모두 진실을 말하고 있으며, 정은 갑의 진술과 어긋나므로 거짓을 말하고 있다.

거짓을 말하고 있는 나머지 한 명은 을 또는 무인데, 을이 거짓을 말하는 경우 무의 진술에 의해 갑·을·무는 함께 무의 집에 있었던 것이 되므로 정이 범인이고, 무가 거짓말을 하는 경우에도 갑·을·무는 함께 출장을 가 있었던 것이 되므로 역시 정이 범인이 된다.

30초 컷 풀이 Tip

진실게임 유형 중 90% 이상은 다음 두 가지 방법으로 풀 수 있다. 주어진 진술을 빠르게 훑으며 다음 두 가지 중 어떤 경우에 해당되는지 확인한 후 문제를 풀어나간다.

두 명 이상의 발언 중 한쪽이 진실이면 다른 한쪽이 거짓인 경우

1) A가 진실이고 B가 거짓인 경우, B가 진실이고 A가 거짓인 경우 두 가지로 나눌 수 있다.
2) 두 가지 경우에서 각 발언의 진위 여부를 판단한다.
3) 주어진 조건과 비교한다(범인의 숫자가 맞는지, 진실 또는 거짓을 말한 인원수가 조건과 맞는지 등).

두 명 이상의 발언 중 한쪽이 진실이면 다른 한쪽도 진실인 경우

1) A와 B가 모두 진실인 경우, A와 B가 모두 거짓인 경우 두 가지로 나눌 수 있다.
2) 두 가지 경우에서 각 발언의 진위 여부를 판단하여 범인을 찾는다.
3) 주어진 조건과 비교한다(범인의 숫자가 맞는지, 진실 또는 거짓을 말한 인원수가 조건과 맞는지 등).

02 수리적 사고

합격 CHEAT KEY

L-TAB의 수리적 사고 영역은 지원자의 수리적 판단력과 자료분석 및 응용, 규칙 찾기 등 수리적 사고와 관련된 다양한 능력을 평가한다.

제시된 상황에서 중등교육 수준의 수학적 지식을 활용한 응용계산 능력은 물론, 실제 업무에서 자주 나타나는 도표·그래프 등의 여러 자료를 해석하고 추론하는 능력을 고루 평가한다. 과거 L-TAB에서도 자료해석 영역은 공통적으로 포함되어 있었지만 실제 업무와 유사한 상황이 실시간으로 부여되기 때문에 그만큼 숫자나 도표, 규칙을 숙달하여 자연스럽게 활용할 필요가 있다.

01 응용수리

일반적인 응용수리처럼 정형화된 공식을 주로 활용하되, 실제 업무 및 상황에서 활용될 여지가 높은 확률, 경우의 수, 거리·속력·시간 등의 문제들이 복합적으로 출제되었다. 하지만 제시되는 문제 및 상황에 따라 다양한 방면의 응용수리 문제들이 출제될 여지가 있으므로 방심은 금물이다.

┤ 학습 포인트 ├

- 온라인 L-TAB의 특성상 일반적인 적성검사 문제의 형태가 아닌, 응용수리 개념의 원리를 활용한 문제들이 출제되고 있으므로 공식뿐만 아니라 과정도 이해하도록 해야 한다.
- 정형화된 유형들을 풀어보고 숙지하여 기본을 튼튼히 한다.
- 경우의 수나 확률과 같은 유형은 고등학교 수준의 문제를 풀어보는 것이 도움이 될 수 있다.

02 자료해석

표나 그래프 등 주어진 자료를 보고 필요한 정보를 빠르게 찾아 해석할 수 있는지를 평가하는 유형이다. 자료해석은 모든 기업의 적성검사에 출제되고 있는 영역이지만, L-TAB의 경우 프로그램 내에서 보고서 양식을 첨부파일로 다운로드받아서 풀이하는 등 실제 문서와 더욱 유사하므로 주의 깊게 제시된 자료를 파악해야 한다.

┤ 학습 포인트 ├

- 표, 꺾은선그래프, 막대그래프, 원그래프 등 다양한 형태의 자료를 눈에 익힌다. 그래야 실제 시험에서 자료가 제시되었을 때 중점을 두고 파악해야 할 부분이 더욱 선명하게 보일 것이다.
- 자료해석 유형의 문제는 제시되는 정보의 양이 매우 많으므로 시간을 절약하기 위해서는 문제를 읽은 후 바로 자료 분석에 들어가는 것보다, 제시된 상황을 먼저 파악하여 필요한 정보만 추출한 뒤 답을 찾는 것이 좋다.

03 수추리

나열된 수의 관계를 통해 일정한 규칙을 찾는 유형으로, 일반항을 구해야 하는 문제나 크기를 판단하는 문제 등으로 여타 대기업 적성검사에서 흔히 만나게 된다. L-TAB의 특성상 상대적으로 출제 가능성이 낮지만, 수추리는 연습이 되지 않은 상태에서 풀이가 가장 어려운 유형 중 하나이므로 기본적인 풀이법 정도는 익혀 만약의 상황에 대비할 수 있도록 한다.

┤ 학습 포인트 ├

- 수열의 다양한 형태를 접해보는 것이 좋다.
- 등차수열, 등비수열, 피보나치 수열 등의 공식과 개념은 알아둔다.
- 사각형이나 삼각형과 같은 도형의 넓이와 함께 출제되는 경향이 있으므로 기본적인 공식은 알아둔다.

2일 차

02 수리적 사고 핵심이론

01 응용수리

1. 수의 관계

(1) 약수와 배수

a가 b로 나누어떨어질 때, a는 b의 배수, b는 a의 약수

(2) 소수

1과 자기 자신만을 약수로 갖는 수, 즉 약수의 개수가 2개인 수

(3) 합성수

1과 자신 이외의 수를 약수로 갖는 수, 즉 소수가 아닌 수 또는 약수의 개수가 3개 이상인 수

(4) 최대공약수

2개 이상의 자연수의 공통된 약수 중에서 가장 큰 수

(5) 최소공배수

2개 이상의 자연수의 공통된 배수 중에서 가장 작은 수

(6) 서로소

1 이외에 공약수를 갖지 않는 두 자연수, 즉 최대공약수가 1인 두 자연수

(7) 소인수분해

주어진 합성수를 소수의 거듭제곱의 형태로 나타내는 것

(8) 약수의 개수

자연수 $N = a^m \times b^n$에 대하여, N의 약수의 개수는 $(m+1) \times (n+1)$개

(9) 최대공약수와 최소공배수의 관계

두 자연수 A, B에 대하여, 최소공배수와 최대공약수를 각각 L, G라고 하면 A×B=L×G가 성립한다.

2. 방정식의 활용

(1) 날짜·요일·시계

① 날짜·요일

㉠ 1일＝24시간＝1,440분＝86,400초

㉡ 날짜·요일 관련 문제는 대부분 나머지를 이용해 계산한다.

② 시계

㉠ 시침이 1시간 동안 이동하는 각도 : 30°

㉡ 시침이 1분 동안 이동하는 각도 : 0.5°

㉢ 분침이 1분 동안 이동하는 각도 : 6°

(2) 거리·속력·시간

① (거리)＝(속력)×(시간)

㉠ 기차가 터널을 통과하거나 다리를 지나가는 경우

• (기차가 움직인 거리)＝(기차의 길이)＋(터널 또는 다리의 길이)

㉡ 두 사람이 반대 방향 또는 같은 방향으로 움직이는 경우

• (두 사람 사이의 거리)＝(두 사람이 움직인 거리의 합 또는 차)

② (속력)＝$\dfrac{(거리)}{(시간)}$

㉠ 흐르는 물에서 배를 타는 경우

• (하류로 내려갈 때의 속력)＝(배 자체의 속력)＋(물의 속력)

• (상류로 올라갈 때의 속력)＝(배 자체의 속력)－(물의 속력)

③ (시간)＝$\dfrac{(거리)}{(속력)}$

(3) 나이·인원·개수

구하고자 하는 것을 미지수로 놓고 식을 세운다. 동물의 경우 다리의 개수에 유의해야 한다.

(4) 원가·정가

① (정가)＝(원가)＋(이익), (이익)＝(정가)－(원가)

② (a원에서 $b\%$ 할인한 가격)＝$a \times \left(1 - \dfrac{b}{100} \right)$

(5) 일률·톱니바퀴

① 일률

전체 일의 양을 1로 놓고, 시간 동안 한 일의 양을 미지수로 놓고 식을 세운다.

• (일률)＝$\dfrac{(작업량)}{(작업기간)}$

• (작업기간)＝$\dfrac{(작업량)}{(일률)}$

• (작업량)＝(일률)×(작업기간)

② 톱니바퀴

(톱니 수)×(회전수)=(총 맞물린 톱니 수)

즉, A, B 두 톱니에 대하여, (A의 톱니 수)×(A의 회전수)=(B의 톱니 수)×(B의 회전수)가 성립한다.

(6) 농도

① $(농도)=\dfrac{(용질의 \ 양)}{(용액의 \ 양)}\times 100$

② $(용질의 \ 양)=\dfrac{(농도)}{100}\times(용액의 \ 양)$

(7) 수 Ⅰ

① 연속하는 세 자연수 : $x-1$, x, $x+1$

② 연속하는 세 짝수(홀수) : $x-2$, x, $x+2$

(8) 수 Ⅱ

① 십의 자릿수가 x, 일의 자릿수가 y인 두 자리 자연수 : $10x+y$

이 수에 대해, 십의 자리와 일의 자리를 바꾼 수 : $10y+x$

② 백의 자릿수가 x, 십의 자릿수가 y, 일의 자릿수가 z인 세 자리 자연수 : $100x+10y+z$

(9) 증가·감소

① x가 $a\%$ 증가 : $\left(1+\dfrac{a}{100}\right)x$

② y가 $b\%$ 감소 : $\left(1-\dfrac{b}{100}\right)y$

3. 경우의 수·확률

(1) 경우의 수

① 경우의 수 : 어떤 사건이 일어날 수 있는 모든 가짓수

② 합의 법칙

　㉠ 두 사건 A, B가 동시에 일어나지 않을 때, A가 일어나는 경우의 수를 m, B가 일어나는 경우의 수를 n이라고 하면, 사건 A 또는 B가 일어나는 경우의 수는 $m+n$이다.

　㉡ '또는', '~이거나'라는 말이 나오면 합의 법칙을 사용한다.

③ 곱의 법칙

　㉠ A가 일어나는 경우의 수를 m, B가 일어나는 경우의 수를 n이라고 하면, 사건 A와 B가 동시에 일어나는 경우의 수는 $m\times n$이다.

　㉡ '그리고', '동시에'라는 말이 나오면 곱의 법칙을 사용한다.

④ 여러 가지 경우의 수

　㉠ 동전 n개를 던졌을 때, 경우의 수 : 2^n

　㉡ 주사위 m개를 던졌을 때, 경우의 수 : 6^m

　㉢ 동전 n개와 주사위 m개를 던졌을 때, 경우의 수 : $2^n \times 6^m$

　㉣ n명을 한 줄로 세우는 경우의 수 : $n! = n \times (n-1) \times (n-2) \times \cdots \times 2 \times 1$

　㉤ n명 중, m명을 뽑아 한 줄로 세우는 경우의 수 : $_n\mathrm{P}_m = n \times (n-1) \times \cdots \times (n-m+1)$

　㉥ n명을 한 줄로 세울 때, m명을 이웃하여 세우는 경우의 수 : $(n-m+1)! \times m!$

　㉦ 0이 아닌 서로 다른 한 자리 숫자가 적힌 n장의 카드에서, m장을 뽑아 만들 수 있는 m자리 정수의 개수 : $_n\mathrm{P}_m$

　㉧ 0을 포함한 서로 다른 한 자리 숫자가 적힌 n장의 카드에서, m장을 뽑아 만들 수 있는 m자리 정수의 개수 : $(n-1) \times {_{n-1}\mathrm{P}_{m-1}}$

　㉨ n명 중, 자격이 다른 m명을 뽑는 경우의 수 : $_n\mathrm{P}_m$

　㉩ n명 중, 자격이 같은 m명을 뽑는 경우의 수 : $_n\mathrm{C}_m = \dfrac{_n\mathrm{P}_m}{m!}$

　㉪ 원형 모양의 탁자에 n명을 앉히는 경우의 수 : $(n-1)!$

⑤ 최단거리 문제 : A에서 B 사이에 P가 주어져 있다면, A와 P의 최단거리, B와 P의 최단거리를 각각 구하여 곱한다.

(2) 확률

① (사건 A가 일어날 확률) $= \dfrac{(사건\ A가\ 일어나는\ 경우의\ 수)}{(모든\ 경우의\ 수)}$

② 여사건의 확률

　㉠ 사건 A가 일어날 확률이 p일 때, 사건 A가 일어나지 않을 확률은 $(1-p)$이다.

　㉡ '적어도'라는 말이 나오면 주로 사용한다.

③ 확률의 계산

　㉠ 확률의 덧셈

　　두 사건 A, B가 동시에 일어나지 않을 때, A가 일어날 확률을 p, B가 일어날 확률을 q라고 하면, 사건 A 또는 B가 일어날 확률은 $p+q$이다.

　㉡ 확률의 곱셈

　　A가 일어날 확률을 p, B가 일어날 확률을 q라고 하면, 사건 A와 B가 동시에 일어날 확률은 $p \times q$이다.

④ 여러 가지 확률

　㉠ 연속하여 뽑을 때, 꺼낸 것을 다시 넣고 뽑는 경우 : 처음과 나중의 모든 경우의 수는 같다.

　㉡ 연속하여 뽑을 때, 꺼낸 것을 다시 넣지 않고 뽑는 경우 : 나중의 모든 경우의 수는 처음의 모든 경우의 수보다 1만큼 작다.

　㉢ (도형에서의 확률) $= \dfrac{(해당하는\ 부분의\ 넓이)}{(전체\ 넓이)}$

(1) 꺾은선(절선)그래프

    ① 시간적 추이(시계열 변화)를 표시하는 데 적합하다.

       예 연도별 매출액 추이 변화 등

    ② 경과·비교·분포를 비롯하여 상관관계 등을 나타날 때 사용한다.

〈한국 자동차부품 수입 국가별 의존도〉

(단위 : %)

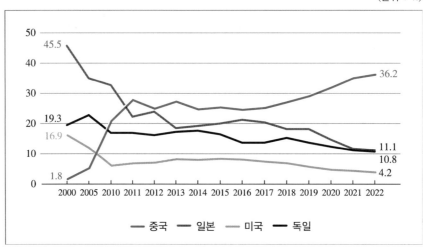

(2) 막대그래프

    ① 비교하고자 하는 수량을 막대 길이로 표시하고, 그 길이를 비교하여 각 수량 간의 대소 관계를 나타
내는 데 적합하다.

       예 영업소별 매출액, 성적별 인원분포 등

    ② 가장 간단한 형태로 내역·비교·경과·도수 등을 표시하는 용도로 사용한다.

〈경상수지 추이〉

(잠정치, 단위 : 억 달러)

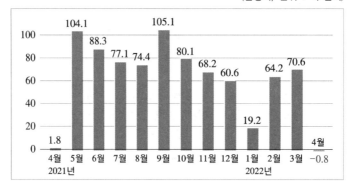

(3) 원그래프

① 내역이나 내용의 구성비를 분할하여 나타내는 데 적합하다.

　예 제품별 매출액 구성비 등

② 원그래프를 정교하게 작성할 때는 수치를 각도로 환산해야 한다.

〈C국의 가계 금융자산 구성비〉

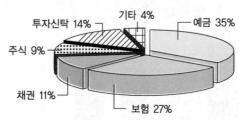

(4) 점그래프

① 지역분포를 비롯하여 도시, 지방, 기업, 상품 등의 평가나 위치, 성격을 표시하는 데 적합하다.

　예 광고비율과 이익률의 관계 등

② 종축과 횡축에 두 요소를 두고, 보고자 하는 것이 어떤 위치에 있는가를 알고자 할 때 사용한다.

〈OECD 국가의 대학졸업자 취업률 및 경제활동인구 비중〉

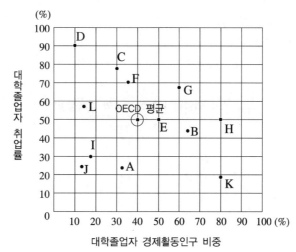

(5) 층별그래프

① 합계와 각 부분의 크기를 백분율로 나타내고 시간적 변화를 보는 데 적합하다.

② 합계와 각 부분의 크기를 실수로 나타내고 시간적 변화를 보는 데 적합하다.

   예 상품별 매출액 추이 등

③ 선의 움직임보다는 선과 선 사이의 크기로써 데이터 변화를 나타내는 그래프이다.

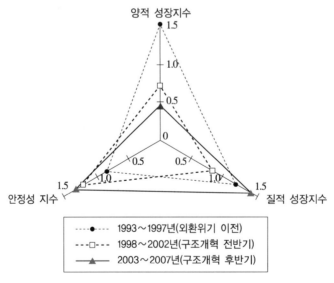

〈경제고통지수 추이〉

(6) 레이더 차트(거미줄그래프)

① 다양한 요소를 비교할 때, 경과를 나타내는 데 적합하다.

   예 매출액의 계절변동 등

② 비교하는 수량을 직경, 또는 반경으로 나누어 원의 중심에서의 거리에 따라 각 수량의 관계를 나타내는 그래프이다.

〈외환위기 전후 한국의 경제상황〉

(1) 등차수열 : 앞의 항에 일정한 수를 더해 이루어지는 수열

예   1   3   5   7   9   11   13   15
      +2 +2 +2 +2 +2 +2 +2

(2) 등비수열 : 앞의 항에 일정한 수를 곱해 이루어지는 수열

예   1   2   4   8   16   32   64   128
      ×2 ×2 ×2 ×2 ×2 ×2 ×2

(3) 계차수열 : 수열의 인접하는 두 항의 차로 이루어진 수열

예   1   2   4   7   11   16   22   29
      +1 +2 +3 +4 +5 +6 +7
       +1 +1 +1 +1 +1 +1

(4) 피보나치 수열 : 앞의 두 항의 합이 그 다음 항의 수가 되는 수열

예   1   1   2   3   5   8   13   21
       $1+1$ $1+2$ $2+3$ $3+5$ $5+8$ $8+13$

(5) 건너뛰기 수열

- 두 개 이상의 수열이 일정한 간격을 두고 번갈아가며 나타나는 수열

예   1   1   3   7   5   13   7   19
   - 홀수 항 : 1   3   5   7

            +2 +2 +2
   - 짝수 항 : 1   7   13   19
            +6 +6 +6

- 두 개 이상의 규칙이 일정한 간격을 두고 번갈아가며 적용되는 수열

예   0   1   3   4   12   13   39   40
      +1 ×3 +1 ×3 +1 ×3 +1

(6) 군수열 : 일정한 규칙성으로 몇 항씩 묶어 나눈 수열

예 • 1   1   2   1   2   3   1   2   3   4
    ⇒ 1   1   2   1   2   3   1   2   3   4

   • 1   3   4   6   5   11   2   6   8   9   3   12
    ⇒ 1   3   4   6   5   11   2   6   8   9   3   12
       $1+3=4$ $6+5=11$ $2+6=8$ $9+3=12$

   • 1   3   3   2   4   8   5   6   30   7   2   14
    ⇒ 1   3   3   2   4   8   5   6   30   7   2   14
       $1×3=3$ $2×4=8$ $5×6=30$ $7×2=14$

01 거리 · 속력 · 시간

| 유형분석 |

- (거리)=(속력)×(시간) 공식을 활용한 문제이다.

  $(속력)=\dfrac{(거리)}{(시간)}$, $(시간)=\dfrac{(거리)}{(속력)}$
- 기차와 터널의 길이, 물과 같이 속력이 있는 장소 등 추가적인 거리나 속력 시간에 관한 조건과 결합하여 난도 높은 문제로 출제된다.

서울 지사에 근무하는 A와 B는 X와 Y경로를 이용하여 부산 지사로 외근을 갈 예정이다. X경로를 이용하여 이동을 하면 A가 B보다 1시간 늦게 도착한다. A는 X경로로 이동하고 B는 X경로보다 160km 긴 Y경로로 이동하면 A가 B보다 1시간 빨리 도착한다. 이때 B의 속력은?

① 40km/h

② 50km/h

③ 60km/h

④ 70km/h

⑤ 80km/h

정답 ⑤

X경로의 거리를 x km, Y경로의 거리를 y km, A의 이동 속력을 r km/h, B의 이동 속력은 z km/h라 하자.

$\dfrac{x}{r}=\dfrac{x}{z}+1 \cdots$ ㉠

$\dfrac{x}{r}+1=\dfrac{y}{z} \cdots$ ㉡

$x+160=y$이므로 ㉡에 대입하면 $\dfrac{x}{r}+1=\dfrac{x+160}{z}$ 이고, ㉠과 연립하면 $\dfrac{x}{z}+1+1=\dfrac{x+160}{z}$ 이다.

이를 정리하면 다음과 같다.

$\dfrac{x}{z}+2=\dfrac{x}{z}+\dfrac{160}{z}$

$\rightarrow 2=\dfrac{160}{z}$

$\therefore z=80$

따라서 B의 속력은 80km/h이다.

30초 컷 풀이 Tip

1. 미지수가 3개 이상인 연립방정식을 풀이할 때, 연립을 해서 미지수의 값을 각각 구하는 것보다 선택지의 값을 대입해서 풀이하는 경우가 더 빠를 수 있다.
2. 거리 · 속력 · 시간 유형의 문제를 풀 때 가장 중요하고 빠르게 계산하는 방법은 먼저 단위를 통일시키는 것이다.

02 농도

| 유형분석 |

- (농도)=$\dfrac{(용질의 양)}{(용액의 양)} \times 100$ 공식을 활용한 문제이다.
- (소금물의 양)=(물의 양)+(소금의 양)이라는 것에 유의하고, 더해지거나 없어진 것을 미지수로 두고 풀이한다.

소금물 500g이 있다. 이 소금물에 농도가 3%인 소금물 200g을 온전히 섞었더니 소금물의 농도는 7%가 되었다. 500g의 소금물에 녹아 있던 소금의 양은?

① 31g

② 37g

③ 43g

④ 49g

⑤ 55g

정답 ③

문제에서 구하고자 하는 500g의 소금물에 녹아 있던 소금의 양을 미지수로 놓는다.

500g의 소금물에 녹아 있던 소금의 양을 xg이라고 하자.

소금물 500g에 농도 3%인 소금물 200g을 섞었을 때 소금물의 농도가 주어졌으므로 농도를 기준으로 식을 세우면 다음과 같다.

$$\dfrac{x+6}{500+200} \times 100 = 7$$

→ $(x+6) \times 100 = 7 \times (500+200)$ → $(x+6) \times 100 = 4,900$ → $100x+600=4,900$ → $100x=4,300$

∴ $x=43$

따라서 500g의 소금물에 녹아 있던 소금의 양은 43g이다.

30초 컷 풀이 Tip

간소화

숫자의 크기를 최대한 간소화해야 한다. 특히, 농도의 경우 분수와 정수가 같이 제시되고, 최근에는 비율을 활용한 문제가 많이 출제되고 있으므로 통분이나 약분을 통해 수를 간소화하여 계산 실수를 줄일 수 있도록 한다.

주의사항

항상 미지수를 구해서 그 값을 계산하여 풀이해야 하는 것은 아니다. 문제에서 원하는 값은 정확한 미지수를 구하지 않아도 풀이과정에서 답이 제시되는 경우가 있으므로 문제에서 묻는 것을 명확히 해야 한다.

섞은 소금물 풀이 방법

1. 정보 정리

    주어진 정보를 각 소금물 단위로 정리한다. 각 소금물에서 2가지 정보가 주어졌다면 계산으로 나머지 정보를 찾는다.

2. 미지수 설정

    각 소금물에서 2가지 이상의 정보가 없다면 그중 1가지 정보를 미지수로 설정한다. 나머지 모르는 정보도 앞서 설정한 미지수로 표현해놓는다.

3. 식 세우기

    섞기 전과 섞은 후의 소금의 양, 소금물의 양을 이용하여 식을 세운다.

03 일률

| 유형분석 |

- 전체 일의 양을 1로 두고 풀이하는 유형이다.
- 분이나 초 단위 계산이 가장 어려운 유형으로 출제되고 있다.
- (일률)$=\dfrac{(\text{작업량})}{(\text{작업기간})}$, (작업기간)$=\dfrac{(\text{작업량})}{(\text{일률})}$, (작업량)$=$(일률)$\times$(작업기간)

한 공장에서는 기계 2대를 운용하고 있다. 이 공장의 전체 작업을 수행할 때 A기계로는 12시간이 걸리며, B기계로는 18시간이 걸린다. 이미 절반의 작업이 수행된 상태에서, A기계로 4시간 동안 작업하다가 이후로는 A, B 두 기계를 모두 동원해 작업을 수행했다면 남은 작업을 완료하는 데 소요되는 총시간은?

① 1시간
② 1시간 12분
③ 1시간 20분
④ 1시간 30분
⑤ 1시간 40분

정답 ②

전체 일의 양을 1이라고 하자.

A기계가 1시간 동안 작업할 수 있는 일의 양은 $\dfrac{1}{12}$이고, B기계가 1시간 동안 작업할 수 있는 일의 양은 $\dfrac{1}{18}$이다.

이미 절반의 작업이 진행되었으므로 남은 일의 양은 $1-\dfrac{1}{2}=\dfrac{1}{2}$이다.

이 중 A기계로 4시간 동안 작업을 진행했으므로 A기계와 B기계가 함께 작업해야 하는 일의 양은 $\dfrac{1}{2}-\left(\dfrac{1}{12}\times4\right)=\dfrac{1}{6}$이다.

따라서 남은 $\dfrac{1}{6}$을 수행하는 데 걸리는 시간은 $\dfrac{\frac{1}{6}}{\left(\frac{1}{12}+\frac{1}{18}\right)}=\dfrac{\frac{1}{6}}{\frac{5}{36}}=\dfrac{6}{5}$시간, 즉 1시간 12분이 걸린다.

30초 컷 풀이 Tip

1. 전체의 값을 모르는 상태에서 비율을 묻는 문제의 경우 전체를 1이라고 하면 쉽게 풀이할 수 있다.

   예 O가 1개의 빵을 만드는 데 3시간이 걸린다. 1개의 빵을 만드는 일의 양을 1이라고 하면 O는 1시간에 $\dfrac{1}{3}$만큼의 빵을 만든다.

2. 난이도가 있는 일의 양 문제에 접근할 때 전체 일의 양을 막대 그림으로 표현하면서 풀이하면 한눈에 파악할 수 있다.

예		
$\dfrac{1}{2}$ 수행됨	A기계로 4시간 동안 작업	A, B 두 기계를 모두 동원해 작업

04 개수

| 유형분석 |

- 미지수의 값이 계산에 의해 정확하게 구해지는 것이 아니라 가능한 경우의 수를 찾아서 조건에 맞는 적절한 값을 고르는 유형이다.
- 주로 인원수나 개수를 구하는 유형으로 출제된다.
- 사람이나 물건의 개수라면 0과 자연수만 가능한 것처럼 문제에 경우의 수를 구하는 조건이 주어지므로 유의한다.

B는 사과, 배, 참외의 가격을 정해 판매 예상액을 기록 중이다. 사과 500원, 배 300원, 참외 100원에 각각 1개 이상씩 판매하면 총 2,600원이고, 사과와 참외만 각각 100원, 200원에 각각 1개 이상씩 판매하면 총 1,300원이 나온다. 판매하는 과일의 최소 개수는 총 몇 개인가?(단, 가격을 바꿔도 각 과일의 판매 예상 개수는 동일하다)

① 9개
② 10개
③ 11개
④ 12개
⑤ 13개

정답 ②

사과, 배, 참외의 판매 개수를 각각 x, y, z개라고 가정하면, 조건에 따른 방정식은 다음과 같다.

$500x + 300y + 100z = 2,600 \rightarrow 5x + 3y + z = 26 \cdots \bigcirc$

$100x + 200z = 1,300 \rightarrow x + 2z = 13 \cdots \bigcirc$

x와 z는 자연수이므로 $\bigcirc$에 부합하는 순서쌍은 $(x, z) = (11, 1)$, $(9, 2)$, $(7, 3)$, $(5, 4)$, $(3, 5)$, $(1, 6)$이다.

순서쌍을 $\bigcirc$에 대입할 때, x, y, z는 모두 자연수이므로 x의 범위는 $500 \leq 2,600 - 400 \rightarrow 500x \leq 2,200 \rightarrow x \leq 4.4$이다.

따라서 순서쌍은 $(3, 5)$, $(1, 6)$이 가능하고 이때 y는 각각 2, 5이다.

따라서 판매하는 과일의 최소 개수는 사과 3개, 배 2개, 참외 5개로 총 10개이다.

30초 컷 풀이 Tip

미지수의 값을 추론하는 문제의 경우 구하는 해당하는 값이 지나치게 큰 문제를 출제하지 않으므로 지나치게 큰 값이 나온다면 가장 마지막에 계산하는 것이 좋다.

| 유형분석 |

- 원가, 정가, 할인가, 판매가 등의 개념을 명확히 한다.
  (정가)=(원가)+(이익)
  (이익)=(정가)-(원가)

  a원에서 b% 할인한 가격=$a \times \left(1 - \dfrac{b}{100}\right)$원
- 난이도가 어려운 편은 아니지만 비율을 활용한 계산 문제이기 때문에 실수하기 쉽다.

세희네 가족의 올해 여름휴가 비용은 작년 대비 교통비는 15%, 숙박비는 24% 증가하여 전체 휴가 비용이 20% 증가하였다. 작년 전체 휴가 비용이 36만 원일 때, 올해 숙박비는?(단, 전체 휴가 비용은 교통비와 숙박비의 합이다)

① 160,000원
② 184,000원
③ 200,000원
④ 248,000원
⑤ 268,000원

정답 ④

작년 교통비를 x만 원, 작년 숙박비를 y만 원이라 하자.
$1.15x + 1.24y = 1.2(x + y)$ … ㉠
$x + y = 36$ … ㉡
㉠과 ㉡을 연립하면 $x = 16$, $y = 20$이다.
따라서 $20 \times 1.24 = 24.8$이므로 올해 숙박비는 248,000원이다.

30초 컷 풀이 Tip

1을 %로 나타내면 $1 \times 100 = 100$%와 같으므로 100%를 1로 환산하면 쉽게 풀이할 수 있다.
예 15%, 24%, 20%가 증가된다는 것은 100%에 각각 15%, 24%, 20%가 더해진다는 것이므로, 합이 115%, 124%, 120%가 되어 각각 1.15, 1.24, 1.2로 환산되는 것이다.

06 경우의 수

| 유형분석 |

- 순열(P)과 조합(C)을 활용한 문제이다.
$$_n\mathrm{P}_m = n \times (n-1) \times \cdots \times (n-m+1)$$
$$_n\mathrm{C}_m = \frac{_n\mathrm{P}_m}{m!} = \frac{n \times (n-1) \times \cdots \times (n-m+1)}{m!}$$
- 벤다이어그램을 활용한 문제가 출제되기도 한다.

미술 전시를 위해 정육면체 모양의 색고 조각의 각 면에 빨강, 주황, 노랑, 초록, 파랑, 샘성으로 색을 칠하려고 한다. 가지고 있는 색깔은 남김없이 모두 사용해야 하고, 이웃하는 면에는 같은 색깔을 칠하지 않는다. 회전해서 같아지는 조각끼리는 서로 같은 정육면체라고 할 때, 만들 수 있는 서로 다른 정육면체의 경우의 수는?

① 6가지
② 15가지
③ 30가지
④ 60가지
⑤ 120가지

정답 ③

정육면체는 면이 6개이고 회전이 가능하므로 윗면을 기준면으로 삼았을 때, 각 면에 색을 칠하는 경우의 수는 다음과 같다.

- 기준면에 색을 칠하는 경우의 수 : $6 \times \frac{1}{6} = 1$가지
- 아랫면에 색을 칠하는 경우의 수 : $6-1=5$가지
- 옆면에 색을 칠하는 경우의 수 : $(4-1)! = 3! = 6$가지
∴ $1 \times 5 \times 6 = 30$가지
따라서 30가지의 서로 다른 정육면체를 만들 수 있다.

30초 컷 풀이 Tip

경우의 수의 합의 법칙과 곱의 법칙 등에 관해 명확히 한다.

합의 법칙
㉠ 두 사건 A, B가 동시에 일어나지 않을 때, A가 일어나는 경우의 수를 m, B가 일어나는 경우의 수를 n이라고 하면, 사건 A 또는 B가 일어나는 경우의 수는 $(m+n)$가지이다.
㉡ '또는', '~이거나'라는 말이 나오면 합의 법칙을 사용한다.

곱의 법칙
㉠ A가 일어나는 경우의 수를 m, B가 일어나는 경우의 수를 n이라고 하면, 사건 A와 B가 동시에 일어나는 경우의 수는 $(m \times n)$가지이다.
㉡ '그리고', '동시에'라는 말이 나오면 곱의 법칙을 사용한다.

| 유형분석 |

- 순열(P)과 조합(C)을 활용하여 가능한 경우의 수를 구하는 유형이다.
- 합의 법칙과 곱의 법칙을 정확히 이해하고 있어야 한다.
- 벤다이어그램을 활용하는 문제가 자주 출제되고 있다.
- 원순열이나 중복순열의 경우 빈출유형이므로 이에 대한 개념과 공식을 알고 있어야 한다.

새로 입사한 사원의 현황이 다음과 같다. 신입사원 중 여자 한 명을 뽑았을 때, 경력자가 뽑힐 확률은?

- 신입사원의 60%는 여성이다.
- 신입사원의 20%는 여성 경력직이다.
- 신입사원의 80%는 여성이거나 경력직이다.

① $\dfrac{1}{3}$ ② $\dfrac{2}{3}$

③ $\dfrac{1}{5}$ ④ $\dfrac{3}{5}$

⑤ $\dfrac{1}{2}$

임의로 전체 신입사원을 100명이라 가정하고 성별과 경력 유무로 구분하여 표를 나타내면 다음과 같다.

(단위 : 명)

구분	여성	남성	합계
경력 없음	$60-20=40$	20	60
경력 있음	$100 \times 0.2 = 20$	$100 \times 0.8 - 60 = 20$	$20+20=40$
합계	$100 \times 0.6 = 60$	40	100

따라서 신입사원 중 여자 한 명을 뽑았을 때 경력자가 뽑힐 확률은 여자 60명 중 경력자는 20명이므로 $\dfrac{20}{60} = \dfrac{1}{3}$ 이다.

30초 컷 풀이 Tip

여사건의 확률
1. 사건 A가 일어날 확률이 p일 때, 사건 A가 일어나지 않을 확률은 $(1-p)$이다.
2. '적어도'라는 말이 나오면 주로 사용한다.

확률의 덧셈
두 사건 A, B가 동시에 일어나지 않을 때, A가 일어날 확률을 p, B가 일어날 확률을 q라고 하면, 사건 A 또는 B가 일어날 확률은 $p+q$이다.

확률의 곱셈
A가 일어날 확률을 p, B가 일어날 확률을 q라고 하면, 사건 A와 B가 동시에 일어날 확률은 $p \times q$이다.

| 유형분석 |

- 자료를 보고 해석하거나 추론한 내용을 고르는 문제가 출제된다.
- 증감 추이, 증감률, 증감폭 등의 간단한 계산이 포함되어 있다.
- %, %p 등의 차이점을 알고 적용할 수 있어야 한다.
  %(퍼센트) : 어떤 양이 전체(100)에 대해서 얼마를 차지하는가를 나타내는 단위
  %p(퍼센트 포인트) : %로 나타낸 수치가 이전 수치와 비교했을 때 증가하거나 감소한 양

다음은 민간 분야 사이버 침해사고 발생현황에 대한 표이다. 이에 대한 설명으로 옳지 않은 것을 〈보기〉에서 모두 고르면?

〈민간 분야 사이버 침해사고 발생현황〉

(단위 : 건)

구분	2020년	2021년	2022년	2023년
홈페이지 변조	650	900	600	390
스팸릴레이	100	90	80	40
기타 해킹	300	150	170	165
단순 침입시도	250	300	290	175
피싱 경유지	200	430	360	130
합계	1,500	1,870	1,500	900

보기

ㄱ. 단순 침입시도 분야의 침해사고는 매년 스팸릴레이 분야의 침해사고 건수의 2배 이상이다.
ㄴ. 2020년 대비 2023년 침해사고 건수가 50% 이상 감소한 분야는 2개 분야이다.
ㄷ. 2022년 홈페이지 변조 분야의 침해사고 건수가 차지하는 비중은 35% 이상이다.
ㄹ. 2021년 대비 2023년은 모든 분야의 침해사고 건수가 감소하였다.

① ㄱ, ㄴ
② ㄱ, ㄹ
③ ㄴ, ㄷ
④ ㄴ, ㄹ
⑤ ㄷ, ㄹ

정답 ④

ㄴ. 2020년 대비 2023년 분야별 침해사고 건수 감소율은 다음과 같다.

- 홈페이지 변조 : $\dfrac{390-650}{650}\times100=-40\%$

- 스팸릴레이 : $\dfrac{40-100}{100}\times100=-60\%$

- 기타 해킹 : $\dfrac{165-300}{300}\times100=-45\%$

- 단순 침입시도 : $\dfrac{175-250}{250}\times100=-30\%$

- 피싱 경유지 : $\dfrac{130-200}{200}\times100=-35\%$

따라서 50% 이상 감소한 분야는 '스팸릴레이'한 분야이다.

ㄹ. 기타 해킹 분야의 2023년 침해사고 건수는 2021년 대비 증가했으므로 옳지 않은 설명이다.

오답분석

ㄱ. 단순 침입시도 분야의 침해사고는 매년 스팸릴레이 분야의 침해사고 건수의 2배 이상인 것을 확인할 수 있다.

ㄷ. 2022년 홈페이지 변조 분야의 침해사고 건수가 차지하는 비중은 $\dfrac{600}{1,500}\times100=40\%$로, 35% 이상이다.

30초 컷 풀이 Tip

간단한 선택지부터 해결하기
계산이 필요 없거나 생각하지 않아도 되는 선택지를 먼저 해결한다.
예 ㄹ은 제시된 수치의 증감 추이를 판단하는 문제이므로 가장 먼저 풀이 가능하다.

적절한 것 / 적절하지 않은 것 헷갈리지 않게 표시하기
자료해석은 적절한 것 또는 적절하지 않은 것을 찾는 문제가 출제된다. 문제마다 매번 바뀌므로 이를 확인하는 것은 매우 중요하다. 따라서 선택지에 표시할 때에도 선택지가 적절하지 않은 내용이라서 '×'표시를 했는지, 적절한 내용이지만 문제가 적절하지 않은 것을 찾는 문제라 '×'표시를 했는지 헷갈리지 않도록 표시 방법을 정해야 한다.

제시된 자료를 통해 계산할 수 있는 값인지 확인하기
제시된 자료만으로 계산할 수 없는 값을 묻는 선택지인지 먼저 판단해야 한다. 문제를 읽고 바로 계산부터 하면 함정에 빠지기 쉽다.

| 유형분석 |

- 주어진 자료를 통해 문제에서 주어진 특정한 값을 찾고, 자료의 변동량을 구할 수 있는지를 평가하는 유형이다.
- 각 그래프의 선이 어떤 항목을 의미하는지와 단위를 정확히 확인한다.
- 그림을 통해 계산하지 않고 눈으로 확인할 수 있는 내용(증감추이)이 있는지 확인한다.

귀하는 L사의 인사관리 부서에서 근무 중이다. 오늘 회의시간에 생산부서의 인사평가 자료를 취합하여 보고해야 하는데 자료 취합 중 파일에 오류가 생겨 일부 자료가 훼손되었다. 다음 중 (가) ~ (다)에 들어갈 점수를 바르게 짝지은 것은?(단, 각 평가는 100점 만점이고, 종합순위는 각 평가지표 점수의 총합으로 결정한다)

〈인사평가 점수 현황〉

(단위 : 점)

구분	역량	실적	자기계발	성실성	종합순위
A사원	70	(가)	80	70	4위
B대리	80	85	(나)	70	1위
C과장	(다)	85	70	75	2위
D부장	80	80	60	70	3위

※ 점수는 5점 단위로 부여함

	(가)	(나)	(다)
①	60	70	55
②	65	65	65
③	65	60	65
④	75	65	55
⑤	75	60	65

(가) ~ (다)에 들어갈 정확한 값을 찾으려 계산하기보다는 자료에서 해결할 수 있는 실마리를 찾아 적절하지 않은 선택지를 제거하는 방식으로 접근하는 것이 좋다.

먼저 종합순위가 3위인 D부장의 점수는 모두 공개되어 있으므로 총점을 계산해보면, 80+80+60+70=290점이다.

종합순위가 4위인 A사원의 총점은 70+(가)+80+70=220+(가)점이며, 3위 점수인 290점보다 낮아야 하므로 (가)에 들어갈 점수는 70점 미만이다.

종합순위가 2위인 C과장의 총점은 (다)+85+70+75=230+(다)점이며, 290점보다 높아야 하므로 (다)에 들어갈 점수는 60점을 초과해야 한다.

위의 조건에 해당하는 ②, ③에 따라 (가)=65점, (다)=65점을 대입하면, C과장의 총점은 230+65=295점이 된다.

종합순위가 1위인 B대리의 총점은 80+85+(나)+70=235+(나)점이며, 295점보다 높아야 하므로 (나)에 들어갈 점수는 60점을 초과해야 한다.

따라서 (나)의 점수가 60점인 ③은 제외되므로 가장 적절한 것은 ②이다.

30초 컷 풀이 Tip

자료계산 유형은 선택지를 소거하면서 풀이하면 시간을 단축시킬 수 있다.

| 유형분석 |

- 제시된 표나 그래프의 수치를 그래프로 올바르게 변환한 것을 묻는 유형이다.
- 복잡한 표가 제시되지 않으므로 수의 크기만을 판단하여 풀이할 수 있다.
- 정확한 수치가 제시되지 않을 수 있으므로 그래프의 높낮이나 넓이를 판단하여 풀이해야 한다.
- 제시된 표나 그래프의 수치를 계산하여 변환하는 유형도 출제될 수 있다.

다음은 연도별 L전자제품 매장의 개·폐업점 수에 대한 표이다. 이를 참고하여 작성한 그래프로 적절한 것은?

〈연도별 개·폐업점 수〉

(단위 : 개)

구분	개업점 수	폐업점 수	구분	개업점 수	폐업점 수
2012년	3,449	1,965	2018년	3,252	2,873
2013년	3,155	2,121	2019년	3,457	2,745
2014년	4,173	1,988	2020년	3,620	2,159
2015년	4,219	2,465	2021년	3,244	3,021
2016년	3,689	2,658	2022년	3,515	2,863
2017년	3,887	2,785	2023년	3,502	2,758

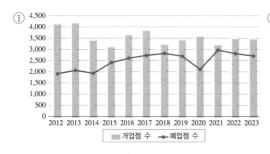

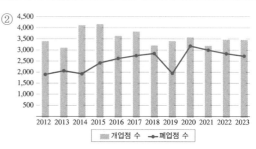

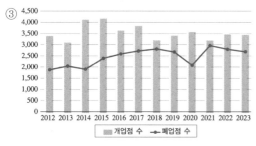

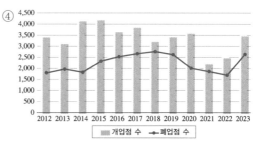

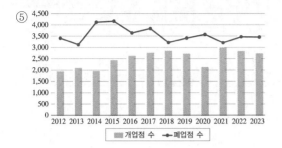

⑤

정답 ③

제시된 자료의 개업점 수와 폐업점 수의 증감 추이를 나타내면 다음과 같다.

구분	2012년	2013년	2014년	2015년	2016년	2017년	2018년	2019년	2020년	2021년	2022년	2023년
개업점 수	–	감소	증가	증가	감소	증가	감소	증가	증가	감소	증가	감소
폐업점 수	–	증가	감소	증가	증가	증가	증가	감소	감소	증가	감소	감소

이와 일치하는 추이를 보이고 있는 ③의 그래프가 적절하다.

오답분석

① 2012 ~ 2013년 개업점 수가 자료보다 높고, 2014 ~ 2015년 개업점 수는 낮다.
② 2019년 폐업점 수는 자료보다 낮고, 2020년의 폐업점 수는 높다.
④ 2021 ~ 2022년 개업점 수와 폐업점 수가 자료보다 낮다.
⑤ 2012 ~ 2023년 개업점 수와 폐업점 수가 바뀌었다.

30초 컷 풀이 Tip

1. 수치를 일일이 확인하는 것보다 해당 풀이처럼 증감 추이를 먼저 판단해서 선택지를 1차적으로 거르고 나머지 선택지 중 그래프 모양이 크게 차이 나는 곳의 수치를 확인하면 빠르게 풀이할 수 있다.
2. 막대그래프가 자료로 제시되는 경우 막대의 가운데 부분을 연결하면 꺾은선그래프가 된다.

| 유형분석 |

- 제시된 자료의 규칙을 바탕으로 미래의 값을 추론하는 유형이다.
- 등차수열이나 등비수열, 지수 등의 수학적인 지식을 묻기도 한다.

A제약회사에서는 암세포의 증식이 얼마나 빠른지 알아내기 위해 두 가지 암세포의 증식속도를 측정해 보았다. A세포는 1개당 하루에 8개로 분열되며, B세포는 1개당 하루에 9개로 분열된다. A세포 1개와 B세포 2개가 있을 때, 두 세포의 개수가 250개 이상씩 되는 기간은 각각 며칠이 지나야 하는가?(단, $\log2=0.30$, $\log3=0.48$, $\log10=1$로 계산한다)

	A세포	B세포
①	5일	4일
②	5일	3일
③	4일	4일
④	3일	3일
⑤	3일	2일

정답 ④

기간을 a일로 가정하면 A세포는 세포 1개당 8^a개로 늘어난다. B세포는 기간을 b일이라 하면 늘어나는 개수는 1개당 9^b개가 된다. 각 세포의 개수에 대한 부등식을 세우면 다음과 같다($\log5=1-\log2=1-0.30=0.70$).

- A세포 : 1개$\times8^a\geq250$개 → $a\times\log8\geq\log250$ → $a\times3\log2\geq1+2\log5$

  → $a\geq\dfrac{1+1.40}{0.90}$

  ∴ $a\geq2.7$

- B세포 : 2개$\times9^b\geq250$개 → $\log2+b\times2\log3\geq\log250$ → $b\times2\log3\geq1+2\log5-\log2$

  → $b\geq\dfrac{1+1.40-0.30}{0.96}$

  ∴ $b\geq2.1875$

따라서 A세포와 B세포 모두 3일 이상 지나야 함을 알 수 있다.

30초 컷 풀이 Tip

수추리는 복잡한 규칙을 묻지 않고, 지나치게 큰 n(미래)의 값을 묻지 않는다. 등차수열이나 등비수열, 피보나치 수열 등이 출제되었을 때, 공식이 생각나지 않는다면 직접 써서 나열하는 것이 문제 풀이 시간을 단축할 수 있는 방법이다.

3일 차

문제해결

3일 차
문제해결

합격 CHEAT KEY

L-TAB 문제해결 영역은 직장생활에서 업무를 수행할 때 발생하는 여러 가지 상황에서의 문제해결능력을 평가하는 영역이다. 해당 영역을 한 마디로 명확하게 규정하기는 어렵지만, 업무를 수행할 때 발생할 수 있는 상황이 주어지고, 이를 여러 가지 조건을 고려하여 문제에서 요구하는 답을 도출하는 유형이라고 정의할 수 있다.

L-TAB 직무적합진단은 큰 틀에서 '제시된 모든 문제가 문제해결 형식'이라고 할 수 있을 정도이며, 이는 실제 업무를 수행하기 위한 실용지능과 정서·사회지능을 종합적으로 평가하기 위함이라고 할 수 있다. 따라서 언어적 사고와 수리적 사고를 익힌 뒤 문제해결에서 적극적으로 활용할 수 있도록 충실히 학습할 필요가 있다.

01 문제해결

다양한 업무 상황에 맞춘 자료를 제시하며, 자료에 나타난 조건이나 수치 등을 고려하여 답을 도출하는 문제들이 출제되고 있다. 사실상 L-TAB 직무적합진단에서 가장 비중이 높은 영역으로, 가격 계산과 같은 수리 문제부터 스케줄 관리, 고객 응대, 시스템 관리 매뉴얼 등 다종다양한 유형의 문제들이 출제되고 있다.

┤ 학습 포인트 ├

- 여러 가지 조건에 따른 결과를 도출하는 문제의 경우, 기준이 되는 조건에 다른 조건을 조합해 소거법으로 문제를 풀어나가는 것이 좋다.
- 표, 그래프, 계기판 등 다양한 형태의 자료를 눈에 익힌다. 실제 시험에서 자료가 제시되었을 때 중점을 두고 파악해야 할 부분이 더욱 선명하게 보일 것이다.
- 기본적으로 제시되는 정보의 양이 많기 때문에 질문을 읽은 후 바로 자료 분석에 들어가는 것보다는, 선택지를 먼저 읽고 필요한 정보만 추출하여 답을 찾는 것이 좋다.
- 심화된 전공지식은 아니더라도 기초적인 수준의 지식은 학습한다.
- 이론적인 부분만 생각하는 것이 아닌 활용이나 적용된 형태를 생각하여 학습한다.

02 상황판단

회사 안에서 마주할 수 있는 업무적 마찰이나 동료나 상사, 부하직원과의 관계에서 어떻게 행동할 것인지를 묻는 문제가 출제된다. 회사생활에서는 개인의 업무수행능력뿐만 아니라 주변 구성원들과 관계를 맺는 능력도 중요한데, 이를 통해 바람직한 사내 문화 형성은 물론, 효과적인 팀워크를 창출할 수 있기 때문이다. L-TAB 식부석합신난의 경부 술세 민노 빛 술세 가능싱은 낮시만, 인성검사에서 유사한 상황을 다루는 것은 물론 회사생활에서 실제로 일어날 수 있는 문제를 다루기 때문에 소홀히 할 수 없는 영역이다.

│ 학습 포인트 │

- 본래 상황판단의 경우 정답이 없는 영역으로 알려져 있지만 롯데그룹의 인재상과 지원한 직무의 특성을 자신의 성격과 성향을 연결시켜서 생각해 보면 최선의 결과를 얻을 수 있다. 그러나 지나치게 인재상에 맞춘 대답만 한다면 신뢰도를 의심받을 수 있으므로 주의해야 한다.
- 솔직하고 일관성 있는 답변을 해야 한다.
- 업무를 피하거나 돌발행동을 하는 등의 지나치게 극단적인 답을 하지 않도록 한다. 개인의 입장에서, 팀의 입장에서, 회사의 입장에서 최선의 선택이 무엇인지 고민하고 답을 고른다.

| 유형분석 |

- 업무 상황에서 주어진 조건을 고려하여 문제를 해결할 수 있는지 평가하는 유형이다.
- 제시된 자료를 모두 읽기보다는 필요한 정보만을 빠르게 찾아내는 것이 시간 관리에 도움이 된다.

L사는 사무실 리모델링을 하면서 기획조정 1 ~ 3팀과 미래전략 1 ~ 2팀, 홍보팀, 보안팀, 인사팀의 사무실 위치를 변경하였다. 다음 〈조건〉과 같이 적용되었을 때, 변경된 사무실 위치에 대한 설명으로 옳은 것은?

1실	2실	3실	4실
복도			
5실	6실	7실	8실

조건

- 기획조정 1팀과 미래전략 2팀은 홀수실이며, 복도를 사이에 두고 마주보고 있다.
- 홍보팀은 5실이다.
- 미래전략 2팀과 인사팀은 나란히 있다.
- 보안팀은 홀수실이며, 맞은편 대각선으로 가장 먼 곳에는 인사팀이 있다.
- 기획조정 3팀과 2팀은 한 실을 건너 나란히 있고 2팀이 3팀보다 실 번호가 높다.

① 인사팀은 6실에 위치한다.
② 미래전략 2팀과 기획조정 3팀은 같은 라인에 위치한다.
③ 기획조정 1팀은 기획조정 2팀과 3팀 사이에 위치한다.
④ 미래전략 1팀은 7실에 위치한다.
⑤ 보안팀은 3실에 위치한다.

다음의 논리 순서를 따라 주어진 조건을 정리하면 쉽게 접근할 수 있다.
• 두 번째 조건 : 홍보팀은 5실에 위치한다.
• 첫 번째 조건 : 홍보팀이 5실에 위치하므로, 마주보는 홀수실인 3실 또는 7실에 기획조정 1팀과 미래전략 2팀이 각각 위치한다.
• 네 번째 조건 : 보안팀은 남은 홀수실인 1실에 위치하고, 이에 따라 인사팀은 8실에 위치한다.
• 세 번째 조건 : 7실에 미래전략 2팀, 3실에 기획조정 1팀이 위치한다.
• 다섯 번째 조건 : 2실에 기획조정 3팀, 4실에 기획조정 2팀이 위치하고, 남은 6실에는 자연스럽게 미래전략 1팀이 위치함을 알 수 있다.

이 사실을 종합하여 주어진 조건에 따라 사무실을 배치하면 다음과 같다.

1실 – 보안팀	2실 – 기획조정 3팀	3실 – 기획조정 1팀	4실 – 기획조정 2팀
복도			
5실 – 홍보팀	6실 – 미래전략 1팀	7실 – 미래전략 2팀	8실 – 인사팀

따라서 기획조정 1팀(3실)은 기획조정 2팀(4실)과 3팀(2실) 사이에 위치한다.

오답분석
① 인사팀은 8실에 위치한다.
② 미래전략 2팀과 기획조정 3팀은 복도를 사이에 두고 위치한다.
④ 미래전략 1팀은 6실에 위치한다.
⑤ 보안팀은 1실에 위치한다.

30초 컷 풀이 Tip

실제 업무 상황과 유사해졌을 뿐, 본질은 언어이해 영역의 독해나 자료해석 영역의 자료계산과 크게 다르지 않다. 주어진 조건과 요구사항을 먼저 파악해 문제를 풀어나가야 한다.

| 유형분석 |

- 조직생활에서 발생하는 여러 가지 상황이 출제된다.
- 문제에서 제시하고 있는 입장에 따른 답을 요구한다.
- 정답이 없는 영역이므로 고민에 많은 시간을 소요하지 않도록 해야 한다.

A사원은 금요일에 예정된 팀 회식에 참석하기로 했다. 하지만 막상 회식 날인 금요일이 되니 이번 주 내내 한 야근으로 피로가 몰려와 회식을 다시 생각해보게 되었다. 주말인 내일도 부모님 가게 일을 도와드려야 한다는 사실이 생각나자 A사원은 팀장님에게 이번 회식에 참석하지 못할 것 같다고 말하려 한다. 그런데 팀장님은 이번 회식에 참여하지 않는 사원들 때문에 화가 많이 나 보인다. 이 상황에서 당신이 A사원이라면 어떻게 하겠는가?

① 팀장이 화가 많이 나 보이니 피곤해도 회식에 참석한다.

② 팀장에게 보고하지 않고 회식에 빠진다.

③ 아픈 척을 하며 회식에 못갈 것 같다고 말한다.

④ 팀장에게 자신의 상황을 솔직하게 말한다.

⑤ 친구에게 부탁하여 급한 일이 생긴 양 전화를 걸게 한 뒤 연기를 한다.

30초 컷 풀이 Tip

상황판단 영역의 문제에서 주어지는 상황들은 대체로 선택지를 하나만 고르기가 쉽지 않다. 이는 문제에서 주어지는 상황들이 주로 개인이 조직생활에서 중시하는 가치들 간의 충돌을 보여주고 있기 때문이다. 즉, 업무 성과, 개인의 체면, 평판, 인간관계와 같은 것들이 둘 이상 얽혀있다. 이에 대한 선택은 지원자 개개인의 가치관과 성향 등에 따라 달라질 수밖에 없을 것이다. 선택지를 하나만 고르기 어려운 경우에는 롯데그룹의 인재상을 떠올린다. 롯데그룹의 인재상은 '실패를 두려워하지 않는 인재, 실력을 키우기 위해 끊임없이 노력하는 인재, 협력과 상생을 아는 인재'이다.

4일 차

모의고사

※ 다음은 L사의 프로젝트 목록이다. 표를 보고 이어지는 질문에 답하시오. **[1~4]**

<표 제목: 프로젝트별 진행 세부사항>

구분	필요인원(명)	소요기간(개월)	기간	1인당 인건비(만 원)	진행비(만 원)
A프로젝트	46	1	2월	130	20,000
B프로젝트	42	4	2 ~ 5월	550	3,000
C프로젝트	24	2	3 ~ 4월	290	15,000
D프로젝트	50	3	5 ~ 7월	430	2,800
E프로젝트	15	3	7 ~ 9월	400	16,200

※ 1인당 인건비는 프로젝트가 끝날 때까지의 1인당 총인건비를 말한다.

01 모든 프로젝트를 완료하기 위해 필요한 최소 인원은 몇 명인가?(단, 프로젝트 참여자는 하나의 프로젝트를 끝내면 다른 프로젝트에 참여한다)

① 50명
② 65명
③ 92명
④ 107명
⑤ 117명

02 다음 중 L사의 A ~ E프로젝트를 인건비가 가장 적게 드는 순서대로 나열한 것은?

① A - C - E - D - B
② A - E - C - B - D
③ A - E - C - D - B
④ E - A - C - B - D
⑤ E - C - A - D - B

03 L사는 인건비와 진행비를 합산하여 프로젝트 비용을 산정하려고 한다. A ~ E프로젝트 중 총비용이 가장 적게 드는 것은 무엇인가?

① A프로젝트   ② B프로젝트

③ C프로젝트   ④ D프로젝트

⑤ E프로젝트

04 L사는 프로젝트 참여인원 중 일부의 휴가를 제공했다. 제시된 내용을 바탕으로 내린 A, B의 결론에 대한 판단으로 항상 옳은 것은?

> • L사의 직원 A, B, C, D의 휴가 기간은 3일이고, 주말은 휴가 일수에 포함되지 않는다.
> • A는 B보다 하루 일찍 휴가를 떠난다.
> • C는 B보다 이틀 늦게 휴가를 떠난다.
> • D는 C보다 하루 일찍 휴가를 떠난다.
> • B는 화요일에 휴가를 떠난다.

> • A : C는 금요일까지 휴가이다.
> • B : D는 금요일까지 휴가이다.

① A만 옳다.

② B만 옳다.

③ A, B 모두 옳다.

④ A, B 모두 틀리다.

⑤ A, B 모두 옳은지 틀린지 판단할 수 없다.

※ L회사의 해외영업팀은 팀 전체가 해외출장을 앞두고 있다. 해외출장에 앞서 총책임을 맡은 A팀장은 유의사항을 확인하기 위해 위기상황별 대처매뉴얼을 찾아보았다. 자료를 보고 이어지는 질문에 답하시오. **[5~8]**

〈위기상황별 대처매뉴얼〉

■ **영사콜센터 – 24시간 연중무휴**
- 이용방법
  - 국내 : 02)3210-0404(유료)
  - 해외 : +822-3210-0404(유료)
- 상담내용
  우리 국민 해외 사건·사고 접수, 신속해외송금지원제도 안내, 가까운 재외공관 연락처 안내 등 전반적인 영사민원 상담

■ **도난·분실 시**
- 재외공관(대사관 혹은 총영사관)에서 사건 관할 경찰서의 연락처와 신고방법 및 유의사항을 안내받습니다.
- 의사소통의 문제로 어려움을 겪을 경우, 통역 선임을 위한 정보를 제공받습니다.
- 여권 분실
  - 여권을 분실한 경우, 가까운 현지 경찰서를 찾아가 여권 분실 증명서를 만듭니다. 재외공관에 분실 증명서, 사진 2장(여권용 컬러사진), 여권번호, 여권발행일 등을 기재한 서류를 제출합니다. 급히 귀국해야 할 경우 여행 증명서를 발급받습니다.
  ※ 여권 분실에 대비해 여행 전 여권을 복사해두거나, 여권번호, 발행 연월일, 여행지 우리 공관 주소 및 연락처 등을 메모해둡니다. 단, 여권을 분실했을 경우 해당 여권이 위·변조되어 악용될 수 있다는 점에 유의바랍니다.
- 현금 및 수표 분실
  - 여행 경비를 분실·도난당한 경우, 신속해외송금지원제도를 이용합니다(재외공관 혹은 영사콜센터 문의).
  - 여행자 수표를 분실한 경우, 경찰서에 바로 신고한 후 분실 증명서를 발급받습니다.
- 항공권 분실
  - 항공권을 분실한 경우, 해당 항공사의 현지 사무실에 신고하고, 항공권 번호를 알려줍니다.
  ※ 분실에 대비해 항공권 번호가 찍혀 있는 부분을 미리 복사해 두고, 구매한 여행사의 연락처도 메모해둡니다.
- 수하물 분실
  - 수하물을 분실한 경우, 화물인수증(Claim Tag)을 해당 항공사 직원에게 제시하고, 분실 신고서를 작성합니다. 공항에서 짐을 찾을 수 없게 되면, 항공사에서 책임지고 배상합니다.
  ※ 현지에서 여행 중에 물품을 분실한 경우 현지 경찰서에 잃어버린 물건에 대해 신고를 하고, 해외여행자 보험에 가입한 경우 현지 경찰서로부터 도난 신고서를 발급받은 뒤, 귀국 후 해당 보험회사에 청구합니다.

---

05 해외출장지에 도착한 A팀장은 가방에 넣어 두었던 여권이 보이지 않자 도난상황임을 짐작하고 경찰서에 신고하였다. 하지만 어이없게도 여권이 A팀장의 주머니에서 발견되었다. 이 상황을 나타낸 사자성어로 가장 적절한 것은?

① 누란지위　　　　　　② 등하불명
③ 수구초심　　　　　　④ 조족지혈
⑤ 지란지교

06 다음 중 A팀장이 해외 출장 전 팀원들에게 당부할 내용으로 적절하지 않은 것은?

① 수하물을 분실했을 때 화물인수증이 없어도 해당 항공사 직원에게 항공권을 보여주면 항공사에서 책임지고 배상해주니 걱정하지 마세요.

② 여권 분실에 대비해서 여행 전 여권을 복사해두어야 합니다.

③ 여행 경비를 분실·도난당한 경우에 신속해외송금지원제도를 이용할 수 있으니 바로 제게 말씀해 주시기 바랍니다.

④ 항공권을 분실할 경우를 대비해 항공권 번호가 있는 부분을 일괄적으로 복사할 예정입니다.

⑤ 영사콜센터는 24시간 연중무휴로 운영되니 위급상황 시 주저하지 말고 전화하세요.

07 A팀장은 위기상황별 대처매뉴얼을 기반으로 유인물을 만들어 팀원들에게 나눠주었다. 다음 중 팀원들의 질문에 대한 A팀장의 답변으로 적절하지 않은 것은?

① B대리 : 만약 여권을 분실했는데 그 사실을 한국으로 돌아가기 전날 알았다면 어떻게 하죠?

   A팀장 : 급히 귀국해야 하는 경우이니 여행 증명서를 발급받으면 됩니다.

② C사원 : 현지에서 잃어버린 물품에 대해 가입한 해외여행자 보험사에 청구하려 할 때는 어떤 서류가 필요한가요?

   A팀장 : 현지 경찰서로부터 도난 신고서를 발급받으면 자동으로 해당 보험회사에 정보가 넘어가니 따로 제출할 서류는 없습니다.

③ D주임 : 여행자 수표를 분실했을 때는 어떻게 해야 하나요?

   A팀장 : 경찰서에 바로 신고한 후 분실 증명서를 발급받습니다.

④ E사원 : 여행 경비를 강도에게 뺏기고 당장 쓸 돈이 한 푼도 없다면 어떻게 하나요?

   A팀장 : 영사관에서 제공하는 신속해외송금지원제도를 이용하면 됩니다. 재외공관이나 영사콜센터에 문의하면 자세히 가르쳐 줍니다.

⑤ F사원 : 영사콜센터는 무료로 이용 가능한가요?

   A팀장 : 영사콜센터는 유료이며 우리 국민의 해외 사건·사고 접수, 가까운 재외공관 연락처 안내, 신속해외송금지원제도 안내 등 전반적인 영사민원을 상담하고 있습니다.

08 비행기가 순항 중일 때에는 860km/h의 속력으로 날아가고, 기상이 악화되면 40km/h의 속력이 줄어든다. 해외출장을 갈 때 3시간 30분 동안 비행하는 데 15분 동안 기상이 악화되었다면 날아간 거리는 총 몇 km인가?

① 2,850km

② 2,900km

③ 2,950km

④ 3,000km

⑤ 3,050km

※ L회사의 컴퓨터기기 유지 및 보수 업무를 담당하는 Y사원은 A ~ C 세 부서에서 받은 컴퓨터 점검 및 수리 요청 내역과 수리요금표를 다음과 같이 정리하였다. 자료를 보고 이어지는 질문에 답하시오. [9~12]

〈점검 · 수리 요청 내역〉

구분	수리 요청 내역	요청인원(명)	비고
A부서	RAM 8GB 교체	12	• 요청인원 중 3명은 교체 및 1개 더 추가설치 희망
	SSD 250GB 추가 설치	5	–
	프로그램 설치	20	• 문서작성 프로그램 : 10명 • 3D그래픽 프로그램 : 10명
B부서	HDD 1TB 교체	4	• 요청인원 모두 교체 시 HDD 백업 희망
	HDD 포맷 · 배드섹터 수리	15	–
	바이러스 치료 및 백신 설치	6	–
C부서	외장 VGA 설치	1	–
	HDD 데이터 복구	1	• 원인 : 하드웨어적 증상 • 복구용량 : 270GB
	운영체제 설치	4	• 회사에 미사용 정품 설치 USB 보유

※ HDD 데이터 복구의 경우 서비스센터로 PC를 가져가 진행한다.

〈수리요금표〉

구분	수리 내역		서비스비용(원)	비고
H/W	교체 및 설치	RAM(8GB)	8,000	부품비용 : 96,000원
		HDD(1TB)	8,000	부품비용 : 50,000원
		SSD(250GB)	9,000	부품비용 : 110,000원
		VGA(포스 1060i)	10,000	부품비용 : 300,000원
	HDD 포맷 · 배드섹터 수리		10,000	–
	HDD 백업		100,000	–
S/W	프로그램 설치		6,000	그래픽 관련 프로그램 설치 시 개당 추가 1,000원의 비용 발생
	바이러스 치료 및 백신 설치		10,000	–
	운영체제 설치		15,000	정품 미보유 시 정품 설치 USB 개당 100,000원의 비용 발생
	드라이버 설치		7,000	–
데이터 복구	하드웨어적 원인(~ 160GB)		160,000	초과용량의 경우 1GB당 5,000원의 비용 발생
	소프트웨어적 원인		180,000	–

※ 프로그램 · 드라이버 설치 서비스비용은 개당 비용이다.
※ H/W를 교체 · 설치하는 경우 수리요금은 서비스비용과 부품비용을 합산하여 청구한다.
※ 하나의 PC에 같은 부품을 여러 개 교체 · 설치하는 경우 부품의 개수만큼 서비스비용이 발생한다.

09 A부서의 수리 요청 내역별 수리요금이 바르게 짝지어진 것은?

	수리 요청 내역	수리요금
①	RAM 8GB 교체	1,248,000원
②	RAM 8GB 교체	1,560,000원
③	SSD 250GB 추가설치	575,000원
④	프로그램 설치	120,000원
⑤	프로그램 설치	131,000원

10 B부서의 요청 내역을 모두 진행했을 때, 청구되어야 할 수리비용을 바르게 구한 것은?

① 742,000원   ② 778,000원

③ 800,000원   ④ 842,000원

⑤ 888,000원

11 HDD 데이터 복구를 요청한 C부서의 U과장이 Y사원에게 PC를 며칠 후에 받을 수 있는지를 물었다. 다음을 참고할 때, Y사원이 U과장에게 안내할 기간은?

〈데이터 복구 관련 안내문〉

• 복구 전 진단을 시행하며, 이때 소요되는 시간은 2시간입니다.

• 시간당 데이터 복구량은 7.5GB입니다.

• 수리를 마친 다음 날 직접 배송해드립니다.

---

① 1일   ② 2일

③ 3일   ④ 4일

⑤ 5일

12 Y사원은 HDD 데이터 복구를 위해 회사에서 2km 떨어진 서비스센터에 간다. 처음에는 분속 80m의 속력으로 걷다가 늦을 것 같아 속력을 두 배로 올렸더니 총 20분이 걸렸다. 분속 80m로 걸은 거리는?

① 600m   ② 800m

③ 1,000m   ④ 1,200m

⑤ 1,400m

※ L사 인사팀에 근무하고 있는 C대리는 A사원과 B차장의 승진심사를 위해 다음과 같이 표를 작성하였다. 자료를 보고 이어지는 질문에 답하시오. [13~16]

<승진심사 점수표>

(단위 : 점)

구분	직급	업무			업무평점	능력	태도	승진심사 평점
		업무실적	개인평가	조직기여도				
총무팀	A사원	86	70	80		80	60	
자산팀	B차장	80	85	90		77	85	85

※ 승진심사 평점은 업무평점 80%, 능력 10%, 태도 10%로 계산한다.
※ 승진심사 평점이 80점 이상이면 승진이다.
※ 업무평점은 직급에 따라 다음과 같은 계산식이 적용된다.
  직급에 따른 업무항목별 ㉠ <u>계산</u> 기준
  – 사원 ~ 대리 : (업무실적)×0.5+(개인평가)×0.3+(조직기여도)×0.2
  – 과장 ~ 부장 : (업무실적)×0.3+(개인평가)×0.2+(조직기여도)×0.5

13 B차장의 업무평점을 바르게 계산한 것은?

① 78점　　　　　　　　　② 80점
③ 83점　　　　　　　　　④ 86점
⑤ 89점

14 A사원의 승진심사 평점을 바르게 계산한 것은?

① 65점　　　　　　　　　② 70점
③ 78점　　　　　　　　　④ 82점
⑤ 84점

15 다음 중 ㉠과 같은 의미로 쓰인 것은?

① B차장은 오늘 지출한 전체 매출과 비용을 <u>계산</u>해보았다.
② A사원은 법인카드로 점심식사를 <u>계산</u>했다.
③ 그는 <u>계산</u>에 밝은 편이야.
④ 계획을 세울 때에는 뜻하지 않은 일도 <u>계산</u>해두는 게 좋지.
⑤ C대리는 이것저것 <u>계산</u>하지 않고 한 길만 고집하는 우직한 사람이야.

16 A사원이 승진심사 결과 이후 가져야 할 마음가짐으로 가장 적절한 것은?

① 각골통한(刻骨痛恨)　　　② 비분강개(悲憤慷慨)
③ 원철골수(怨徹骨髓)　　　④ 교아절치(咬牙切齒)
⑤ 절차탁마(切磋琢磨)

※ L사 영업팀 A ~ G 7명은 연수원으로 워크숍을 가게 되었다. 연수원 1층에 방 3개, 2층에 방 2개를 빌렸고 방 배정기준이 다음과 같을 때, 이어지는 질문에 답하시오. [17~20]

- 1인용 방은 꼭 혼자 사용해야 하고, 2인용 방은 혼자 또는 두 명이 사용할 수 있다.
- 1인용 방은 각 층에 하나씩 있으며, D와 F가 사용한다.
- A와 F는 2층을 사용한다.
- B와 G는 같은 방을 사용한다.
- C와 E는 다른 층을 사용한다.

17 A와 방을 함께 쓸 사람은 누구인가?

① C 또는 E   ② F 또는 D

③ E 또는 G   ④ B 또는 G

⑤ C 또는 F

18 1층은 몇 명이 사용하는가?

① 2명   ② 3명

③ 4명   ④ 5명

⑤ 알 수 없음

19 E가 1층을 사용할 경우, C는 몇 층에서 누구와 방을 쓰는가?

① 1층 – B   ② 1층 – 혼자

③ 2층 – A   ④ 2층 – F

⑤ 1층 – G

20 2층은 몇 명이 사용하는가?

① 1명   ② 2명

③ 3명   ④ 4명

⑤ 알 수 없음

※ 다음은 L사의 성과급 기준 규정이다. 이를 보고 이어지는 질문에 답하시오. [21~24]

〈성과급 지급 규정〉

제1조(성과급의 정의)
성과급이란 조직원의 사기진작과 합리적인 임금 체계 구축을 위해 평가된 결과에 따라 차등 지급되는 보수를 말한다.

제2조(지급대상)
① 성과연봉의 지급대상자는 성과평가 대상기간 중 1개월 이상의 기간 동안 L사에 직원으로 근무한 자로 한다.
② 제1항의 근무기간에 휴직기간, 징계기간, 지위해제기간, 결근기간은 포함하지 않는다.
③ 1개월 이상 L사 직원으로 근무하였음에도 성과평가 결과를 부여받지 못한 경우에는 최하등급 기준으로 성과연봉을 지급한다.

제3조(평가시기)
평가는 분기별로 1회씩 이루어진다.

제4조(평가기준)
평가항목과 가중치에 따라 다음과 같은 기준을 제시한다.

구분	전문성	유용성	수익성
가중치	0.3	0.2	0.5

제5조(점수별 등급)
성과평가 점수에 따른 평가등급을 다음과 같이 제시한다.

구분	9.0 이상	8.0 이상 ~ 9.0 미만	7.0 이상 ~ 8.0 미만	6.0 이상 ~ 7.0 미만	5.0 이상 ~ 6.0 미만
평가등급	S등급	A등급	B등급	C등급	D등급

제6조(지급기준)
평가등급에 따라 다음과 같이 지급한다.

구분	S등급	A등급	B등급	C등급	D등급
지급액	100만 원	80만 원	60만 원	40만 원	20만 원

21 다음 중 성과급 지급 규정에 대해 제대로 이해하지 못하고 있는 사람은 누구인가?

① A사원 : 성과연봉을 받기 위해서는 성과평가 대상기간 중 1개월 이상의 기간은 직원으로 L사에서 근무해야 해.

② B사원 : 맞아. 1개월 이상 L사 직원으로 근무하였음에도 성과평가 결과를 부여받지 못한 경우에는 성과연봉이 하나도 지급되지 않아.

③ C사원 : 성과급 평가기준은 전문성, 유용성, 수익성으로 나뉘는데, 수익성> 전문성> 유용성 순으로 가중치가 커.

④ D사원 : 성과평가는 분기별로 한 번씩 이루어져.

⑤ E사원 : A가 말한 근무기간에 휴직기간, 징계기간, 지위해제기간, 결근기간은 포함하지 않아.

22 L사에 근무하는 O대리의 평가점수가 다음과 같다고 할 때 1년 동안 총 얼마의 성과급을 받는가?

(단위 : 점)

구분	전문성	유용성	수익성
1분기	6	8	7
2분기	7	7	6
3분기	8	6	7
4분기	7	8	9

① 200만 원
② 210만 원
③ 220만 원
④ 230만 원
⑤ 240만 원

23 성과급 지급 규정의 평가기준에서 수익성의 비중을 높여 전문성 0.3, 유용성 0.2, 수익성 0.6으로 가중치를 변경한다면, **22**번에서 계산한 O대리의 1년 총성과급보다 얼마나 증가하는가?

① 40만 원
② 50만 원
③ 60만 원
④ 70만 원
⑤ 80만 원

24 A사원과 B사원은 성과급을 받을 자격이 된다. A가 S등급을 받지 못할 확률이 $\frac{2}{3}$이고 B가 S등급을 받을 확률이 60%일 때 A, B 둘 다 S등급을 받을 확률은?

① 20%
② 30%
③ 40%
④ 50%
⑤ 60%

※ 다음은 L기업의 인사·총무팀 K사원이 해결해야 할 업무들을 두서없이 적어놓은 표이다. 오늘이 7월 12일 화요일이라고 할 때, 다음 업무 목록을 보고 이어지는 질문에 답하시오. [25~28]

〈업무 목록〉

업무 내용	필요기간	업무(완수)일
▶ 팀워크 향상 교육 결과 보고서 제출	4일	08.31
▶ 2차 팀워크 향상 교육 준비 / 확인	3일	08.10
▶ 자동문 수리 기사 방문(오전 11 ~ 12시 사이)	1시간	07.11
▶ 급여 계산 완료 및 결재 요청	5일	08.11
▶ 1차 팀워크 향상 교육 준비	4일	07.27
▶ 급여 이체의뢰서 작성 및 지급 은행 제출	3시간	07.14
▶ 사내 비치용 다과 구입	1시간	07.13
▶ 3차 팀워크 향상 교육 준비	3일	08.24
▶ 급여 이체의뢰서 작성 및 지급 은행 제출	3시간	08.14

• 매주 월요일 : 커피 머신 청소(30분)
  – 출근 후 시간이 충분할 경우 주간회의 시작 전에 완료할 것
• 매주 월요일 : 주간회의 준비(20분) 및 진행(40분)
  – 회의 시작 시간 : 첫째 주, 셋째 주 오전 10시 / 둘째 주, 넷째 주 오전 9시 30분
• 에어컨 필터 교체 기사 방문(7월 21일 14시 ~ 14시 30분 사이, 소요시간 2시간)

※ 출근 시간은 오전 9시이다.
※ 업무(완수)일은 필요기간에 포함하지 않는다.
※ 주말에는 업무를 보지 않고, 업무(완수)일이 주말이면 금요일까지 완수한다.
※ 기사 방문 시 K사원은 자리를 비울 수 없다.

25 다음 중 K사원이 매주 반복적으로 수행해야 하는 업무는 총 몇 가지인가?

① 2가지
② 3가지
③ 4가지
④ 5가지
⑤ 6가지

26 다음 중 7월 1일부터 내일까지 K사원이 완료해야 할 업무가 아닌 것은?

① 커피 머신 청소
② 자동문 수리 기사 방문 확인
③ 급여 이체의뢰서 작성 및 지급 은행 제출
④ 주간회의 준비 및 진행
⑤ 사내 비치용 다과 구입

27 K사원은 업무 능력 향상을 위해 인사·노무 관련 교육을 이수해야 한다. 다음 중 교육 수강이 불가능한 날은?

① 7월 18일 11:30 ~ 16:30
② 7월 19일 14:00 ~ 18:00
③ 7월 20일 09:00 ~ 14:00
④ 7월 21일 10:00 ~ 15:00
⑤ 7월 22일 11:00 ~ 16:00

28 K사원이 8월 첫째 주에 처리해야 하는 업무 중 먼저 착수해야 하는 순서대로 나열한 것은?

① 주간회의 준비 및 진행 → 급여 계산 완료 및 결재 요청 → 커피 머신 청소 → 2차 팀워크 향상 교육 준비
② 커피 머신 청소 → 주간회의 준비 및 진행 → 2차 팀워크 향상 교육 준비 → 급여 계산 완료 및 결재 요청
③ 주간회의 준비 및 진행 → 커피 머신 청소 → 2차 팀워크 향상 교육 준비 → 급여 계산 완료 및 결재 요청
④ 커피 머신 청소 → 주간회의 준비 및 진행 → 급여 계산 완료 및 결재 요청 → 2차 팀워크 향상 교육 준비
⑤ 커피 머신 청소 → 급여 계산 완료 및 결재 요청 → 주간회의 준비 및 진행 → 2차 팀워크 향상 교육 준비

※ L회사 직원들은 네덜란드로 해외연수를 가려고 한다. 이어지는 질문에 답하시오. [29~32]

<table>
<tr><th colspan="6">〈이용가능 항공편 세부사항〉</th></tr>
<tr><th>항공편</th><th>출발시간(한국시각)</th><th>경유시간</th><th>소요시간</th><th>편도 가격</th><th>할인행사</th></tr>
<tr><td>SP – 340</td><td>2023년 5월 10일 오후 2시</td><td></td><td>11시간 50분</td><td>87만 원</td><td>왕복 구매 시 10% 할인</td></tr>
<tr><td>GE – 023</td><td>2023년 5월 10일 오전 9시</td><td>5시간</td><td>10시간 30분</td><td>70만 원</td><td></td></tr>
<tr><td>NL – 110</td><td>2023년 5월 10일 오후 2시 10분</td><td></td><td>11시간 10분</td><td>85만 원</td><td>왕복 구매 시 5% 할인</td></tr>
<tr><td>KR – 730</td><td>2023년 5월 10일 오후 12시</td><td></td><td>12시간 55분</td><td>88만 원</td><td></td></tr>
<tr><td>AR – 018</td><td>2023년 5월 10일 오후 1시</td><td></td><td>12시간 50분</td><td>90만 원</td><td>10인 이상 구매 시
총금액에서 15% 할인</td></tr>
<tr><td>OL – 038</td><td>2023년 5월 10일 오전 10시 30분</td><td>3시간</td><td>10시간 30분</td><td>80만 원</td><td></td></tr>
</table>

보기

• 해외연수를 떠나는 직원은 총 10명이다.
• 네덜란드와 한국의 시차는 8시간이며 한국이 더 빠르다.
• 왕복 항공권 가격은 편도 가격의 2배와 같다.
• 소요시간에 경유시간은 포함되지 않는다.

29 다음 중 네덜란드와 한국 간 왕복 항공편을 예매할 때, 가장 저렴한 비용으로 이용할 수 있는 항공편은?

① SP – 340
② GE – 023
③ NL – 110
④ KR – 730
⑤ AR – 018

30 해외연수 첫째 날 네덜란드 현지시각으로 2023년 5월 10일 오후 5시에 네덜란드 농민과의 만찬이 예정되어 있다면 다음 중 어떤 항공편을 이용해야 하는가?(단, 가능한 항공편 중 경유시간이 짧은 항공편을 선택하며, 네덜란드 공항에서 만찬 장소까지는 5분이 소요된다)

① SP – 340
② GE – 023
③ NL – 110
④ KR – 730
⑤ AR – 018

31 일정이 변경되어 네덜란드 현지시각으로 2023년 5월 10일 오후 4시에 네덜란드 공항에서 연수담 당자를 만나기로 했다. 다음 중 이용할 수 있는 항공편은?(단, 다른 이동시간은 모두 무시한다)

① GE – 023　　　　　　　　② NL – 110

③ KR – 730　　　　　　　　④ AR – 018

⑤ OL – 038

4일 차

32 L회사에서 공항까지 시속 40km로 갈 때와 시속 45km로 갈 때 걸리는 시간이 10분 차이가 난다. 이때 L회사에서 공항까지의 거리는?

① 50km　　　　　　　　② 60km

③ 70km　　　　　　　　④ 80km

⑤ 90km

※ 다음은 L사의 회의에 사용될 '블라인드 채용'에 대한 글이다. 이어지는 질문에 답하시오. [33~36]

인사 담당자 또는 면접관이 지원자의 학벌, 출신 지역, 스펙 등을 평가하는 기존 채용 방식에서는 기업 성과에 필요한 직무능력 외 기타요인에 의한 불공정한 채용이 만연했다. 한 설문조사에서 구직자의 77%가 불공정한 채용 평가를 경험한 적이 있다고 답했으며, 그에 따라 대다수의 구직자들은 기업의 채용 공정성을 신뢰하지 않는다고 응답했다. 이러한 스펙 위주의 채용으로 기업, 취업 준비생 모두에게 시간적・금전적 비용이 과잉 발생하게 되었고, 직무에 적합한 인성・역량을 보여줄 수 있는 제도인 블라인드 채용이 대두되기 시작했다.

블라인드 채용이란 입사지원서, 면접 등의 채용 과정에서 편견이 개입돼 불합리한 차별을 초래할 수 있는 출신지, 가족관계, 학력, 외모 등의 항목을 걷어내고 실력, 즉 직무 능력만으로 인재를 평가해 채용하는 방식이다. 서류 전형은 없애거나 블라인드 지원서로 대체하고, 면접 전형은 블라인드 오디션 또는 면접으로 진행함으로써 실제 지원자가 가진 직무 능력을 가릴 수 있는 요소들을 배제하고 직무에 적합한 지식, 기술, 태도 등을 종합적으로 평가한다. 서류 전형에서는 모든 지원자에게 공정한 기회를 제공하고, 필기 및 면접 전형에서는 기존에 열심히 쌓아온 실력을 검증한다. 또한 지원자가 쌓은 경험과 능력, 학교생활을 하며 양성한 지식, 경험, 능력 등이 모두 평가 요소이기에 그간의 노력이 저평가되거나 역차별 요소로 작용하지 않는다.

블라인드 채용의 서류 전형은 무서류 전형과 블라인드 지원서 전형으로 구분된다. 무서류 전형은 채용 절차 진행을 위한 최소한의 정보만을 포함한 입사지원서를 접수하되 이를 선발 기준으로 활용하지 않는 방식이다. 블라인드 지원서 전형에는 입사지원서에 최소한의 정보만 수집하여 선발 기준으로 활용하는 방식과 블라인드 처리되어야 할 정보까지 수집하되 온라인 지원서상 개인정보를 암호화하거나 서면 이력서상 마스킹 처리를 하는 등 채용담당자는 볼 수 없도록 기술적으로 처리하는 방식이 있다. 면접 전형의 블라인드 면접에는 입사지원서, 인・적성검사 결과 등의 자료 없이 면접을 진행하는 무자료 면접 방식과 면접관의 인지적 편향을 유발할 수 있는 항목을 제거한 자료를 기반으로 면접을 진행하는 방식이 있다. 이와 달리 블라인드 오디션은 오디션으로 작업 표본, 시뮬레이션 등을 수행하도록 함으로써 지원자의 능력과 기술을 평가하는 방식이다.

한편 ㉠ 기존 채용, ㉡ 국가직무능력표준(NCS) 기반 채용, ㉢ 블라인드 채용의 3가지 채용 모두 채용 공고, 서류 전형, 필기 전형, 면접 전형 등으로 채용 프로세스는 같지만 전형별 세부 사항과 취지에 차이가 있다. 기존의 채용은 기업이 지원자에게 자신이 인재임을 스스로 증명하도록 요구해 무분별한 스펙 경쟁을 유발했던 반면, NCS 기반 채용은 기업이 직무별로 원하는 요건을 제시하고 지원자가 자신의 준비 정도를 증명해 목표 지향적인 능력・역량 개발을 촉진한다. 블라인드 채용은 선입견을 품을 수 있는 요소들을 전면 배제해 실력과 인성만으로 평가받도록 구성한 것이다.

33 다음 중 '블라인드 채용'의 등장 배경으로 적절하지 않은 것은?

① 대다수의 구직자들은 기존 채용 방식의 공정성을 신뢰하지 못했다.

② 기존 채용 방식으로는 지원자의 직무에 적합한 인성・역량 등을 제대로 평가할 수 없었다.

③ 구직자의 77%가 불공정한 채용 평가를 경험했을 만큼 불공정한 채용이 만연했다.

④ 스펙 위주의 채용으로 인해 취업 준비생에게 시간적・금전적 비용이 과도하게 발생하였다.

⑤ 지원자의 직무 능력을 가릴 수 있는 요소들을 배제하는 기존의 방식이 불합리한 차별을 초래했다.

34 다음 중 '블라인드 채용'을 이해한 내용으로 적절한 것은?

① 무서류 전형에서는 입사지원서를 제출할 필요도 없겠어.

② 블라인드 온라인 지원서의 암호화된 지원자의 개인정보는 채용담당자만 볼 수 있어.

③ 별다른 자료 없이 진행되는 무자료 면접의 경우에도 인·적성검사 결과는 필요하군.

④ 블라인드 면접관은 선입견을 유발하는 항목이 제거된 자료를 기반으로 면접을 진행하기도 해.

⑤ 서류 전형을 없애면 기존에 쌓아온 능력·지식·경험 등은 아무런 쓸모가 없겠어.

35 다음 중 밑줄 친 ㉠~㉢에 대한 설명으로 적절하지 않은 것은?

① ㉠이 경우 기업은 지원자에게 자신이 적합한 인재임을 스스로 증명하도록 요구한다.

② ㉠~㉢은 모두 채용 공고, 서류 전형, 필기 전형, 면접 전형 등의 동일한 채용 프로세스로 진행된다.

③ ㉡은 ㉠과 달리 기업이 직무별로 필요한 조건을 제시하면 지원자는 이에 맞춰 자신의 준비 정도를 증명해야 한다.

④ ㉢은 선입견 요소들을 모두 배제하여 지원자의 실력과 인성만을 평가한다.

⑤ ㉠과 ㉡은 지원자가 자신의 능력을 증명해야 하므로 지원자들의 무분별한 스펙 경쟁을 유발한다.

36 L사의 A~F팀은 월요일부터 토요일까지 하루에 2팀씩 함께 회의를 진행한다. 다음 〈조건〉을 참고할 때, 반드시 참인 것은?(단, 월요일부터 토요일까지 각 팀의 회의 진행 횟수는 서로 같다)

조건

• 오늘은 목요일이고 A팀과 F팀이 함께 회의를 진행했다.
• B팀은 A팀과 연이은 요일에 회의를 진행하지 않는다.
• B팀은 오늘을 포함하여 이번 주에는 더 이상 회의를 진행하지 않는다.
• C팀은 월요일에 회의를 진행했다.
• D팀과 C팀은 이번 주에 B팀과 한 번씩 회의를 진행한다.
• A팀과 F팀은 이번 주에 이틀을 연이어 함께 회의를 진행한다.

---

① E팀은 수요일과 토요일 하루 중에만 회의를 진행한다.

② 화요일에 회의를 진행한 팀은 B팀과 E팀이다.

③ C팀과 E팀은 함께 회의를 진행하지 않는다.

④ C팀은 월요일과 수요일에 회의를 진행했다.

⑤ F팀은 목요일과 금요일에 회의를 진행한다.

※ 다음은 사내교육에 쓰일 자료이다. 이를 읽고 이어지는 질문에 답하시오. [37~40]

(가) 이러한 세계적인 추세와는 다르게 우리나라 국가 정책에서 천연가스의 역할은 그 잠재력이 충분히 발현되지 못하는 방향으로 진행되고 있어 우려가 높아지고 있다. 우리나라는 거의 모든 천연가스를 수입에 의존하고 있기 때문에 가스 부국들의 에너지 환경을 그대로 적용하기에는 무리가 있다. 여기에 최근의 저유가 기조, 글로벌 LNG 가격의 하락, 국제 및 국내 가스 수요의 둔화 등 급변하는 에너지 시장의 여건도 고려해야 할 과제에 포함된다.

(나) 그러나 이러한 난제들이 신기후체제에서 천연가스의 역할에 대한 기대를 본질적으로 바꿀 수는 없을 것이다. 국가의 에너지 선택은 경제성장, 수급 여건, 인프라, 연관 산업 등과 광범위하고도 매우 밀접한 영향을 주고받는다. 이러한 이유로 단시간 내에 한 국가의 에너지 정책에 있어 획기적인 변화의 예는 찾아보기 어려웠다. 이제 그 어려운 에너지 선택에서 신기후체제라는 새로운 제약조건이 국제 사회의 전면에서 부각되고 있는 것이다. 파리협약 타결 초기에 팽배했던 국제사회의 동조와 자발적인 참여 등 협약의 이행상 구속력에 대한 불투명성이 빠른 속도로 해소되고 있다. 우리나라가 이미 표방한 온실가스 감축 목표 달성이 전제되는 한, 국가 에너지 정책상 선택은 더 이상 석탄이냐 가스냐 하는 양자택일의 문제를 넘어선지 오래이다. 수급 안정성과 경제성 측면에서 천연가스의 역할에 대한 잠재력을 최대한 실현하는 정책의지와 구체적인 이행 방안이 위에서 언급한 여러 에너지 정책에 효과적으로 반영되어야 할 것이다.

(다) 천연가스가 화석연료라는 큰 틀에서 공통의 감축 대상임은 분명하지만, 천연가스는 석유와 석탄 대비 오염물질과 온실가스 배출량이 낮고, 발전소 건설이 용이하며, 운영상의 부하추종이 용이하다는 경쟁력이 있다. 천연가스가 온실가스 배출량 감축의 실행적인 측면에서 석유, 석탄 등 기존의 주요 화석에너지를 대체하는 에너지원이라는 점이 미국, EU 등 주요국의 사례에서 확인되고 있다. 이런 이유로 새로이 시작되는 신기후체제에서 석탄을 가스로 대체하려는 움직임은 당연한 방향으로 여겨지고 있다. 또한 궁극적으로 신재생에너지로의 전환과정에서 필수불가결한 _____을 담당하는 에너지원으로서 국가에너지 믹스에서의 역할이 더욱 기대되고 있다.

37 윗글을 논리적 순서대로 바르게 나열한 것은?

① (가) – (나) – (다)   ② (나) – (가) – (다)
③ (나) – (다) – (가)   ④ (다) – (가) – (나)
⑤ (다) – (나) – (가)

38 윗글의 빈칸에 들어갈 말로 알맞은 것은?

① 심의 역할   ② 가교 역할
③ 대체 역할   ④ 리더 역할
⑤ 필수 역할

39 윗글의 주제로 가장 적절한 것은?

① 신재생에너지로서의 천연가스

② 신기후체제에 맞선 천연가스의 반란

③ 화석연료의 오해와 진실

④ 국가 에너지 믹스에서 천연가스 역할

⑤ 신기후체제의 신재생에너지

40 윤부장은 이번 주 교육시간이 끝나고 막간을 이용해 한자성어 몇 가지를 말할 생각이다. 윤부장이 정리한 자료 중 수정이 필요한 내용은?

① 겉과 속이 너무 다른 사람은 가까이 하지 말아야 해. : 부화뇌동(附和雷同)

② 전부터 사려던 물건이어서 관심을 보였더니 받을 수 있는 혜택들이라면서 엄청 강조하다가 막상 사려고 결정하니까 말을 은근슬쩍 바꾸는 거 있지. : 조삼모사(朝三暮四)

③ 자기의 속마음까지 알아주는 친구가 있다는 것은 정말 행복한 거야. : 지음(知音)

④ 손바닥 뒤집듯이 말을 너무 쉽게 바꾸는 것은 매우 나쁜 습관이야. : 여반장(如反掌)

⑤ 힘들어도 참고 견디더니 잘 돼서 진짜 다행이야. : 고진감래(苦盡甘來)

아이들이 답이 있는 질문을 하기 시작하면 그들이 성장하고 있음을 알 수 있다.

- 존 J. 플롬프 -

5일 차

조직적합진단 / 면접

01 조직적합진단

5일 차

01 개요

새롭게 변화한 롯데그룹 조직적합진단(이하 인성검사라 한다)은 롯데그룹의 인재상과 부합하는 인재인지 평가하는 테스트로 직무적합진단 이전에 온라인으로 진행된다. 주로 지원자의 개인 성향이나 인성에 관한 질문으로 되어 있으며 1시간의 풀이시간이 주어진다.

02 인성검사 수검요령

인성검사는 특별한 수검요령이 없다. 다시 말하면 모범답안이 없고, 정답이 없다는 이야기이다. 국어 문제처럼 말의 뜻을 풀이하는 것도 아니다. 굳이 수검요령을 말하자면, 진실하고 솔직한 생각이 최고의 답변이라고 할 수 있을 것이다.

인성검사에서 가장 중요한 것은 첫째, 솔직한 답변이다. 지금까지 경험을 통해서 축적한 자신의 생각과 행동을 거짓 없이 솔직하게 기재하는 것이다. 예를 들어, '나는 타인의 물건을 훔치고 싶은 충동을 느껴본 적이 있다.'란 질문에 지원자들은 많은 생각을 하게 된다. 생각해 보라. 유년기에 또는 성인이 되어서 타인의 물건을 훔치는 일을 저지른 적은 없더라도, 훔치고 싶은 충동은 조금이라도 느껴보았을 것이다. 그런데 이 질문에 고민을 하는 사람이 간혹 있다. 이 질문에 '예'라고 대답하면 담당 검사관들이 나를 사회적으로 문제가 있는 사람으로 여기지는 않을까 하는 생각에 '아니요'라는 답을 기재하게 된다. 이런 솔직하지 않은 답변이 답변의 신뢰와 솔직함을 나타내는 타당성 척도에 좋지 않은 점수를 주게 된다.

둘째, 일관성 있는 답변이다. 인성검사의 수많은 질문 문항 중에는 비슷한 뜻의 질문이 여러 개 숨어 있는 경우가 많다. 그 질문들은 지원자의 솔직한 답변과 심리적인 상태를 알아보기 위해 내포되어 있는 문항들이다. 예컨대 '나는 유년시절 타인의 물건을 훔친 적이 있다.'라는 질문에 '예'라고 대답했는데, '나는 유년시절 타인의 물건을 훔쳐보고 싶은 충동을 느껴본 적이 있다.'라는 질문에는 '아니요'라는 답을 기재한다면 어떻겠는가. 일관성 없이 '대충 기재하자.'라는 식의 심리적 무성의한 답변이 되거나, 정신적으로 문제가 있는 사람으로 보일 수 있다.

인성검사는 많은 문항을 풀어야 하므로 지원자들은 지루함과 따분함, 반복되는 비슷한 질문에 대한 인내력 상실 등을 경험할 수 있다. 인내를 가지고 솔직한 내 생각을 대답하는 것이 무엇보다 중요한 요령이다.

(1) 충분한 휴식으로 불안을 없애고 정서적인 안정을 취한다. 심신이 안정되어야 자신의 마음을 표현할 수 있다.

(2) 생각나는 대로 솔직하게 응답한다. 자신을 너무 과대포장하지도, 너무 비하하지도 마라. 답변을 꾸며서 하면 앞뒤가 맞지 않게끔 구성돼 있어 불리한 평가를 받게 된다. 무엇보다 제일 중요한 것은 솔직하게 답하는 것이다.

(3) 검사문항에 대해 지나치게 생각해서는 안 된다. 지나치게 몰두하면 엉뚱한 답변이 나올 수 있으므로 불필요한 생각은 삼간다.

(4) 검사시간에 유의해야 한다. 인성검사에 주어진 시간은 문항 수에 비하면 굉장히 짧은 시간이다. 때문에 지나치게 의식하고 풀면 주어진 문항을 다 풀기 어렵다.

(5) 인성검사는 문항 수가 많기에 자칫 건너뛰거나 다 풀지 못하는 경우가 있는데, 가능한 모든 문항에 답해야 한다. 응답하지 않은 문항이 많을 경우 평가자가 정확한 평가를 내리지 못해 불리한 평가를 내릴 수 있기 때문이다.

다음 문항을 읽고, 자신의 성향과 가까운 정도에 따라 1 ~ 7점을 부여한다(① 매우 그렇지 않다, ② 거의 그렇지 않다, ③ 조금 그렇지 않다, ④ 보통이다, ⑤ 조금 그렇다, ⑥ 거의 그렇다, ⑦ 매우 그렇다). 그리고 3개의 문장에서 자신과 가장 가까운 것과 가장 먼 것에 체크하시오.

문항군	응답 1							응답 2	
	전혀 아님	《	보통	》	매우 그러함			멀다	가깝다
A. 나는 팀원들과 함께 일하는 것을 좋아한다.	①	❷	③	④	⑤	⑥	⑦	●	㉮
B. 나는 새로운 방법을 시도하는 것을 선호한다.	①	②	③	④	❺	⑥	⑦	㉠	㉮
C. 나는 수리적인 자료들을 제시하여 결론을 도출한다.	①	②	③	④	⑤	⑥	❼	㉠	●

※ 다음 문항을 읽고, 자신의 성향과 가까운 정도에 따라 1 ~ 7점을 부여한다(① 매우 그렇지 않다, ② 거의 그렇지 않다, ③ 조금 그렇지 않다, ④ 보통이다, ⑤ 조금 그렇다, ⑥ 거의 그렇다, ⑦ 매우 그렇다). 그리고 3개의 문장에서 자신과 가장 가까운 것과 가장 먼 것에 체크하시오. [1~85]

※ 조직적합진단은 정답이 따로 없는 유형의 검사이므로 결과지를 제공하지 않습니다.

01

문항군	응답 1							응답 2	
	전혀 아님	《	보통	》	매우 그러함			멀다	가깝다
A. 사물을 신중하게 생각하는 편이라고 생각한다.	①	②	③	④	⑤	⑥	⑦	㉠	㉮
B. 포기하지 않고 노력하는 것이 중요하다.	①	②	③	④	⑤	⑥	⑦	㉠	㉮
C. 자신의 권리를 주장하는 편이다.	①	②	③	④	⑤	⑥	⑦	㉠	㉮

02

문항군	응답 1							응답 2	
	전혀 아님	《	보통	》	매우 그러함			멀다	가깝다
A. 노력의 여하보다 결과가 중요하다.	①	②	③	④	⑤	⑥	⑦	㉠	㉮
B. 자기주장이 강하다.	①	②	③	④	⑤	⑥	⑦	㉠	㉮
C. 어떠한 일이 있어도 출세하고 싶다.	①	②	③	④	⑤	⑥	⑦	㉠	㉮

03

문항군	응답 1							응답 2	
	전혀 아님	<<	보통	>>	매우 그러함			멀다	가깝다
A. 다른 사람의 일에 관심이 없다.	①	②	③	④	⑤	⑥	⑦	멀	㉮
B. 때로는 후회할 때도 있다.	①	②	③	④	⑤	⑥	⑦	멀	㉮
C. 진정으로 마음을 허락할 수 있는 사람은 없다.	①	②	③	④	⑤	⑥	⑦	멀	㉮

04

문항군	응답 1							응답 2	
	전혀 아님	<<	보통	>>	매우 그러함			멀다	가깝다
A. 한번 시작한 일은 반드시 끝을 맺는다.	①	②	③	④	⑤	⑥	⑦	멀	㉮
B. 다른 사람들이 하지 못하는 일을 하고 싶다.	①	②	③	④	⑤	⑥	⑦	멀	㉮
C. 좋은 생각이 떠올라도 실행하기 전에 여러모로 검토한나.	①	②	③	④	⑤	⑥	⑦	멀	㉮

05

문항군	응답 1							응답 2	
	전혀 아님	<<	보통	>>	매우 그러함			멀다	가깝다
A. 다른 사람에게 항상 움직이고 있다는 말을 듣는다.	①	②	③	④	⑤	⑥	⑦	멀	㉮
B. 옆에 사람이 있으면 싫다.	①	②	③	④	⑤	⑥	⑦	멀	㉮
C. 친구들과 남의 이야기를 하는 것을 좋아한다.	①	②	③	④	⑤	⑥	⑦	멀	㉮

06

문항군	응답 1							응답 2	
	전혀 아님	<<	보통	>>	매우 그러함			멀다	가깝다
A. 모두가 싫증을 내는 일에도 혼자서 열심히 한다.	①	②	③	④	⑤	⑥	⑦	멀	㉮
B. 완성된 것보다 미완성인 것에 흥미가 있다.	①	②	③	④	⑤	⑥	⑦	멀	㉮
C. 능력을 살릴 수 있는 일을 하고 싶다.	①	②	③	④	⑤	⑥	⑦	멀	㉮

07

문항군	응답 1							응답 2	
	전혀 아님	<<	보통	>>	매우 그러함			멀다	가깝다
A. 번화한 곳에 외출하는 것을 좋아한다.	①	②	③	④	⑤	⑥	⑦	멀	㉮
B. 다른 사람에게 자신이 소개되는 것을 좋아한다.	①	②	③	④	⑤	⑥	⑦	멀	㉮
C. 다른 사람보다 쉽게 우쭐해진다.	①	②	③	④	⑤	⑥	⑦	멀	㉮

08

문항군	응답 1							응답 2	
	전혀 아님	《	보통	》	매우 그러함			멀다	가깝다
A. 다른 사람의 감정에 민감하다.	①	②	③	④	⑤	⑥	⑦	멀	갸
B. 남을 배려하는 마음씨가 있다는 말을 종종 듣는다.	①	②	③	④	⑤	⑥	⑦	멀	갸
C. 사소한 일로 우는 일이 많다.	①	②	③	④	⑤	⑥	⑦	멀	갸

09

문항군	응답 1							응답 2	
	전혀 아님	《	보통	》	매우 그러함			멀다	가깝다
A. 통찰력이 있다고 생각한다.	①	②	③	④	⑤	⑥	⑦	멀	갸
B. 몸으로 부딪혀 도전하는 편이다.	①	②	③	④	⑤	⑥	⑦	멀	갸
C. 감정적으로 될 때가 많다.	①	②	③	④	⑤	⑥	⑦	멀	갸

10

문항군	응답 1							응답 2	
	전혀 아님	《	보통	》	매우 그러함			멀다	가깝다
A. 타인에게 간섭받는 것을 싫어한다.	①	②	③	④	⑤	⑥	⑦	멀	갸
B. 신경이 예민한 편이라고 생각한다.	①	②	③	④	⑤	⑥	⑦	멀	갸
C. 난관에 봉착해도 포기하지 않고 열심히 한다.	①	②	③	④	⑤	⑥	⑦	멀	갸

11

문항군	응답 1							응답 2	
	전혀 아님	《	보통	》	매우 그러함			멀다	가깝다
A. 해야 할 일은 신속하게 처리한다.	①	②	③	④	⑤	⑥	⑦	멀	갸
B. 매사에 느긋하고 차분하다.	①	②	③	④	⑤	⑥	⑦	멀	갸
C. 끙끙거리며 생각할 때가 있다.	①	②	③	④	⑤	⑥	⑦	멀	갸

12

문항군	응답 1							응답 2	
	전혀 아님	《	보통	》	매우 그러함			멀다	가깝다
A. 하나의 취미를 오래 지속하는 편이다.	①	②	③	④	⑤	⑥	⑦	멀	갸
B. 낙천가라고 생각한다.	①	②	③	④	⑤	⑥	⑦	멀	갸
C. 일주일의 예정을 만드는 것을 좋아한다.	①	②	③	④	⑤	⑥	⑦	멀	갸

13

문항군	응답 1							응답 2	
	전혀 아님	<<	보통	>>	매우 그러함			멀다	가깝다
A. 자신의 의견을 상대에게 잘 주장하지 못한다.	①	②	③	④	⑤	⑥	⑦	멸	㉮
B. 좀처럼 결단하지 못하는 경우가 있다.	①	②	③	④	⑤	⑥	⑦	멸	㉮
C. 행동으로 옮기기까지 시간이 걸린다.	①	②	③	④	⑤	⑥	⑦	멸	㉮

14

문항군	응답 1							응답 2	
	전혀 아님	<<	보통	>>	매우 그러함			멀다	가깝다
A. 돌다리도 두드리며 건너는 타입이라고 생각한다.	①	②	③	④	⑤	⑥	⑦	멸	㉮
B. 굳이 말하자면 시원시원하다.	①	②	③	④	⑤	⑥	⑦	멸	㉮
C. 토론에서 이길 자신이 있다.	①	②	③	④	⑤	⑥	⑦	멸	㉮

15

문항군	응답 1							응답 2	
	전혀 아님	<<	보통	>>	매우 그러함			멀다	가깝다
A. 쉽게 침울해진다.	①	②	③	④	⑤	⑥	⑦	멸	㉮
B. 쉽게 싫증을 내는 편이다.	①	②	③	④	⑤	⑥	⑦	멸	㉮
C. 도덕 / 윤리를 중시한다.	①	②	③	④	⑤	⑥	⑦	멸	㉮

16

문항군	응답 1							응답 2	
	전혀 아님	<<	보통	>>	매우 그러함			멀다	가깝다
A. 매사에 신중한 편이라고 생각한다.	①	②	③	④	⑤	⑥	⑦	멸	㉮
B. 실행하기 전에 재확인할 때가 많다.	①	②	③	④	⑤	⑥	⑦	멸	㉮
C. 반대에 부딪혀도 자신의 의견을 바꾸는 일은 없다.	①	②	③	④	⑤	⑥	⑦	멸	㉮

17

문항군	응답 1							응답 2	
	전혀 아님	<<	보통	>>	매우 그러함			멀다	가깝다
A. 전망을 세우고 행동할 때가 많다.	①	②	③	④	⑤	⑥	⑦	멸	㉮
B. 일에는 결과가 중요하다고 생각한다.	①	②	③	④	⑤	⑥	⑦	멸	㉮
C. 다른 사람으로부터 지적받는 것은 싫다.	①	②	③	④	⑤	⑥	⑦	멸	㉮

18

문항군	응답 1							응답 2	
	전혀 아님	《	보통	》	매우 그러함			멀다	가깝다
A. 다른 사람에게 위해를 가할 것 같은 기분이 들 때가 있다.	①	②	③	④	⑤	⑥	⑦	멀	㉮
B. 인간관계가 폐쇄적이라는 말을 듣는다.	①	②	③	④	⑤	⑥	⑦	멀	㉮
C. 친구들로부터 줏대 없는 사람이라는 말을 듣는다.	①	②	③	④	⑤	⑥	⑦	멀	㉮

19

문항군	응답 1							응답 2	
	전혀 아님	《	보통	》	매우 그러함			멀다	가깝다
A. 누구와도 편하게 이야기할 수 있다.	①	②	③	④	⑤	⑥	⑦	멀	㉮
B. 다른 사람을 싫어한 적은 한 번도 없다.	①	②	③	④	⑤	⑥	⑦	멀	㉮
C. 리더로서 인정을 받고 싶다.	①	②	③	④	⑤	⑥	⑦	멀	㉮

20

문항군	응답 1							응답 2	
	전혀 아님	《	보통	》	매우 그러함			멀다	가깝다
A. 기다리는 것에 짜증내는 편이다.	①	②	③	④	⑤	⑥	⑦	멀	㉮
B. 지루하면 마구 떠들고 싶어진다.	①	②	③	④	⑤	⑥	⑦	멀	㉮
C. 남과 친해지려면 용기가 필요하다.	①	②	③	④	⑤	⑥	⑦	멀	㉮

21

문항군	응답 1							응답 2	
	전혀 아님	《	보통	》	매우 그러함			멀다	가깝다
A. 사물을 과장해서 말한 적은 없다.	①	②	③	④	⑤	⑥	⑦	멀	㉮
B. 항상 천재지변을 당하지 않을까 걱정하고 있다.	①	②	③	④	⑤	⑥	⑦	멀	㉮
C. 어떤 일이 있어도 의욕을 가지고 열심히 하는 편이다.	①	②	③	④	⑤	⑥	⑦	멀	㉮

22

문항군	응답 1							응답 2	
	전혀 아님	《	보통	》	매우 그러함			멀다	가깝다
A. 그룹 내에서는 누군가의 주도하에 따라가는 경우가 많다.	①	②	③	④	⑤	⑥	⑦	멀	㉮
B. 내성적이라고 생각한다.	①	②	③	④	⑤	⑥	⑦	멀	㉮
C. 모르는 사람과 이야기하는 것은 용기가 필요하다.	①	②	③	④	⑤	⑥	⑦	멀	㉮

23

문항군	응답 1							응답 2	
	전혀 아님	〈〈	보통	〉〉	매우 그러함			멀다	가깝다
A. 집에서 가만히 있으면 기분이 우울해진다.	①	②	③	④	⑤	⑥	⑦	멜	㉮
B. 당황하면 갑자기 땀이 나서 신경 쓰일 때가 있다.	①	②	③	④	⑤	⑥	⑦	멜	㉮
C. 차분하다는 말을 듣는다.	①	②	③	④	⑤	⑥	⑦	멜	㉮

24

문항군	응답 1							응답 2	
	전혀 아님	〈〈	보통	〉〉	매우 그러함			멀다	가깝다
A. 어색해지면 입을 다무는 경우가 많다.	①	②	③	④	⑤	⑥	⑦	멜	㉮
B. 융통성이 없는 편이다.	①	②	③	④	⑤	⑥	⑦	멜	㉮
C. 이유도 없이 화가 치밀 때가 있다.	①	②	③	④	⑤	⑥	⑦	멜	㉮

25

문항군	응답 1							응답 2	
	전혀 아님	〈〈	보통	〉〉	매우 그러함			멀다	가깝다
A. 자질구레한 걱정이 많다.	①	②	③	④	⑤	⑥	⑦	멜	㉮
B. 다른 사람을 의심한 적이 한 번도 없다.	①	②	③	④	⑤	⑥	⑦	멜	㉮
C. 지금까지 후회를 한 적이 없다.	①	②	③	④	⑤	⑥	⑦	멜	㉮

26

문항군	응답 1							응답 2	
	전혀 아님	〈〈	보통	〉〉	매우 그러함			멀다	가깝다
A. 무슨 일이든 자신을 가지고 행동한다.	①	②	③	④	⑤	⑥	⑦	멜	㉮
B. 자주 깊은 생각에 잠긴다.	①	②	③	④	⑤	⑥	⑦	멜	㉮
C. 가만히 있지 못할 정도로 불안해질 때가 많다.	①	②	③	④	⑤	⑥	⑦	멜	㉮

27

문항군	응답 1							응답 2	
	전혀 아님	〈〈	보통	〉〉	매우 그러함			멀다	가깝다
A. 스포츠 선수가 되고 싶다고 생각한 적이 있다.	①	②	③	④	⑤	⑥	⑦	멜	㉮
B. 유명인과 서로 아는 사람이 되고 싶다.	①	②	③	④	⑤	⑥	⑦	멜	㉮
C. 연예인에 대해 동경한 적이 없다.	①	②	③	④	⑤	⑥	⑦	멜	㉮

28

문항군	응답 1							응답 2	
	전혀 아님	≪	보통	≫	매우 그러함			멀다	가깝다
A. 휴일은 세부적인 예정을 세우고 보낸다.	①	②	③	④	⑤	⑥	⑦	멸	㉙
B. 잘하지 못하는 것이라도 자진해서 한다.	①	②	③	④	⑤	⑥	⑦	멸	㉙
C. 이유도 없이 다른 사람과 부딪힐 때가 있다.	①	②	③	④	⑤	⑥	⑦	멸	㉙

29

문항군	응답 1							응답 2	
	전혀 아님	≪	보통	≫	매우 그러함			멀다	가깝다
A. 타인의 일에는 별로 관여하고 싶지 않다고 생각한다.	①	②	③	④	⑤	⑥	⑦	멸	㉙
B. 의견이 다른 사람과는 어울리지 않는다.	①	②	③	④	⑤	⑥	⑦	멸	㉙
C. 주위의 영향을 받기 쉽다.	①	②	③	④	⑤	⑥	⑦	멸	㉙

30

문항군	응답 1							응답 2	
	전혀 아님	≪	보통	≫	매우 그러함			멀다	가깝다
A. 지인을 발견해도 만나고 싶지 않을 때가 많다.	①	②	③	④	⑤	⑥	⑦	멸	㉙
B. 굳이 말하자면 자의식 과잉이다.	①	②	③	④	⑤	⑥	⑦	멸	㉙
C. 몸을 움직이는 것을 좋아한다.	①	②	③	④	⑤	⑥	⑦	멸	㉙

31

문항군	응답 1							응답 2	
	전혀 아님	≪	보통	≫	매우 그러함			멀다	가깝다
A. 무슨 일이든 생각해 보지 않으면 만족하지 못한다.	①	②	③	④	⑤	⑥	⑦	멸	㉙
B. 다수의 반대가 있더라도 자신의 생각대로 행동한다.	①	②	③	④	⑤	⑥	⑦	멸	㉙
C. 지금까지 다른 사람의 마음에 상처준 일이 없다.	①	②	③	④	⑤	⑥	⑦	멸	㉙

32

문항군	응답 1							응답 2	
	전혀 아님	≪	보통	≫	매우 그러함			멀다	가깝다
A. 실행하기 전에 재고하는 경우가 많다.	①	②	③	④	⑤	⑥	⑦	멸	㉙
B. 완고한 편이라고 생각한다.	①	②	③	④	⑤	⑥	⑦	멸	㉙
C. 작은 소리도 신경 쓰인다.	①	②	③	④	⑤	⑥	⑦	멸	㉙

33

문항군	응답 1							응답 2	
	전혀 아님	《	보통	》	매우 그러함			멀다	가깝다
A. 다소 무리를 하더라도 피로해지지 않는다.	①	②	③	④	⑤	⑥	⑦	멸	㉮
B. 다른 사람보다 고집이 세다.	①	②	③	④	⑤	⑥	⑦	멸	㉮
C. 성격이 밝다는 말을 듣는다.	①	②	③	④	⑤	⑥	⑦	멸	㉮

34

문항군	응답 1							응답 2	
	전혀 아님	《	보통	》	매우 그러함			멀다	가깝다
A. 다른 사람이 부럽다고 생각한 적이 한 번도 없다.	①	②	③	④	⑤	⑥	⑦	멸	㉮
B. 자신의 페이스를 잃지 않는다.	①	②	③	④	⑤	⑥	⑦	멸	㉮
C. 굳이 말하면 이상주의자다.	①	②	③	④	⑤	⑥	⑦	멸	㉮

35

문항군	응답 1							응답 2	
	전혀 아님	《	보통	》	매우 그러함			멀다	가깝다
A. 가능성에 눈을 돌린다.	①	②	③	④	⑤	⑥	⑦	멸	㉮
B. 튀는 것을 싫어한다.	①	②	③	④	⑤	⑥	⑦	멸	㉮
C. 방법이 정해진 일은 안심할 수 있다.	①	②	③	④	⑤	⑥	⑦	멸	㉮

36

문항군	응답 1							응답 2	
	전혀 아님	《	보통	》	매우 그러함			멀다	가깝다
A. 매사에 감정적으로 생각한다.	①	②	③	④	⑤	⑥	⑦	멸	㉮
B. 스케줄을 짜고 행동하는 편이다.	①	②	③	④	⑤	⑥	⑦	멸	㉮
C. 지나치게 합리적으로 결론짓는 것은 좋지 않다.	①	②	③	④	⑤	⑥	⑦	멸	㉮

37

문항군	응답 1							응답 2	
	전혀 아님	《	보통	》	매우 그러함			멀다	가깝다
A. 다른 사람의 의견에 귀를 기울인다.	①	②	③	④	⑤	⑥	⑦	멸	㉮
B. 사람들 앞에 잘 나서지 못한다.	①	②	③	④	⑤	⑥	⑦	멸	㉮
C. 임기응변에 능하다.	①	②	③	④	⑤	⑥	⑦	멸	㉮

38

문항군	응답 1							응답 2	
	전혀 아님	《	보통	》	매우 그러함			멀다	가깝다
A. 꿈을 가진 사람에게 끌린다.	①	②	③	④	⑤	⑥	⑦	멀	갭
B. 직감적으로 판단한다.	①	②	③	④	⑤	⑥	⑦	멀	갭
C. 틀에 박힌 일은 싫다.	①	②	③	④	⑤	⑥	⑦	멀	갭

39

문항군	응답 1							응답 2	
	전혀 아님	《	보통	》	매우 그러함			멀다	가깝다
A. 친구가 돈을 빌려달라고 하면 거절하지 못한다.	①	②	③	④	⑤	⑥	⑦	멀	갭
B. 어려움에 처한 사람을 보면 원인을 생각한다.	①	②	③	④	⑤	⑥	⑦	멀	갭
C. 매사에 이론적으로 생각한다.	①	②	③	④	⑤	⑥	⑦	멀	갭

40

문항군	응답 1							응답 2	
	전혀 아님	《	보통	》	매우 그러함			멀다	가깝다
A. 혼자 꾸준히 하는 것을 좋아한다.	①	②	③	④	⑤	⑥	⑦	멀	갭
B. 튀는 것을 좋아한다.	①	②	③	④	⑤	⑥	⑦	멀	갭
C. 굳이 말하자면 보수적이라 생각한다.	①	②	③	④	⑤	⑥	⑦	멀	갭

41

문항군	응답 1							응답 2	
	전혀 아님	《	보통	》	매우 그러함			멀다	가깝다
A. 다른 사람과 만났을 때 화제에 부족함이 없다.	①	②	③	④	⑤	⑥	⑦	멀	갭
B. 그때그때의 기분으로 행동하는 경우가 많다.	①	②	③	④	⑤	⑥	⑦	멀	갭
C. 현실적인 사람에게 끌린다.	①	②	③	④	⑤	⑥	⑦	멀	갭

42

문항군	응답 1							응답 2	
	전혀 아님	《	보통	》	매우 그러함			멀다	가깝다
A. 병이 아닌지 걱정이 들 때가 있다.	①	②	③	④	⑤	⑥	⑦	멀	갭
B. 자의식 과잉이라는 생각이 들 때가 있다.	①	②	③	④	⑤	⑥	⑦	멀	갭
C. 막무가내라는 말을 들을 때가 많다.	①	②	③	④	⑤	⑥	⑦	멀	갭

43

문항군	응답 1							응답 2	
	전혀 아님	≪	보통	≫		매우 그러함		멀다	가깝다
A. 푸념을 한 적이 없다.	①	②	③	④	⑤	⑥	⑦	멀	가
B. 수다를 좋아한다.	①	②	③	④	⑤	⑥	⑦	멀	가
C. 부모에게 불평을 한 적이 한 번도 없다.	①	②	③	④	⑤	⑥	⑦	멀	가

44

문항군	응답 1							응답 2	
	전혀 아님	≪	보통	≫		매우 그러함		멀다	가깝다
A. 친구들이 나를 진지한 사람으로 생각하고 있다.	①	②	③	④	⑤	⑥	⑦	멀	가
B. 엉뚱한 생각을 잘한다.	①	②	③	④	⑤	⑥	⑦	멀	가
C. 이성적인 사람이라는 말을 듣고 싶다.	①	②	③	④	⑤	⑥	⑦	멀	가

45

문항군	응답 1							응답 2	
	전혀 아님	≪	보통	≫		매우 그러함		멀다	가깝다
A. 예정에 얽매이는 것을 싫어한다.	①	②	③	④	⑤	⑥	⑦	멀	가
B. 굳이 말하자면 장거리주자에 어울린다고 생각한다.	①	②	③	④	⑤	⑥	⑦	멀	가
C. 여행을 가기 전에는 세세한 계획을 세운다.	①	②	③	④	⑤	⑥	⑦	멀	가

46

문항군	응답 1							응답 2	
	전혀 아님	≪	보통	≫		매우 그러함		멀다	가깝다
A. 굳이 말하자면 기가 센 편이다.	①	②	③	④	⑤	⑥	⑦	멀	가
B. 신중하게 생각하는 편이다.	①	②	③	④	⑤	⑥	⑦	멀	가
C. 계획을 생각하기보다는 빨리 실행하고 싶어 한다.	①	②	③	④	⑤	⑥	⑦	멀	가

47

문항군	응답 1							응답 2	
	전혀 아님	≪	보통	≫		매우 그러함		멀다	가깝다
A. 자신을 쓸모없는 인간이라고 생각할 때가 있다.	①	②	③	④	⑤	⑥	⑦	멀	가
B. 아는 사람을 발견해도 피해버릴 때가 있다.	①	②	③	④	⑤	⑥	⑦	멀	가
C. 앞으로의 일을 생각하지 않으면 진정이 되지 않는다.	①	②	③	④	⑤	⑥	⑦	멀	가

48

문항군	응답 1							응답 2	
	전혀 아님	〈〈	보통	〉〉	매우 그러함			멀다	가깝다
A. 격렬한 운동도 그다지 힘들어하지 않는다.	①	②	③	④	⑤	⑥	⑦	멀	가
B. 무슨 일이든 먼저 해야 이긴다고 생각한다.	①	②	③	④	⑤	⑥	⑦	멀	가
C. 예정이 없는 상태를 싫어한다.	①	②	③	④	⑤	⑥	⑦	멀	가

49

문항군	응답 1							응답 2	
	전혀 아님	〈〈	보통	〉〉	매우 그러함			멀다	가깝다
A. 잘하지 못하는 게임은 하지 않으려고 한다.	①	②	③	④	⑤	⑥	⑦	멀	가
B. 다른 사람에게 의존적이 될 때가 많다.	①	②	③	④	⑤	⑥	⑦	멀	가
C. 대인관계가 귀찮다고 느낄 때가 있다.	①	②	③	④	⑤	⑥	⑦	멀	가

50

문항군	응답 1							응답 2	
	전혀 아님	〈〈	보통	〉〉	매우 그러함			멀다	가깝다
A. 장래의 일을 생각하면 불안해질 때가 있다.	①	②	③	④	⑤	⑥	⑦	멀	가
B. 가만히 있지 못할 정도로 침착하지 못할 때가 있다.	①	②	③	④	⑤	⑥	⑦	멀	가
C. 침울해지면 아무것도 손에 잡히지 않는다.	①	②	③	④	⑤	⑥	⑦	멀	가

51

문항군	응답 1							응답 2	
	전혀 아님	〈〈	보통	〉〉	매우 그러함			멀다	가깝다
A. 새로운 일에 처음 한 발을 좀처럼 떼지 못한다.	①	②	③	④	⑤	⑥	⑦	멀	가
B. 다른 사람이 나를 어떻게 생각하는지 궁금할 때가 많다.	①	②	③	④	⑤	⑥	⑦	멀	가
C. 미리 행동을 정해두는 경우가 많다.	①	②	③	④	⑤	⑥	⑦	멀	가

52

문항군	응답 1							응답 2	
	전혀 아님	〈〈	보통	〉〉	매우 그러함			멀다	가깝다
A. 혼자 생각하는 것을 좋아한다.	①	②	③	④	⑤	⑥	⑦	멀	가
B. 다른 사람과 대화하는 것을 좋아한다.	①	②	③	④	⑤	⑥	⑦	멀	가
C. 하루의 행동을 반성하는 경우가 많다.	①	②	③	④	⑤	⑥	⑦	멀	가

53

문항군	응답 1							응답 2	
	전혀 아님	<<	보통	>>	매우 그러함			멀다	가깝다
A. 어린 시절로 돌아가고 싶을 때가 있다.	①	②	③	④	⑤	⑥	⑦	멀	㉮
B. 인생에서 중요한 것은 높은 목표를 갖는 것이다.	①	②	③	④	⑤	⑥	⑦	멀	㉮
C. 커다란 일을 해보고 싶다.	①	②	③	④	⑤	⑥	⑦	멀	㉮

54

문항군	응답 1							응답 2	
	전혀 아님	<<	보통	>>	매우 그러함			멀다	가깝다
A. 작은 일에 신경 쓰지 않는다.	①	②	③	④	⑤	⑥	⑦	멀	㉮
B. 동작이 기민한 편이다.	①	②	③	④	⑤	⑥	⑦	멀	㉮
C. 소외감을 느낄 때가 있다.	①	②	③	④	⑤	⑥	⑦	멀	㉮

55

문항군	응답 1							응답 2	
	전혀 아님	<<	보통	>>	매우 그러함			멀다	가깝다
A. 혼자 여행을 떠나고 싶을 때가 자주 있다.	①	②	③	④	⑤	⑥	⑦	멀	㉮
B. 눈을 뜨면 바로 일어난다.	①	②	③	④	⑤	⑥	⑦	멀	㉮
C. 항상 활력이 있다.	①	②	③	④	⑤	⑥	⑦	멀	㉮

56

문항군	응답 1							응답 2	
	전혀 아님	<<	보통	>>	매우 그러함			멀다	가깝다
A. 싸움을 한 적이 없다.	①	②	③	④	⑤	⑥	⑦	멀	㉮
B. 끈기가 강하다.	①	②	③	④	⑤	⑥	⑦	멀	㉮
C. 변화를 즐긴다.	①	②	③	④	⑤	⑥	⑦	멀	㉮

57

문항군	응답 1							응답 2	
	전혀 아님	<<	보통	>>	매우 그러함			멀다	가깝다
A. 굳이 말하자면 혁신적이라고 생각한다.	①	②	③	④	⑤	⑥	⑦	멀	㉮
B. 사람들 앞에 나서는 데 어려움이 없다.	①	②	③	④	⑤	⑥	⑦	멀	㉮
C. 스케줄을 짜지 않고 행동하는 편이다.	①	②	③	④	⑤	⑥	⑦	멀	㉮

58

문항군	응답 1							응답 2	
	전혀 아님	《	보통	》	매우 그러함			멀다	가깝다
A. 학구적이라는 인상을 주고 싶다.	①	②	③	④	⑤	⑥	⑦	멀	깐
B. 조직 안에서는 우등생 타입이라고 생각한다.	①	②	③	④	⑤	⑥	⑦	멀	깐
C. 이성적인 사람 밑에서 일하고 싶다.	①	②	③	④	⑤	⑥	⑦	멀	깐

59

문항군	응답 1							응답 2	
	전혀 아님	《	보통	》	매우 그러함			멀다	가깝다
A. 정해진 절차에 따르는 것을 싫어한다.	①	②	③	④	⑤	⑥	⑦	멀	깐
B. 경험으로 판단한다.	①	②	③	④	⑤	⑥	⑦	멀	깐
C. 틀에 박힌 일을 싫어한다.	①	②	③	④	⑤	⑥	⑦	멀	깐

60

문항군	응답 1							응답 2	
	전혀 아님	《	보통	》	매우 그러함			멀다	가깝다
A. 그때그때의 기분으로 행동하는 경우가 많다.	①	②	③	④	⑤	⑥	⑦	멀	깐
B. 시간을 정확히 지키는 편이다.	①	②	③	④	⑤	⑥	⑦	멀	깐
C. 융통성이 있다.	①	②	③	④	⑤	⑥	⑦	멀	깐

61

문항군	응답 1							응답 2	
	전혀 아님	《	보통	》	매우 그러함			멀다	가깝다
A. 이야기하는 것을 좋아한다.	①	②	③	④	⑤	⑥	⑦	멀	깐
B. 회합에서는 소개를 받는 편이다.	①	②	③	④	⑤	⑥	⑦	멀	깐
C. 자신의 의견을 밀어붙인다.	①	②	③	④	⑤	⑥	⑦	멀	깐

62

문항군	응답 1							응답 2	
	전혀 아님	《	보통	》	매우 그러함			멀다	가깝다
A. 현실적이라는 이야기를 듣는다.	①	②	③	④	⑤	⑥	⑦	멀	깐
B. 계획적인 행동을 중요하게 여긴다.	①	②	③	④	⑤	⑥	⑦	멀	깐
C. 창의적인 일을 좋아한다.	①	②	③	④	⑤	⑥	⑦	멀	깐

63

문항군	응답 1							응답 2	
	전혀 아님	《	보통	》	매우 그러함			멀다	가깝다
A. 회합에서는 소개를 하는 편이다.	①	②	③	④	⑤	⑥	⑦	멸	㉮
B. 조직 안에서는 독자적으로 움직이는 편이다.	①	②	③	④	⑤	⑥	⑦	멸	㉮
C. 정해진 절차가 바뀌는 것을 싫어한다.	①	②	③	④	⑤	⑥	⑦	멸	㉮

64

문항군	응답 1							응답 2	
	전혀 아님	《	보통	》	매우 그러함			멀다	가깝다
A. 일을 선택할 때에는 인간관계를 중시한다.	①	②	③	④	⑤	⑥	⑦	멸	㉮
B. 굳이 말하자면 현실주의자이다.	①	②	③	④	⑤	⑥	⑦	멸	㉮
C. 지나치게 온정을 표시하는 것은 좋지 않다고 생각한다.	①	②	③	④	⑤	⑥	⑦	멸	㉮

65

문항군	응답 1							응답 2	
	전혀 아님	《	보통	》	매우 그러함			멀다	가깝다
A. 상상력이 있다는 말을 듣는다.	①	②	③	④	⑤	⑥	⑦	멸	㉮
B. 틀에 박힌 일은 너무 딱딱해서 싫다.	①	②	③	④	⑤	⑥	⑦	멸	㉮
C. 다른 사람이 나를 어떻게 생각하는지 신경 쓰인다.	①	②	③	④	⑤	⑥	⑦	멸	㉮

66

문항군	응답 1							응답 2	
	전혀 아님	《	보통	》	매우 그러함			멀다	가깝다
A. 사람들 앞에서 잘 이야기하지 못한다.	①	②	③	④	⑤	⑥	⑦	멸	㉮
B. 친절한 사람이라는 말을 듣고 싶다.	①	②	③	④	⑤	⑥	⑦	멸	㉮
C. 일을 선택할 때에는 일의 보람을 중시한다.	①	②	③	④	⑤	⑥	⑦	멸	㉮

67

문항군	응답 1							응답 2	
	전혀 아님	《	보통	》	매우 그러함			멀다	가깝다
A. 뉴스보다 신문을 많이 본다.	①	②	③	④	⑤	⑥	⑦	멸	㉮
B. 시간을 분 단위로 나눠 쓴다.	①	②	③	④	⑤	⑥	⑦	멸	㉮
C. 아이디어 회의 중 모든 의견은 존중되어야 한다.	①	②	③	④	⑤	⑥	⑦	멸	㉮

68

문항군	응답 1							응답 2	
	전혀 아님	《	보통	》	매우 그러함			멀다	가깝다
A. 주위 사람에게 인사하는 것이 귀찮다.	①	②	③	④	⑤	⑥	⑦	멀	가
B. 남의 의견을 절대 참고하지 않는다.	①	②	③	④	⑤	⑥	⑦	멀	가
C. 남의 말을 호의적으로 받아들인다.	①	②	③	④	⑤	⑥	⑦	멀	가

69

문항군	응답 1							응답 2	
	전혀 아님	《	보통	》	매우 그러함			멀다	가깝다
A. 광고를 보면 그 물건을 사고 싶다.	①	②	③	④	⑤	⑥	⑦	멀	가
B. 컨디션에 따라 기분이 잘 변한다.	①	②	③	④	⑤	⑥	⑦	멀	가
C. 많은 사람 앞에서 말하는 것이 서툴다.	①	②	③	④	⑤	⑥	⑦	멀	가

70

문항군	응답 1							응답 2	
	전혀 아님	《	보통	》	매우 그러함			멀다	가깝다
A. 열등감으로 자주 고민한다.	①	②	③	④	⑤	⑥	⑦	멀	가
B. 부모님에게 불만을 느낀다.	①	②	③	④	⑤	⑥	⑦	멀	가
C. 칭찬도 나쁘게 받아들이는 편이다.	①	②	③	④	⑤	⑥	⑦	멀	가

71

문항군	응답 1							응답 2	
	전혀 아님	《	보통	》	매우 그러함			멀다	가깝다
A. 친구 말을 듣는 편이다.	①	②	③	④	⑤	⑥	⑦	멀	가
B. 자신의 입장을 잊어버릴 때가 있다.	①	②	③	④	⑤	⑥	⑦	멀	가
C. 실패해도 또다시 도전한다.	①	②	③	④	⑤	⑥	⑦	멀	가

72

문항군	응답 1							응답 2	
	전혀 아님	《	보통	》	매우 그러함			멀다	가깝다
A. 휴식시간에도 일하고 싶다.	①	②	③	④	⑤	⑥	⑦	멀	가
B. 여간해서 흥분하지 않는 편이다.	①	②	③	④	⑤	⑥	⑦	멀	가
C. 혼자 지내는 시간이 즐겁다.	①	②	③	④	⑤	⑥	⑦	멀	가

73

문항군	응답 1							응답 2	
	전혀 아님	《	보통	》	매우 그러함			멀다	가깝다
A. 손재주는 비교적 있는 편이다.	①	②	③	④	⑤	⑥	⑦	멀	갑
B. 계산에 밝은 사람은 꺼려진다.	①	②	③	④	⑤	⑥	⑦	멀	갑
C. 공상이나 상상을 많이 하는 편이다.	①	②	③	④	⑤	⑥	⑦	멀	갑

74

문항군	응답 1							응답 2	
	전혀 아님	《	보통	》	매우 그러함			멀다	가깝다
A. 창조적인 일을 하고 싶다.	①	②	③	④	⑤	⑥	⑦	멀	갑
B. 규칙적인 것이 싫다.	①	②	③	④	⑤	⑥	⑦	멀	갑
C. 남을 지배하는 사람이 되고 싶다.	①	②	③	④	⑤	⑥	⑦	멀	갑

75

문항군	응답 1							응답 2	
	전혀 아님	《	보통	》	매우 그러함			멀다	가깝다
A. 새로운 변화를 싫어한다.	①	②	③	④	⑤	⑥	⑦	멀	갑
B. 급진적인 변화를 좋아한다.	①	②	③	④	⑤	⑥	⑦	멀	갑
C. 규칙을 잘 지킨다.	①	②	③	④	⑤	⑥	⑦	멀	갑

76

문항군	응답 1							응답 2	
	전혀 아님	《	보통	》	매우 그러함			멀다	가깝다
A. 스트레스 관리를 잘한다.	①	②	③	④	⑤	⑥	⑦	멀	갑
B. 스트레스를 받아도 화를 잘 참는다.	①	②	③	④	⑤	⑥	⑦	멀	갑
C. 틀리다고 생각하면 필사적으로 부정한다.	①	②	③	④	⑤	⑥	⑦	멀	갑

77

문항군	응답 1							응답 2	
	전혀 아님	《	보통	》	매우 그러함			멀다	가깝다
A. 스트레스를 받을 때 타인에게 화를 내지 않는다.	①	②	③	④	⑤	⑥	⑦	멀	갑
B. 자신을 비난하는 사람은 피하는 편이다.	①	②	③	④	⑤	⑥	⑦	멀	갑
C. 잘못된 부분을 보면 그냥 지나치지 못한다.	①	②	③	④	⑤	⑥	⑦	멀	갑

78

문항군	응답 1							응답 2	
	전혀 아님	《	보통	》	매우 그러함			멀다	가깝다
A. 귀찮은 일은 남에게 부탁하는 편이다.	①	②	③	④	⑤	⑥	⑦	멸	⑦
B. 어머니의 친구 분을 대접하는 것이 귀찮다.	①	②	③	④	⑤	⑥	⑦	멸	⑦
C. 마음에 걸리는 일은 머릿속에서 떠나지 않는다.	①	②	③	④	⑤	⑥	⑦	멸	⑦

79

문항군	응답 1							응답 2	
	전혀 아님	《	보통	》	매우 그러함			멀다	가깝다
A. 휴일에는 아무것도 하고 싶지 않다.	①	②	③	④	⑤	⑥	⑦	멸	⑦
B. 과거로 돌아가고 싶다는 생각이 강하다.	①	②	③	④	⑤	⑥	⑦	멸	⑦
C. 남들과 타협하기를 싫어하는 편이었다.	①	②	③	④	⑤	⑥	⑦	멸	⑦

80

문항군	응답 1							응답 2	
	전혀 아님	《	보통	》	매우 그러함			멀다	가깝다
A. 친구와 싸우면 서먹서먹해진다.	①	②	③	④	⑤	⑥	⑦	멸	⑦
B. 아무것도 하지 않고 가만히 있을 수 있다.	①	②	③	④	⑤	⑥	⑦	멸	⑦
C. 내가 말한 것이 틀리면 정정할 수 있다.	①	②	③	④	⑤	⑥	⑦	멸	⑦

81

문항군	응답 1							응답 2	
	전혀 아님	《	보통	》	매우 그러함			멀다	가깝다
A. 남들이 나를 추켜올려 주면 기분이 좋다.	①	②	③	④	⑤	⑥	⑦	멸	⑦
B. 다른 사람들의 주목을 받는 게 좋다.	①	②	③	④	⑤	⑥	⑦	멸	⑦
C. 기분이 잘 바뀌는 편에 속한다.	①	②	③	④	⑤	⑥	⑦	멸	⑦

82

문항군	응답 1							응답 2	
	전혀 아님	《	보통	》	매우 그러함			멀다	가깝다
A. 공상 속의 친구가 있기도 한다.	①	②	③	④	⑤	⑥	⑦	멸	⑦
B. 주변 사람들이 칭찬해 주면 어색해 한다.	①	②	③	④	⑤	⑥	⑦	멸	⑦
C. 타인의 비난을 받으면 눈물을 잘 보인다.	①	②	③	④	⑤	⑥	⑦	멸	⑦

83

문항군	응답 1							응답 2	
	전혀 아님	≪	보통	≫	매우 그러함			멀다	가깝다
A. 한 번 시작한 일은 마무리를 꼭 한다.	①	②	③	④	⑤	⑥	⑦	멀	갸
B. 아무도 찬성해 주지 않아도 내 의견을 말한다.	①	②	③	④	⑤	⑥	⑦	멀	갸
C. 자신의 방법으로 혼자서 일을 하는 것을 좋아한다.	①	②	③	④	⑤	⑥	⑦	멀	갸

84

문항군	응답 1							응답 2	
	전혀 아님	≪	보통	≫	매우 그러함			멀다	가깝다
A. 중요한 순간에 실패할까봐 불안하였다.	①	②	③	④	⑤	⑥	⑦	멀	갸
B. 가능하다면 내 자신을 많이 뜯어고치고 싶다.	①	②	③	④	⑤	⑥	⑦	멀	갸
C. 운동을 하고 있을 때는 생기가 넘친다.	①	②	③	④	⑤	⑥	⑦	멀	갸

85

문항군	응답 1							응답 2	
	전혀 아님	≪	보통	≫	매우 그러함			멀다	가깝다
A. 오랫동안 가만히 앉아 있는 것은 싫다.	①	②	③	④	⑤	⑥	⑦	멀	갸
B. 신문을 읽을 때 슬픈 기사에만 눈길이 간다.	①	②	③	④	⑤	⑥	⑦	멀	갸
C. 내 생각과 다른 사람이 있으면 불안하다.	①	②	③	④	⑤	⑥	⑦	멀	갸

02 면접

5일 차

01 면접 주요사항

면접의 사전적 정의는 면접관이 지원자를 직접 만나보고 인품(人品)이나 언행(言行) 따위를 시험하는 일로, 흔히 필기시험 후에 최종적으로 심사하는 방법이다.

최근 주요 기업의 인사담당자들을 대상으로 채용 시 면접이 차지하는 비중을 설문조사했을 때, 50 ~ 80% 이상이라고 답한 사람이 전체 응답자의 80%를 넘었다. 이와 대조적으로 지원자들을 대상으로 취업 시험에서 면접을 준비하는 기간을 물었을 때, 대부분의 응답자가 2 ~ 3일 정도라고 대답했다.

지원자가 일정 수준의 스펙을 갖추기 위해 자격증 시험과 토익을 치르고 이력서와 자기소개서까지 쓰다 보면 면접까지 챙길 여유가 없는 것이 사실이다. 그리고 서류전형과 인적성검사를 통과해야만 면접을 볼 수 있기 때문에 자연스럽게 면접은 취업시험 과정에서 그 비중이 작아질 수밖에 없다. 하지만 아이러니하게도 실제 채용 과정에서 면접이 차지하는 비중은 절대적이라고 해도 과언이 아니다.

기업들은 채용 과정에서 토론 면접, 인성 면접, 프레젠테이션 면접, 역량 면접 등의 다양한 면접을 실시한다. 1차 커트라인이라고 할 수 있는 서류전형을 통과한 지원자들의 스펙이나 능력은 서로 엇비슷하다고 판단되기 때문에 서류상 보이는 자격증이나 토익 성적보다는 지원자의 인성을 파악하기 위해 면접을 더욱 강화하는 것이다. 일부 기업은 의도적으로 압박 면접을 실시하기도 한다. 지원자가 당황할 수 있는 질문을 던져서 그것에 대한 지원자의 반응을 살펴보는 것이다.

면접은 다르게 생각한다면 '나는 누구인가?'에 대한 물음에 해답을 줄 수 있는 가장 현실적이고 미래적인 경험이 될 수 있다. 취업난 속에서 자격증을 취득하고 토익 성적을 올리기 위해 앞만 보고 달려온 지원자들은 자신에 대해서 고민하고 탐구할 수 있는 시간을 평소 쉽게 가질 수 없었을 것이다. 자신을 잘 알고 있어야 자신에 대해서 자신감 있게 말할 수 있다. 대체로 사람들은 자신에게 관대한 편이기 때문에 스스로에 대해서 어떤 기대와 환상을 가지고 있는 경우가 많다. 하지만 면접은 제삼자에 의해 개인의 능력을 객관적으로 평가받는 시험이다. 어떤 지원자들은 다른 사람에게 자신을 표현하는 것을 어려워한다. 평소에 잘 사용하지 않는 용어를 내뱉으면서 거창하게 자신을 포장하는 지원자도 많다. 면접에서 가장 기본은 자기 자신을 면접관에게 알기 쉽게 표현하는 것이다.

이러한 표현을 바탕으로 자신이 앞으로 하고자 하는 것과 그에 대한 이유를 설명해야 한다. 최근에는 자신감을 향상시키거나 말하는 능력을 높이는 학원도 많기 때문에 얼마든지 자신의 단점을 극복할 수 있다.

1. 자기소개의 기술

자기소개를 시키는 이유는 면접자가 지원자의 자기소개서를 압축해서 듣고, 지원자의 첫인상을 평가할 시간을 가질 수 있기 때문이다. 면접을 위한 워밍업이라고 할 수 있으며, 첫인상을 결정하는 과정이므로 매우 중요한 순간이다.

(1) 정해진 시간에 자기소개를 마쳐야 한다.

쉬워 보이지만 의외로 지원자들이 정해진 시간을 넘기거나 혹은 빨리 끝내서 면접관에게 지적을 받는 경우가 많다. 본인이 면접을 받는 마지막 지원자가 아닌 이상, 정해진 시간을 지키지 않는 것은 수많은 지원자를 상대하기에 바쁜 면접관과 대기 시간에 지친 다른 지원자들에게 불쾌감을 줄 수 있다.
또한 회사에서 시간관념은 절대적인 것이므로 반드시 자기소개 시간을 지켜야 한다. 말하기는 1분에 200자 원고지 2장 분량의 글을 읽는 만큼의 속도가 가장 적당하다. 이를 A4 용지에 10point 글자 크기로 작성하면 반 장 분량이 된다.

(2) 긴단히지만 신선힌 문구로 지기소개를 시작히지.

요즈음 많은 지원자가 이 방법을 사용하고 있기 때문에 웬만한 소재의 문구가 아니면 면접관의 관심을 받을 수 없다. 이러한 문구는 시대적으로 유행하는 광고 카피를 패러디하는 경우와 격언 등을 인용하는 경우, 그리고 지원한 회사의 IC나 경영이념, 인재상 등을 사용하는 경우 등이 있다. 지원자는 이러한 여러 문구 중에 자신의 첫인상을 북돋아 줄 수 있는 것을 선택해서 말해야 한다. 자신의 이름을 문구 속에 적절하게 넣어서 말한다면 좀 더 효과적인 자기소개가 될 것이다.

(3) 무엇을 먼저 말할 것인지 고민하자.

면접관이 많이 던지는 질문 중 하나가 지원동기이다. 그래서 성장기를 바로 건너뛰고, 지원한 회사에 들어오기 위해 대학에서 어떻게 준비했는지를 설명하는 자기소개가 대세이다.

(4) 면접관의 호기심을 자극해 관심을 불러일으킬 수 있게 말하라.

면접관에게 질문을 많이 받는 지원자의 합격률이 반드시 높은 것은 아니지만, 질문을 전혀 안 받는 것보다는 좋은 평가를 기대할 수 있다. 지원한 분야와 관련된 수상 경력이나 프로젝트 등을 말하는 것도 좋다. 이는 지원자의 업무 능력과 직접 연결되는 것이므로 효과적인 자기 홍보가 될 수 있다. 일부 지원자들은 자신만의 특별한 경험을 이야기하는데, 이때는 그 경험이 보편적으로 사람들의 공감대를 얻을 수 있는 것인지 다시 생각해봐야 한다.

(5) 마지막 고개를 넘기가 가장 힘들다.

첫 단추도 중요하지만, 마지막 단추도 중요하다. 하지만 왠지 격식을 따지는 인사말은 지나가는 인사말 같고, 다르게 하자니 예의에 어긋나는 것 같은 기분이 든다. 이때는 처음에 했던 자신만의 문구를 다시 한 번 말하는 것도 좋은 방법이다. 자연스러운 끝맺음이 될 수 있도록 적절한 연습이 필요하다.

2. 1분 자기소개 시 주의사항

(1) 자기소개서와 자기소개가 똑같다면 감점일까?

아무리 자기소개서를 외워서 말한다 해도 자기소개가 자기소개서와 완전히 똑같을 수는 없다. 자기소개서의 분량이 더 많고 회사마다 요구하는 필수 항목들이 있기 때문에 굳이 고민할 필요는 없다. 오히려 자기소개서의 내용을 잘 정리한 자기소개가 더 좋은 결과를 만들 수 있다. 하지만 자기소개서와 상반된 내용을 말하는 것은 적절하지 않다. 지원자의 신뢰성이 떨어진다는 것은 곧 불합격을 의미하기 때문이다.

(2) 말하는 자세를 바르게 익혀라.

지원자가 자기소개를 하는 동안 면접관은 지원자의 동작 하나하나를 관찰한다. 그렇기 때문에 바른 자세가 중요하다는 것은 우리가 익히 알고 있다. 하지만 문제는 무의식적으로 나오는 습관 때문에 자세가 흐트러져 나쁜 인상을 줄 수 있다는 것이다. 이러한 습관을 고칠 수 있는 가장 좋은 방법은 캠코더 등으로 자신의 모습을 담는 것이다. 거울을 사용할 경우에는 자꾸 자기 눈과 시선이 마주치기 때문에 집중하기 힘들다. 하지만 촬영된 동영상은 제삼자의 입장에서 자신을 볼 수 있기 때문에 많은 도움이 된다.

(3) 정확한 발음과 억양으로 자신 있게 말하라.

지원자의 모양새가 아무리 뛰어나도, 목소리가 작고 발음이 부정확하면 큰 감점을 받는다. 이러한 모습은 지원자의 좋은 점에까지 악영향을 끼칠 수 있다. 직장을 흔히 사회생활의 시작이라고 말하는 시대적 정서에서 사람들과 의사소통을 하는 데 문제가 있다고 판단되는 지원자는 부적절한 인재로 평가될 수밖에 없다.

3. 대화법

전문가들이 말하는 대화법의 핵심은 '상대방을 배려하면서 이야기하라.'는 것이다. 대화는 나와 다른 사람의 소통이다. 내용에 대한 공감이나 이해가 없다면 대화는 더 진전되지 않는다.

베스트셀러 『카네기 인간관계론』의 작가인 철학자 카네기가 말하는 최상의 대화법은 자신의 경험을 토대로 이야기하는 것이다. 즉, 살아오면서 직접 겪은 경험이 상대방의 관심을 끌 수 있는 가장 좋은 이야깃거리인 것이다. 특히, 어떤 일을 이루기 위해 노력하는 과정에서 겪은 실패나 희망에 대해 진솔하게 얘기한다면 상대방은 어느새 당신의 편에 서서 그 이야기에 동조할 것이다.

독일의 사업가이자, 동기부여 트레이너인 위르겐 힐러의 연설법 중 가장 유명한 것은 '시즐(Sizzle)'을 잡는 것이다. 시즐이란, 새우튀김이나 돈가스가 기름에서 지글지글 튀겨질 때 나는 소리이다. 즉, 자신의 말을 듣고 시즐처럼 반응하는 상대방의 감정에 적절하게 대응하라는 것이다.

말을 시작한 지 10 ~ 15초 안에 상대방의 '시즐'을 알아차려야 한다. 자신의 이야기에 대한 상대방의 첫 반응에 따라 말하기 전략도 달라져야 한다. 첫 이야기의 반응이 미지근하다면 가능한 한 그 이야기를 빨리 마무리하고 새로운 이야깃거리를 생각해내야 한다. 길지 않은 면접 시간 내에 몇 번 오지 않는 대답의 기회를 살리기 위해서 보다 전략적이고 냉철해야 하는 것이다.

4. 차림새 이야기

(1) 구두

면접에 어떤 옷을 입어야 할지를 며칠 동안 고민하면서 정작 구두는 면접 보는 날 현관을 나서면서 즉흥적으로 신고 가는 지원자들이 많다. 구두를 보면 그 사람의 됨됨이를 알 수 있다고 한다. 면접관 역시 이러한 것을 놓치지 않기 때문에 지원자는 자신의 구두에 더욱 신경을 써야 한다. 스타일의 마무리는 발끝에서 이루어지는 것이다. 아무리 멋진 옷을 입고 있어도 구두가 어울리지 않는다면 전체 스타일이 흐트러지기 때문이다.

정장용 구두는 디자인이 깔끔하고, 에나멜 가공처리를 하여 광택이 도는 페이턴트 가죽 소재 제품이 무난하다. 검정 계열 구두는 회색과 감색 정장에, 브라운 계열의 구두는 베이지나 갈색 정장에 어울린다. 참고로 구두는 오전에 사는 것보다 발이 충분히 부은 상태인 저녁에 사는 것이 좋다. 마지막으로 당연한 일이지만 반드시 면접을 보는 전날 구두 뒤축이 닳지는 않았는지 확인하고 구두에 광을 내 둔다.

(2) 양말

양말은 정장과 구두의 색상을 비교해서 골라야 한다. 특히 검정이나 감색이 진한 색상이 바지에 흰 양말을 신는 것은 시대에 뒤처지는 일이다. 일반적으로 양말의 색깔은 바지의 색깔과 같아야 한다. 또한 양말의 길이도 신경 써야 한다. 바지를 입을 경우, 의자에 바르게 앉거나 다리를 꼬아서 앉을 때 다리털이 보여서는 안 된다. 반드시 긴 정장 양말을 신어야 한다.

(3) 정장

지원자는 평소에 정장을 입을 기회가 많지 않기 때문에 면접을 볼 때 본인 스스로도 옷을 어색하게 느끼는 경우가 많다. 옷을 불편하게 느끼기 때문에 자세마저 불안정한 지원자도 볼 수 있다. 그러므로 면접 전에 정장을 입고 생활해보는 것도 나쁘지는 않다.

일반적으로 면접을 볼 때는 상대방에게 신뢰감을 줄 수 있는 남색 계열의 옷이나 어떤 계절이든 무난하고 깔끔해보이는 회색 계열의 정장을 많이 입는다. 정장은 유행에 따라서 재킷의 디자인이나 버튼의 개수가 바뀌기 때문에 너무 오래된 옷을 입어서 다른 사람의 옷을 빌려 입고 나온 듯한 인상을 주어서는 안 된다.

(4) 헤어스타일과 메이크업

헤어스타일에 자신이 없다면 미용실에 다녀오거나 자신에게 어울리는 메이크업을 하는 것도 좋은 방법이다. 지나치게 화려한 스타일이 아니라면 보다 준비된 지원자처럼 보일 수 있다.

5. 첫인상

취업을 위해 성형수술을 받는 사람들에 대한 이야기는 더 이상 뉴스거리가 되지 않는다. 그만큼 많은 사람이 좁은 취업문을 뚫기 위해 이미지 향상에 신경을 쓰고 있다. 이는 면접관에게 좋은 첫인상을 주기 위한 것으로, 지원서에 올리는 증명사진을 이미지 프로그램을 통해 수정하는 이른바 '사이버 성형'이 유행하는 것과 같은 맥락이다. 실제로 외모가 채용 과정에서 영향을 끼치는가에 대한 설문조사에서도 60% 이상의 인사담당자들이 그렇다고 답변했다.

하지만 외모와 첫인상을 절대적인 관계로 이해하는 것은 잘못된 판단이다. 외모가 첫인상에서 많은 부분을 차지하지만, 외모 외에 다른 결점이 발견된다면 그로 인해 장점들이 가려질 수도 있다. 이러한 현상은 아래에서 다시 논하겠다.

첫인상은 말 그대로 한 번밖에 기회가 주어지지 않으며 몇 초 안에 결정된다. 첫인상을 결정짓는 요소 중 시각적인 요소가 80% 이상을 차지한다. 첫눈에 들어오는 생김새나 복장, 표정 등에 의해서 결정되는 것이다. 면접을 시작할 때 자기소개를 시키는 것도 지원자별로 첫인상을 평가하기 위해서이다. 첫인상이 중요한 이유는 만약 첫인상이 부정적으로 인지될 경우, 지원자의 다른 좋은 면까지 거부당하기 때문이다. 이러한 현상을 심리학에서는 초두효과(Primacy Effect)라고 한다.

그래서 한 번 형성된 첫인상은 여간해서 바꾸기 힘들다. 이는 첫인상이 나중에 들어오는 정보까지 영향을 주기 때문이다. 첫인상의 정보가 나중에 들어오는 정보 처리의 지침이 되는 것을 심리학에서는 맥락효과(Context Effect)라고 한다. 따라서 평소에 첫인상을 좋게 만들기 위한 노력을 꾸준히 해야만 하는 것이다. 좋은 첫인상이 반드시 외모에만 집중되는 것은 아니다. 오히려 깔끔한 옷차림과 부드러운 표정 그리고 말과 행동 등에 의해 전반적인 이미지가 만들어진다. 누구나 이러한 것 중에 한두 가지 단점을 가지고 있다. 요즈음은 이미지 컨설팅을 통해서 자신의 단점들을 보완하는 지원자도 있다. 특히, 표정이 밝지 않은 지원자는 평소 웃는 연습을 의식적으로 하여 면접을 받는 동안 계속해서 여유 있는 표정을 짓는 것이 중요하다. 성공한 사람들은 인상이 좋다는 것을 명심하자.

1. 면접의 유형

과거 천편일률적인 일대일 면접과 달리 면접에는 다양한 유형이 도입되어 현재는 "면접은 이렇게 보는 것이다."라고 말할 수 있는 정해진 유형이 없어졌다. 그러나 대기업 면접에서는 현재까지는 집단 면접과 다대일 면접이 진행되고 있으므로 어느 정도 유형을 파악하여 사전에 대비가 가능하다. 면접의 기본인 단독 면접부터, 다대일 면접, 집단 면접의 유형과 그 대책에 대해 알아보자.

(1) 단독 면접

단독 면접이란 응시자와 면접관이 1대1로 마주하는 형식을 말한다. 면접위원 한 사람과 응시자 한 사람이 마주 앉아 자유로운 화제를 가지고 질의응답을 되풀이하는 방식이다. 이 방식은 면접의 가장 기본적인 방법으로 소요시간은 10 ~ 20분 정도가 일반적이다.

① 장점

필기시험 등으로 판단할 수 없는 성품이나 능력을 알아내는 데 가장 적합하다고 평가받아 온 면접방식으로 응시자 한 사람 한 사람에 대해 여러 면에서 비교적 폭넓게 파악할 수 있다. 응시자의 입장에서는 한 사람의 면접관만을 대하는 것이므로 상대방에게 집중할 수 있으며, 긴장감도 다른 면접방식에 비해서는 적은 편이다.

② 단점

면접관의 주관이 강하게 작용해 객관성을 저해할 소지가 있으며, 면접 평가표를 활용한다 하더라도 일면적인 평가에 그칠 가능성을 배제할 수 없다. 또한 시간이 많이 소요되는 것도 단점이다.

> **단독 면접 준비 Point**
>
> 단독 면접에 대비하기 위해서는 평소 1대1로 논리 정연하게 대화를 나눌 수 있는 능력을 기르는 것이 중요하다. 그리고 면접장에서는 면접관을 선배나 선생님 혹은 집안 어른을 대하는 기분으로 면접에 임하는 것이 부담도 훨씬 적고 실력을 발휘할 수 있는 방법이 될 것이다.

(2) 다대일 면접

다대일 면접은 일반적으로 가장 많이 사용되는 면접방법으로 보통 2 ~ 5명의 면접관이 1명의 응시자에게 질문하는 형태의 면접방법이다. 면접관이 여러 명이므로 다각도에서 질문을 하여 응시자에 대한 정보를 많이 알아낼 수 있다는 점 때문에 선호하는 면접방법이다.

하지만 응시자의 입장에서는 질문도 면접관에 따라 각양각색이고 동료 응시자가 없으므로 숨 돌릴 틈도 없게 느껴진다. 또한 관찰하는 눈도 많아서 조그만 실수라도 지나치는 법이 없기 때문에 정신적 압박과 긴장감이 높은 면접방법이다. 따라서 응시자는 긴장을 풀고 한 시험관이 묻더라도 면접관 전원을 향해 대답한다는 기분으로 또박또박 대답하는 자세가 필요하다.

① 장점

면접관이 집중적인 질문과 다양한 관찰을 통해 응시자가 과연 조직에 필요한 인물인가를 완벽히 검증할 수 있다.

② 단점

면접시간이 보통 10 ~ 30분 정도로 좀 긴 편이고 응시자에게 지나친 긴장감을 조성하는 면접방법이다.

질문을 들을 때 시선은 면접위원을 향하고 다른 데로 돌리지 말아야 하며, 대답할 때에도 고개를 숙이거나 입속에서 우물거리는 소극적인 태도는 피하도록 한다. 면접위원과 대등하다는 마음가짐으로 편안한 태도를 유지하면 대답도 자연스러운 상태에서 좀 더 충실히 할 수 있고, 이에 따라 면접위원이 받는 인상도 달라진다.

(3) 집단 면접

집단 면접은 다수의 면접관이 여러 명의 응시자를 한꺼번에 평가하는 방식으로 짧은 시간에 능률적으로 면접을 진행할 수 있다. 각 응시자에 대한 질문내용, 질문횟수, 시간배분이 똑같지는 않으며, 모두에게 같은 질문이 주어지기도 하고, 각각 다른 질문을 받기도 한다.

또한 어떤 응시자가 한 대답에 대한 의견을 묻는 등 그때그때의 분위기나 면접관의 의향에 따라 변수가 많다. 집단 면접은 응시자의 입장에서는 개별 면접에 비해 긴장감은 다소 덜한 반면에 다른 응시자들과의 비교가 확실하게 나타나므로 응시자는 몸가짐이나 표현력・논리성 등이 결여되지 않도록 자신의 생각이나 의견을 솔직하게 발표하여 집단 속에 묻히거나 밀려나지 않도록 주의해야 한다.

① 장점

집단 면접의 장점은 면접관이 응시자 한 사람에 대한 관찰시간이 상대적으로 길고, 비교 평가가 가능하기 때문에 결과적으로 평가의 객관성과 신뢰성을 높일 수 있다는 점이며, 응시자는 동료들과 함께 면접을 받기 때문에 긴장감이 다소 덜하다는 것을 들 수 있다. 또한 동료가 답변하는 것을 들으며, 자신의 답변 방식이나 자세를 조정할 수 있다는 것도 큰 이점이다.

② 단점

응답하는 순서에 따라 응시자마다 유리하고 불리한 점이 있고, 면접위원의 입장에서는 각각의 개인적인 문제를 깊게 다루기가 곤란하다는 것이 단점이다.

너무 자기 과시를 하지 않는 것이 좋다. 대답은 자신이 말하고 싶은 내용을 간단명료하게 말해야 한다. 내용이 없는 발언을 한다거나 대답을 질질 끄는 태도는 좋지 않다. 또 말하는 중에 내용이 주제에서 벗어나거나 자기중심적으로만 말하는 것도 피해야 한다. 집단 면접에 대비하기 위해서는 평소에 설득력을 지닌 자신의 논리력을 계발하는 데 힘써야 하며, 다른 사람 앞에서 자신의 의견을 조리 있게 개진할 수 있는 발표력을 갖추는 데에도 많은 노력을 기울여야 한다.
• 실력에는 큰 차이가 없다는 것을 기억하라.
• 동료 응시자들과 서로 협조하라.
• 답변하지 않을 때의 자세가 중요하다.
• 개성 표현은 좋지만 튀는 것은 위험하다.

(4) 집단 토론식 면접

집단 토론식 면접은 집단 면접과 형태는 유사하지만 질의응답이 아니라 응시자들끼리의 토론이 중심이 되는 면접방법으로 최근 들어 급증세를 보이고 있다. 이는 공통의 주제에 대해 다양한 견해들이 개진되고 결론을 도출하는 과정, 즉 토론을 통해 응시자의 다양한 면에 대한 평가가 가능하다는 집단 토론식 면접의 장점이 널리 확산된 데 따른 것으로 보인다. 사실 집단 토론식 면접을 활용하면 주제와 관련된 지식 정도와 이해력, 판단력, 설득력, 협동성은 물론 리더십, 조직 적응력, 적극성과 대인관계 능력 등을 쉽게 파악할 수 있다.

토론식 면접에서는 자신의 의견을 명확히 제시하면서도 상대방의 의견을 경청하는 토론의 기본자세가 필수적이며, 지나친 경쟁심이나 자기 과시욕은 접어두는 것이 좋다. 또한 집단 토론의 목적이 결론을 도출해 나가는 과정에 있다는 것을 감안하여 무리하게 자신의 주장을 관철시키기보다 오히려 토론의 질을 높이는 데 기여하는 것이 좋은 인상을 줄 수 있다는 점을 알아야 한다. 취업 희망자들은 토론식 면접이 급속도로 확산되는 추세임을 감안해 특히 철저한 준비를 해야 한다. 평소에 신문의 사설이나 매스컴 등의 토론 프로그램을 주의 깊게 보면서 논리 전개방식을 비롯한 토론 과정을 익히도록 하고, 친구들과 함께 간단한 주제를 놓고 토론을 진행해 볼 필요가 있다. 또한 사회·시사문제에 대해 자기 나름대로의 관점을 정립해두는 것도 꼭 필요하다.

(5) PT 면접

PT 면접, 즉 프레젠테이션 면접은 최근 들어 집단 토론 면접과 더불어 그 활용도가 점차 커지고 있다. PT 면접은 기업마다 특성이 다르고 인재상이 다른 만큼 인성 면접만으로는 알 수 없는 지원자의 문제해결 능력, 전문성, 창의성, 기본 실무능력, 논리성 능을 관찰하는 데 승점을 누는 면접으로, 지원사 간의 변별력이 높아 대부분의 기업에서 적용하고 있으며, 확산되는 추세이다.

면접 시간은 기업별로 차이가 있지만, 전문지식, 시사성 관련 주제를 제시한 다음, 보통 20 ~ 50분 정도 준비하여 5분가량 발표할 시간을 준다. 면접관과 지원자의 단순한 질의응답식이 아닌, 주제에 대해 일정 시간 동안 지원자의 발언과 발표하는 모습 등을 관찰하게 된다. 정확한 답이나 지식보다는 논리적 사고와 의사표현력이 더 중시되기 때문에 자신의 생각을 어떻게 설명하느냐가 매우 중요하다.

PT 면접에서 같은 주제라도 직무별로 평가요소가 달리 나타난다. 예를 들어, 영업직은 설득력과 의사소통 능력에 중점을 둘 수 있겠고, 관리직은 신뢰성과 창의성 등을 더 중요하게 평가한다.

> **PT 면접 준비 Point**
>
> • 면접관의 관심과 주의를 집중시키고, 발표 태도에 유의한다.
> • 모의 면접이나 거울 면접을 통해 미리 점검한다.
> • PT 내용은 세 가지 정도로 정리해서 말한다.
> • PT 내용에는 자신의 생각이 담겨 있어야 한다.
> • 중간에 자문자답 방식을 활용한다.
> • 평소 지원하는 업계의 동향이나 직무에 대한 전문지식을 쌓아둔다.
> • 부적절한 용어 사용이나 무리한 주장 등은 하지 않는다.

2. 면접의 실전 대책

(1) 면접 대비사항

① 지원 회사에 대한 사전지식을 충분히 준비한다.

필기시험에서 합격 또는 서류전형에서의 합격통지가 온 후 면접시험 날짜가 정해지는 것이 보통이다. 이때 수험자는 면접시험을 대비해 사전에 자기가 지원한 계열사 또는 부서에 대해 폭넓은 지식을 준비할 필요가 있다.

- 회사의 연혁
- 회장 또는 사장의 이름, 출신학교, 관심사
- 회장 또는 사장이 요구하는 신입사원의 인재상
- 회사의 사훈, 사시, 경영이념, 창업정신
- 회사의 대표적 상품, 특색
- 업종별 계열회사의 수
- 해외지사의 수와 그 위치
- 신 개발품에 대한 기획 여부
- 자기가 생각하는 회사의 장단점
- 회사의 잠재적 능력개발에 대한 제언

② 충분한 수면을 취한다.

충분한 수면으로 안정감을 유지하고 첫 출발의 상쾌한 마음가짐을 갖는다.

③ 얼굴을 생기 있게 한다.

첫인상은 면접에 있어서 가장 결정적인 당락요인이다. 면접관에게 좋은 인상을 줄 수 있도록 화장하는 것도 필요하다. 면접관들이 가장 좋아하는 인상은 얼굴에 생기가 있고 눈동자가 살아 있는 사람, 즉 기가 살아 있는 사람이다.

④ 아침에 인터넷 뉴스를 읽고 간다.

그날의 뉴스가 질문 대상에 오를 수가 있다. 특히 경제면, 정치면, 문화면 등을 유의해서 볼 필요가 있다.

출발 전 확인할 사항

이력서, 자기소개서, 성적증명서, 졸업(예정)증명서, 지갑, 신분증(주민등록증), 손수건, 휴지, 볼펜, 메모지, 예비스타킹 등을 준비하자.

(2) 면접 시 옷차림

면접에서 옷차림은 간결하고 단정한 느낌을 주는 것이 가장 중요하다. 색상과 디자인 면에서 지나치게 화려한 색상이나, 노출이 심한 디자인은 자칫 면접관의 눈살을 찌푸리게 할 수 있다. 단정한 차림을 유지하면서 자신만의 독특한 멋을 연출하는 것, 지원하는 회사의 분위기를 파악했다는 센스를 보여주는 것 또한 코디네이션의 포인트이다.

복장 점검

- 구두는 잘 닦여 있는가?
- 옷은 깨끗이 다려져 있으며 스커트 길이는 적당한가?
- 손톱은 길지 않고 깨끗한가?
- 머리는 흐트러짐 없이 단정한가?

(3) 면접요령

① 첫인상을 중요시한다.

상대에게 인상을 좋게 주지 않으면 어떠한 얘기를 해도 이쪽의 기분이 충분히 전달되지 않을 수 있다. 예를 들어, '저 친구는 표정이 없고 무엇을 생각하고 있는지 전혀 알 길이 없다.'처럼 생각되면 최악의 상태이다. 우선 청결한 복장, 바른 자세로 침착하게 들어가야 한다. 건강하고 신선한 이미지를 주어야 하기 때문이다.

② 좋은 표정을 짓는다.

얘기를 할 때의 표정은 중요한 사항의 하나다. 거울 앞에서 웃는 연습을 해본다. 웃는 얼굴은 상대를 편안하게 하고, 특히 면접 등 긴박한 분위기에서는 천금의 값이 있다 할 것이다. 그렇다고 하여 항상 웃고만 있어서는 안 된다. 자기의 할 얘기를 진정으로 전하고 싶을 때는 진지한 얼굴로 상대의 눈을 바라보며 얘기한다. 면접을 볼 때 눈을 감고 있으면 마이너스 이미지를 주게 된다.

③ 결론부터 이야기한다.

자기의 의사나 생각을 상대에게 정확하게 전달하기 위해서 먼저 무엇을 말하고자 하는가를 명확히 결정해 두어야 한다. 대답을 할 경우에는 결론을 먼저 이야기하고 나서 그에 따른 설명과 이유를 덧붙이면 논지(論旨)가 명확해지고 이야기가 깔끔하게 정리된다.

한 가지 사실을 이야기하거나 설명하는 데는 3분이면 충분하다. 복잡한 이야기라도 어느 정도의 길이로 요약해서 이야기하면 상대도 이해하기 쉽고 자기도 정리할 수 있다. 긴 이야기는 오히려 상대를 불쾌하게 할 수가 있다.

④ 질문의 요지를 파악한다.

면접 때의 이야기는 간결성만으로는 부족하다. 상대의 질문이나 이야기에 대해 적절하고 필요한 대답을 하지 않으면 대화는 끊어지고 자기의 생각도 제대로 표현하지 못하여 면접자로 하여금 수험생의 인품이나 사고방식 등을 명확히 파악할 수 없게 한다. 무엇을 묻고 있는지, 무슨 이야기를 하고 있는지 그 요점을 정확히 알아내야 한다.

면접에서 고득점을 받을 수 있는 성공요령

1. 자기 자신을 겸허하게 판단하라.
2. 지원한 회사에 대해 100% 이해하라.
3. 실전과 같은 연습으로 감각을 익히라.
4. 단답형 답변보다는 구체적으로 이야기를 풀어나가라.
5. 거짓말을 하지 말라.
6. 면접하는 동안 대화의 흐름을 유지하라.
7. 친밀감과 신뢰를 구축하라.
8. 상대방의 말을 성실하게 들으라.
9. 근로조건에 대한 이야기를 풀어나갈 준비를 하라.
10. 끝까지 긴장을 풀지 말라.

롯데그룹은 지원자의 역량, 가치관 발전 및 가능성, 보유 역량의 수준 등을 종합적이고 심도 있게 평가하기 위해 다양한 면접 방식을 도입하여 실시하고 있다. 2017년 상반기까지 조직·직무적합검사와 면접전형이 1일 통합 시행했던 것과 달리 2017년 하반기부터 조직·직무적합검사를 통과한 지원자만 후에 실시되는 면접전형에 응시할 수 있게 되었다.

계열사별 차이는 있으나 PT 면접, 그룹 토의 면접(GD 면접), 역량 면접 등 최대 1 ~ 3회 이상의 과정을 거쳐 지원자의 역량을 철저히 검증하고 있다. 최근에는 지원자의 Global Communication 능력을 검증하기 위한 외국어 면접도 점차 확대하고 있으며, 다양한 방식의 면접을 하루 동안 진행하는 ONE-STOP 심사를 실시하고 있다.

1. 역량기반 구조화 면접

역량기반 구조화 면접은 해당 직무의 실무자 2명과 지원자 1명으로 약 30분에서 1시간 정도 진행된다. 회사의 기본가치 및 직무에 필요한 역량을 도출하여 만든 상황별 심층 질문을 통해, 지원자의 잠재역량을 측정하여 조직 적합도 및 직무역량이 뛰어난 인재를 선별하고자 한다. 답변 내용에 따라 상황에 맞는 심층 질문 및 꼬리 질문이 이루어지므로 지나치게 자신을 포장하려는 태도는 좋지 않다. 따라서 긍정적인 모습만으로 미화하려는 것보다는 자신의 본 모습을 솔직하게 보여줄 수 있도록 생각을 정리하고 조리 있게 답변하는 것이 중요하다.

(1) 식품부문

- 롯데제과에서 만드는 제품 중 좋아하는 것 다섯 가지를 말해 보시오. [롯데제과]
- 제과업계 특성상 미투(Me-too) 마케팅이 유행하고 있는데 어떻게 생각하는가? 또 미투(Me-too) 마케팅의 단점을 어떻게 극복할 것인가? [롯데제과]
- 지원한 직무에 맞는 남들과 차별되는 본인만의 역량이 있다면 말해 보시오. [롯데제과]
- 롯데제과 제품을 말해 보시오. [롯데제과]
- 롯데제과의 제품 중 하나를 택하여 판매해야 한다면, 어떤 방법으로 판매할 것인가? [롯데제과]
- 롯데제과의 안 좋은 이미지는 무엇이고, 그 이미지를 극복하기 위해 어떻게 해야 하는가? [롯데제과]
- 육체적인 힘듦과 정신적인 힘듦 중 어떤 것이 더 힘들다고 생각하는가? [롯데제과]
- 롯데칠성음료의 공장이 어디에 있는가? [롯데칠성음료]
- 육아 휴직에 대한 본인의 생각을 타당한 근거를 들어 말해 보시오. [롯데칠성음료]
- 루트 영업에 대해 말해 보시오. [롯데칠성음료]
- 롯데칠성음료가 생산하는 제품에 대해 말해 보시오. [롯데칠성음료]
- 롯데푸드의 기업 이미지에 대해 말해 보시오. [롯데푸드]
- 롯데푸드에 대해 아는대로 다 말해 보시오. [롯데푸드]
- 왜 롯데리아는 일본과 관련된 이미지를 벗어나지 못한다고 생각하는가? [롯데리아]
- 롯데리아의 CSV 향상 및 이미지 제고 방안에 대해 말해 보시오. [롯데리아]
- 롯데리아가 운영하는 외식업체를 방문한 경험이 있는가? 소감을 말해 보시오. [롯데리아]

- 학업 외 활동 경험을 직무에서 어떻게 살릴 것인가? [롯데리아]
- 롯데리아에서 가장 좋아하는 햄버거는 무엇인가? 그 이유는? [롯데리아]
- 스타벅스와 엔젤리너스의 인기 차이에 대해 어떻게 생각하는가? 극복 방안에 대해 말해 보시오. [롯데리아]
- 롯데의 인재상에 대해 말해 보시오. [롯데중앙연구소]
- 삶에서 가장 중요한 가치는 무엇인지 말해 보시오. [롯데중앙연구소]
- 롯데의 신제품에 대해서 말해 보시오. [롯데중앙연구소]
- 롯데의 식품 중 가장 좋아하는 것과 개선해야 하는 점에 대해 말해 보시오. [롯데중앙연구소]
- 집단의 리더가 되어 성공을 이끈 경험이 있는가? 그 과정에서 실패는 없었는가? [롯데중앙연구소]

(2) 관광부문

- 대인관계에서 갈등이 일어난 상황에서 본인이 했던 행동을 말해 보시오. [롯데호텔]
- 롯데호텔에 대해 아는 대로 다 설명해 보시오. [롯데호텔]
- 왜 본인을 뽑아야 하는지 말해 보시오. [롯데호텔]
- 상사의 부당한 지시에 따를 것인가? [롯데호텔]
- 가장 기억나는 PT는 무엇인가? [롯데호텔]
- 본인이 경험한 최고와 최악의 서비스에 대해 말해 보시오. [롯데월드]
- 서비스의 범위는 어디까지라고 생각하는가? [롯데월드]
- 블랙컨슈머를 만났던 경험과 어떻게 본인이 대처했는지 말해 보시오. [롯데월드]
- 아르바이트 경험에 대해 말해 보시오. [롯데월드]

(3) 서비스부문

- 편법을 사용하지 않고 정당하게 무언가를 이루어낸 경험에 대해 말해 보시오. [롯데글로벌로지스]
- 무리한 부탁을 받은 경험에 대해 말해 보시오. [롯데글로벌로지스]
- 인생에 있어 도전했던 경험에 대해 말해 보시오. [롯데글로벌로지스]
- 동아리나 팀 리더로 활동했던 경험에 대해 말해 보시오. [롯데시네마]
- 일과 삶의 균형에 대한 본인의 생각을 말해 보시오. [롯데시네마]
- IT분야 외의 관심 있는 분야는 무엇인가? [롯데정보통신]
- 자기소개서에 인턴 경험이 있는데, 본인이 어떤 일을 했는지 자세히 말해 보시오. [롯데정보통신]
- 프로젝트를 진행한 경험이 있는데, 힘들었던 일은 없었는가? 또 갈등상황은 어떻게 해결했는지 말해 보시오. [롯데정보통신]
- 학교시험 때 족보를 보는 것에 대해 어떻게 생각하는가? [롯데정보통신]
- 관습이나 관례에 대해 어떻게 생각하는가? [롯데정보통신]
- L-PAY에 대해 말해 보시오. [로카모빌리티]
- 본인이 영향력을 발휘하여 기존의 상황을 변화시킨 사례에 대해 말해 보시오. [로카모빌리티]
- 청년실업으로 4행시를 해 보시오. [롯데렌탈]
- 연필의 다른 용도를 5가지 말해 보시오. [롯데렌탈]
- 사회 실업난은 누구의 책임인가? [롯데렌탈]

(4) 유통부문

- 창의적으로 일을 해낸 경험에 대해 말해 보시오. [롯데백화점]
- 주변의 맛집은 어디인가? 본인이 생각하는 맛집의 요인은 무엇인지 말해 보시오. [롯데백화점]
- 왜 롯데인가? [롯데백화점]
- 부당한 요구를 받은 경험이 있다면 말해 보시오. [롯데백화점]
- 롯데백화점 식품 매장을 방문한 경험이 있는가? 느꼈던 점은 무엇인가? [롯데백화점]
- 업무 중 협력사나 매장에서 근무하는 사람들과 부딪힐 때 대처할 것인가? [롯데백화점]
- 헌법 제1조가 무엇인지 아는가? [롯데백화점]
- 롯데백화점의 해외 지사가 어디에 있는지 아는가? [롯데백화점]
- 지방근무나 주말근무도 가능한가? [롯데백화점]
- 마케팅 4P에 대해 설명해 보시오. [롯데백화점]
- Co-Work가 불가능한 팀과 Co-Work를 해야 할 때 어떻게 하겠는가? [롯데백화점]
- 나이가 더 많은 사람이 후배로 들어오면 어떻게 관리하겠는가? [롯데백화점]
- 1~2년 사이 친구는 몇 명 사귀었는가? 그 친구 중 가장 친한 친구의 이름은 무엇인가? 또한 그 친구와 친하게 지낼 수 있었던 자신만의 방법을 말해 보시오. [롯데백화점]
- 오늘 면접장에 와서 주변 지원자들과 무슨 이야기를 했는가? [롯데백화점]
- 카카오톡에 친구 수는 총 몇 명인가? 또 그 친구들을 어떻게 그룹화 할 수 있는가? [롯데마트]
- 도박, 투기, 투자의 차이점은 무엇인가? [롯데마트]
- 타 마트로부터 배워야 할 점은 무엇인가? [롯데마트]
- 지금 당장 여행가고 싶은 곳은 어디인가? 그 이유는? [롯데마트]
- 다른 계열사도 많은데 왜 하이마트에 지원했는가? [롯데하이마트]
- 오늘 면접장에 몇 시에 도착했는가? [롯데하이마트]
- 자신의 윤리성을 점수로 매기자면 몇 점인가? 그 이유는? [롯데하이마트]
- 공백기가 다른 지원자들에 비해 긴 편이다. 공백기 동안 무엇을 했는가? [롯데하이마트]
- 아르바이트를 할 때 가장 기뻤던 점은 무엇인가? [롯데하이마트]
- 요즘 관심 있게 보고 있는 것은 무엇인가? [롯데하이마트]
- 롯데면세점 어플리케이션을 쓰면서 불편했던 점과 좋았던 점을 이야기해 보시오. [롯데면세점]
- 면세점 시장의 동향에 대해 설명한 후, 매출신장의 방법에 대해 말해 보시오. [롯데면세점]
- (비영업부문 지원자에게) 프로모션을 성공적으로 해본 경험이 있는가? [롯데면세점]
- (시간제한) 본인을 PR해 보시오. [롯데면세점]
- 최근 2년 안에 가장 몰두했던 일은 무엇인가? [롯데슈퍼]
- 동시에 여러 가지 일을 한 경험에 대해 말해 보시오. [코리아세븐]
- 대학교 시험 때 컨닝한 학생들을 본적이 있는가? 그에 대한 본인의 행동은? [코리아세븐]
- 역량은 작으나 큰 성취를 한 경험에 대해 말해 보시오. [코리아세븐]
- 상사가 남아서 야근을 지시하면 어떻게 할 것인가? 단, 다른 직원들은 모두 정시 퇴근을 하며, 본인이 혼자 남을 경우 다른 직원들의 눈치를 받게 된다. [롯데홈쇼핑]
- MD의 입장에서 상품을 어떻게 기획할 것인가? [롯데홈쇼핑]
- 관행을 바꾼 경험이 있다면 말해 보시오. [롯데홈쇼핑]

(5) 유화부문

- 본인의 인성을 파악할 만한 질문은 무엇이라고 생각하는가? 그 질문의 답을 말해 보시오. [롯데케미칼]
- 학점은 평가 기준에서 몇 위라고 생각하는가? [롯데케미칼]
- 컨닝을 한 경험이 있는가? [롯데케미칼]
- 지방근무에 대해 어떻게 생각하는가? [롯데케미칼]
- 상사가 범법행위를 저지른다면 어떻게 할 것인가? [롯데케미칼]
- 지방근무를 하더라도 잘 적응할 수 있겠는가? [롯데케미칼]

(6) 건설 · 제조부문

- 롯데건설의 구호를 알고 있는가? [롯데건설]
- 평소 정보를 어떻게 얻는가? [롯데건설]
- 리더십을 발휘한 사례에 대해 말해 보시오. [롯데건설]
- 살면서 어려웠던 경험에 대해 말해 보시오. [롯데건설]
- 현장에서 소음 문제는 어떻게 해결될 수 있는가? [롯데건설]
- (세종대왕 제외) 존경하는 조선시대 왕을 말해 보시오. [롯데건설]
- 성격의 장단점에 대해 말해 보시오. [롯데알미늄]
- 4차산업이 영업직무에 어떤 영향을 미칠 것 같은가? [롯데알미늄]
- 생산지원 직무에 대해 설명해 보시오. [캐논코리아비즈니스솔루션]
- 원하는 직무에서 업무를 볼 수 없다면 어떻게 하겠는가? [캐논코리아비즈니스솔루션]
- 본인의 실패 경험에 대해 말해 보시오. [캐논코리아비즈니스솔루션]

(7) 금융부문

- 최근 롯데카드가 진행하는 광고를 봤는가? 광고에 대해 어떻게 생각하는가? [롯데카드]
- 사람들을 설득할 때 어떤 방법으로 설득하는가? [롯데카드]
- 인 · 적성검사를 공부하면 도움이 되는가? 어떤 면에서 도움이 되는가? [롯데캐피탈]
- '마이 리틀 텔레비전'을 들어봤는가? [롯데캐피탈]
- 통화정책과 재정정책 중 무엇이 더 효과적이라고 생각하는가? [롯데캐피탈]
- 뉴스를 보는가? 요즘 이슈는 무엇인가? [롯데캐피탈]
- 다른 금융회사도 지원을 했는가? [롯데캐피탈]
- 할부와 리스의 차이점에 대해 말해 보시오. [롯데캐피탈]
- 롯데캐피탈에 대해 평소 알고 있었는가? [롯데캐피탈]
- 직무를 선택한 이유에 대해 말해 보시오. [롯데손해보험]
- 창의성을 발휘하여 문제를 해결한 경험이 있는가? [롯데손해보험]
- 대리출석을 한 경험이 있는가? [롯데손해보험]

- 자신의 강점에 대해 말해 보시오. [롯데자산개발]
- 봉사활동에서 얻은 교훈에 대해 말해 보시오. [롯데멤버스]
- 힘든 일을 극복한 과정에 대해 말해 보시오. [롯데멤버스]
- 본인이 성취한 뛰어난 성과에 대해 말해 보시오. [롯데멤버스]

2. GD(Group Discussion) 면접

GD(Group Discussion) 면접은 특정주제에 대해 자유토의 방식으로 4 ~ 6명이 한 조가 되어 30분가량 토론이 진행된다. 면접관은 토론에 전혀 관여하지 않으며 찬반 토론이 아닌 주제에 대한 토의로 서로 의견을 공유하며 해결 방안을 도출한다. 또한 해당 주제에 대한 특정 정답을 요구하는 것이 아니므로 단순히 지적 수준이나 토론 능력만을 평가하지 않는다. 따라서 토론에 임하는 자세와 의사소통능력, 협동심이 등이 더욱 중요하다.

(1) 식품부문

- 약국 외 약품 판매 [롯데푸드]

(2) 관광부문

- 전망대, 키즈파크, 아쿠아리움, 어드벤처, 워터파크의 통합 마케팅 방안 [롯데월드]
- 롯데월드 타워의 활용 방안 [롯데월드]
- 갑질논란에 대한 의견 [롯데제이티비]

(3) 서비스부문

- 3PL 영업전략 [롯데글로벌로지스]
- 롯데시네마 월드타워관 운영 및 활성화 방안 [롯데시네마]
- O2O 서비스 발전 방향 [롯데정보통신]
- 공인인증서 폐지 [롯데정보통신]
- 경쟁사인 AJ렌터카의 저가전략에 대한 대응 방안 [롯데렌탈]

(4) 유통부문

- CRV에 대한 아이디어 [롯데백화점]
- 1인 가구 트렌드에 맞는 롯데백화점의 상품, 서비스 전략 [롯데백화점]
- (백화점 아울렛 시장에 대한 기사) 백화점 3사 아울렛 시장 [롯데백화점]
- 중국 롯데 백화점 홍보 마케팅 전략 [롯데백화점]
- 고유가 대책과 유류세 인하 [롯데백화점]
- 종교인의 세금 부과 [롯데백화점]
- 선거운동과 SNS [롯데백화점]
- 학생 체벌 금지 [롯데백화점]
- (새롭게 표준어가 된 단어 제시) 새 표준어 개정안에 대한 의견 [롯데백화점]
- 하이마트 PB 상품 개발에서 고려해야 할 요소 및 홍보전략 [롯데하이마트]
- 고객 니즈를 충족시킬 수 있는 편의점 신전략 [코리아세븐]
- 편의점의 수익성 강화를 위해 필요한 변화 [코리아세븐]
- 롯데닷컴 단합대회 기획 [롯데닷컴]

(5) 유화부문

- 롯데케미칼의 환경경영 [롯데케미칼]

(6) 건설·제조부문

- 롯데건설이 나아갈 새로운 사업 [롯데건설]
- 역발상과 롯데건설이 나아가야 할 방향 [롯데건설]
- 천안함 피폭 사건과 관련한 국민의 알 권리와 국가 기밀 보호 [롯데건설]

(7) 금융부문

- 보험사기를 근절하기 위한 해결방안 [롯데손해보험]

3. PT 면접

프레젠테이션 면접은 주어진 주제에 대해 지원자가 직접 분석 및 자료 작성을 통해 발표를 진행하는 방식으로 이루어진다. 조별로 기사가 3개 정도 주어지며 면접관 2명과 지원자 1명으로 구성되어 10분 정도 진행된다. PT 면접에서 중요한 것은 정해진 시간 내에 합리적이고 독창적인 결과를 도출해 낼 수 있는 분석력과 창의성이다. 또한 이를 상대방에게 효과적으로 전달할 수 있는 발표능력도 매우 중요하다.

(1) 식품부문

- 롯데제과의 제품 하나를 골라 할랄 식품 인증을 획득할 계획을 수립하시오. [롯데제과]
- (시장 점유율 표 제시) 시장의 변화를 주기 위한 상품과 현실적인 적용 방안 [롯데칠성음료]
- 브랜드 이미지 상승 방안 [롯데칠성음료]
- 파스퇴르 우유 제품을 중국 시장 어느 연령대에 어떻게 공략할 것인지 말해 보시오. [롯데푸드]
- 편의점 도시락 메뉴 및 간편식 시장을 공략하고자 할 때 활성화 방안에 대해 말해 보시오. [롯데푸드]
- 1인 가족을 타겟으로 한 새로운 상품 개발에 대해 말해 보시오. [롯데푸드]
- 한식의 세계화 방안 [롯데푸드]
- 부실한 군납 금식 개선 방안 [롯데푸드]
- 롯데리아의 옴니채널 활용 방안을 말해 보시오. [롯데리아]
- (식품 트렌드 관련 기사 제시) 롯데에서 개발할 신제품을 발표하고자 할 때, 이름, 포장법, 타겟, 가격 등의 계획을 수립하여 발표하시오. [롯데중앙연구소]

(2) 유통부문

- 코즈마케팅과 관련한 기업의 실천 방안 [롯데백화점]
- 경쟁 백화점과의 차별 방안 [롯데백화점]
- 매출부진을 극복하기 위한 상품 기획안 제시 [롯데슈퍼]
- 배송경쟁, 가격 경쟁 심화 속에서 롯데홈쇼핑만의 차별화된 경쟁 방안 제시 [롯데홈쇼핑]

(3) 유화부문

- 롯데케미칼의 환경 경영 [롯데케미칼]

(4) 건설·제조부문

- B2C분야로 처음 진출할 때, 아이템이나 기업 브랜드를 홍보할 수 있는 방안 제시 [롯데기공]

(5) 금융부문

- 주어진 기사를 바탕으로 서비스 기획 [롯데카드]
- 창업 지원에 초점을 맞추면 어떤 업종을 추천하겠는가? [롯데캐피탈]
- 오토리스 직무 관련해서는 어떤 업종을 추천하겠는가? [롯데캐피탈]
- 롯데 멤버스 제휴사와 상호 송객을 통한 마케팅 전략 [롯데멤버스]

4. 외국어 면접

외국어 면접은 영어, 일어, 중국어 중 하나를 선택하여 구술평가로 진행된다. 계열사마다 필수적으로 보는 곳이 있고 선택적으로 보는 곳이 있다. 필수적으로 보는 곳은 보통 영어로 간단한 질문을 하는 유형이다. 선택적으로 보는 곳이면 자신이 외국어에 자신이 있다고 생각하는 사람만 신청해서 면접을 볼 수 있으며 면접을 보지 않는다고 해도 감점은 없다. 단지 잘 봤을 경우의 가점만 있을 뿐이다.

(1) 식품부문

- 자기소개를 해 보시오. [롯데제과]
- 영어 멘토링 봉사활동을 했는데 활동 내용을 영어로 상세히 말해 보시오. [롯데제과]

(2) 관광부문

- 사는 곳에 대해 설명해 보시오. [롯데호텔]
- 여행을 좋아하는가? 여행을 가본 곳 중 인상 깊었던 곳을 설명해 보시오. [롯데호텔]
- 전공에 대해 설명해 보시오. [롯데호텔]
- 쉬는 날에는 보통 무엇을 하는가? [롯데호텔]
- 자기소개를 해 보시오. [롯데월드]
- 본인의 장단점에 대해 말해 보시오. [롯데월드]
- 취미를 말해 보시오. [롯데월드]
- 입사 후 각오에 대해 말해 보시오. [롯데월드]

(3) 유통부문

- 본인의 성격을 묘사해 보시오. [롯데백화점]
- (짧은 글 제시) 다음 글을 요약한 후, 본인의 생각에 대해 말해 보시오. [롯데백화점]
- (한글 신문 기사 제시) 기사 내용을 요약해서 1분 동안 말해 보시오. [롯데백화점]
- 롯데백화점의 장단점에 대해 말해 보시오. [롯데백화점]
- 최근 관심 있게 본 뉴스는 무엇인가? [롯데백화점]
- 현대백화점과 롯데백화점의 차이는 무엇인가? [롯데백화점]
- 주말엔 무엇을 했는가? [롯데백화점]
- 친구란 무엇인가? [롯데백화점]
- 왜 롯데면세점에 지원했는가? [롯데면세점]
- 친구들이 본인을 어떻게 묘사하는가? [롯데면세점]
- 롯데면세점의 강점에 대해 말해 보시오. [롯데면세점]
- 자기소개를 해 보시오. [롯데면세점]

(4) 유화부문

- 자기소개를 해 보시오. [롯데케미칼]
- 주말 계획을 말해 보시오. [롯데케미칼]
- 자신의 인생 목표를 말해 보시오. [롯데케미칼]

5. 임원 면접

면접관(임원) 3 ~ 4명, 지원자 3 ~ 4명으로 구성된 다대다 면접으로 진행되며 공통된 질문 또는 개별 질문에 대한 답변으로 30분 정도 진행된다. 가장 중점적으로 평가하는 부분은 지원자의 기본 인성과 조직 적합성 부분이다. 따라서 지원하는 회사에 대한 관심과 깊이 있는 이해가 매우 중요하다. 또한 자신이 회사에 필요한 인재임을 증명하고, 회사의 발전과 더불어 자신도 성장할 수 있는 성장 가능성을 제시할 수 있다면 좋다. 특히 임원 면접은 인성적 측면에 대한 검증의 의미가 크기 때문에 임의로 준비한 자세와 답변보다는 자신의 진실된 모습을 여과 없이 보여주는 것이 좋다.

(1) 식품부문

- 버킷리스트가 있는가? [롯데제과]
- 생산이란 무엇이라고 생각하는가? [롯데제과]
- 지원동기를 말해 보시오. [롯데칠성음료]
- 주량은 어떻게 되는가? [롯데칠성음료]
- 입사 후 하고 싶은 일에 대해 말해 보시오. [롯데칠성음료]
- 친구들 사이에서 본인의 역할에 대해 말해 보시오. [롯데푸드]
- 본인이 잘하는 것에 대해 말해 보시오. [롯데푸드]
- 40살까지의 목표가 있는가? [롯데리아]
- 인생의 목표에 대해 말해 보시오. [롯데리아]
- 본인의 롤 모델에 대해 말해 보시오. [롯데리아]
- 옷은 어떤 색을 주로 입는가? [롯데리아]
- 여자친구(남자친구)를 부모님에게 직접 소개한다면, 어떤 점에 포인트를 둘 것인가? [롯데리아]
- 돈, 일, 명예 중 어떤 것을 선택할 것인가? [롯데중앙연구소]
- 삶에서 가장 중요한 가치는 무엇인가? [롯데중앙연구소]

(2) 관광부문

- 본인을 색깔로 표현해 보시오. [롯데호텔]
- 영어를 제외하고 할 수 있는 외국어가 있는가? [롯데호텔]
- 후회했던 순간에 대해 말해 보시오. [롯데호텔]
- 여행이란 무엇인가? [롯데제이티비]
- 본인의 강점에 대해 말해 보시오. [롯데제이티비]
- 여성을 위한 여행 상품을 기획해 보시오. [롯데제이티비]
- 롯데제이티비가 나아가야 할 방향에 대해 본인의 의견을 말해 보시오. [롯데제이티비]

(3) 서비스부문

- 지원동기를 말해 보시오. [롯데글로벌로지스]
- 감명 깊게 읽은 책을 말해 보시오. [롯데글로벌로지스]
- 낮은 연봉에 대한 본인의 생각을 말해 보시오. [롯데글로벌로지스]
- 취업난이 심해지는 이유에 대한 본인의 생각을 말해 보시오. [롯데글로벌로지스]
- 임금피크제에 대한 본인의 생각을 말해 보시오. [롯데글로벌로지스]
- 취미는 무엇인가? [롯데정보통신]
- 빅데이터 시대에 빅데이터를 활용한 마케팅 방안에 대해 말해 보시오. [로카모빌리티]
- 입사한다면 어떤 영업사원이 되고 싶은지 말해 보시오. [롯데렌탈]
- 영업과 마케팅의 차이점에 대해 말해 보시오. [롯데렌탈]

(4) 유통부문

- 준비한 자기소개가 아닌, 지금 이 자리에서 즉석으로 성장과정에 대해 말해 보시오. [롯데백화점]
- 롯데그룹의 비리에 대한 본인의 생각을 말해 보시오. [롯데백화점]
- 롯데백화점 지원을 언제부터 결심했는가? [롯데백화점]
- 마지막으로 하고 싶은 말을 해 보시오. [롯데백화점]
- 백화점이 무엇이라고 생각하는가? [롯데백화점]
- 백화점의 입지조건으로 무엇이 중요하다고 생각하는가? [롯데백화점]
- 최근 부모님과의 통화는 언제인가? [롯데하이마트]
- 본인의 전공과 하이마트의 관련성은 무엇인가? [롯데하이마트]
- 주변사람들로부터 본인은 어떤 사람이라는 평판을 듣는가? [롯데하이마트]
- 월드컵과 연관 지어 마케팅 방안을 말해 보시오. [롯데면세점]
- 졸업 논문은 어떤 내용인가? 구체적으로 말해 보시오. [롯데면세점]
- 당신이 임원이라면 어떤 사람을 뽑겠는가? [롯데면세점]
- 매장을 방문한 경험이 있는가? 방문한 매장의 문제점을 개선할 방안을 말해 보시오. [롯데슈퍼]
- 코리아세븐을 연상시키는 이미지를 세 가지 단어로 말한다면? [코리아세븐]
- 롯데그룹의 중심가치는 무엇인가? [코리아세븐]
- 임원들의 이미지가 어떠한가? [코리아세븐]
- 취미는 무엇인가? [코리아세븐]
- (한국사 자격증이 있는 지원자에게) 고구려, 백제, 신라의 멸망 순서를 아는가? [코리아세븐]
- (공대 출신 지원자에게) 전공이 다른데 영업에 지원한 특별한 이유가 있는가? [코리아세븐]
- 편의점 야근 아르바이트를 해본 경험이 있는가? [코리아세븐]
- 일정관리를 어떻게 하는 편인가? [코리아세븐]
- (돌발질문) 면접실 뒤에 있는 달력은 왜 있는 것 같은가? [롯데홈쇼핑]
- 스타트업에 대한 생각과 한국에서 스타트업이 잘 안 되는 이유에 대해 말해 보시오. [롯데홈쇼핑]

- 30만 원 공기청정기보다 130만 원 공기청정기의 매출이 더 높다. 문제점과 이유는 무엇이라고 생각하는가? [롯데홈쇼핑]
- 가장 친한 친구가 있다면 누구이고 왜 그렇게 생각하는가? [코리아세븐]
- 219,000원보다 199,000원일 때 상품의 매출이 높다. 이유는 무엇이라고 생각하는가? [롯데홈쇼핑]
- 가치란 무엇인가? [롯데홈쇼핑]
- 옆 경쟁사에서 대박 난 상품을 롯데홈쇼핑에서도 판매하려고 한다. 경쟁사에서는 마진이 30%였지만, 우린 20%였다. 본인이 MD라면 어떻게 할 것인가? [롯데홈쇼핑]
- 롯데홈쇼핑의 약점과 강점에 대한 본인의 생각을 말해 보시오. [롯데홈쇼핑]
- 자신 있는 본인만의 역량에 대해 말해 보시오. [롯데닷컴]

(5) 유화부문

- 10년 후, 20년 후, 30년 후 본인의 모습을 각각 말해 보시오. [롯데케미칼]
- 선망하는 기업이 있는가? [롯데케미칼]
- 존경하는 기업인이 있는가? [롯데케미칼]
- 평소에 생각하는 롯데의 긍정적인 이미지와 부정적인 이미지에 대해 말해 보시오. [롯데케미칼]

(6) 건설·제조부문

- 부모님과의 대화는 자주 하는 편인가? [롯데건설]
- 입사를 한다면 진급 목표는 어디까지 생각하고 있는가? [롯데건설]
- 왜 이 직무를, 왜 롯데에서 하고자 하는가? [롯데건설]
- 현재 우리 부서가 주력하고 있는 부분에 대해 아는 것이 있다면 말해 보시오. [롯데건설]
- 가장 힘들었던 점은 무엇인가? [롯데알미늄]
- 본인만의 영업 전략에 대해 말해 보시오. [캐논코리아비즈니스솔루션]
- 조직 생활에서 다른 사람과 충돌한 경험이 있다면 말해 보시오. [캐논코리아비즈니스솔루션]

(7) 금융부문

- 이틀 뒤에 당신이 합격하였는데, 그 주 주말에 로또에 당첨이 된다면 입사를 하겠는가? [롯데카드]
- 손해보험업에 지원한 이유가 무엇인가? [롯데손해보험]
- 여러 보험사 중 롯데손해보험을 지원한 이유가 무엇인가? [롯데손해보험]
- 지원 직무 내에서 구체적으로 하고 싶은 업무가 무엇인가? [롯데손해보험]

"오늘 당신의 노력은 아름다운 꽃의 물이 될 것입니다."

　그러나, 이 꽃을 볼 때 사람들은 이 꽃의 아름다움과 향기만을 사랑하고 칭찬하였지, 이 꽃을 그렇게 아름답게 어여쁘게 만들어 주는 병 속의 물은 조금도 생각지 않는 것이 보통입니다.

　만일 이 꽃병 속에 들어 있는 물을 죄다 쏟아 버리고 빈 병에다 이 꽃을 꽂아 보십시오.

　아무리 아름답고 어여쁜 꽃이기로서니 단 한 송이의 꽃을 피울 수 있으며, 단 한 번이라도 꽃 향기를 날릴 수 있겠습니까?

　우리는 여기서 아무리 본바탕이 좋고 아름다운 꽃이라도 보이지 않는 물의 숨은 힘이 없으면 도저히 그 빛과 향기를 자랑할 수 없는 것을 알았습니다.

- 방정환의 「우리 뒤에 숨은 힘」 중 -

앞선 정보 제공! 도서 업데이트

언제, 왜 업데이트될까?

도서의 학습 효율을 높이기 위해 자료를 추가로 제공할 때!
공기업 · 대기업 필기시험에 변동사항 발생 시 정보 공유를 위해!
공기업 · 대기업 채용 및 시험 관련 중요 이슈가 생겼을 때!

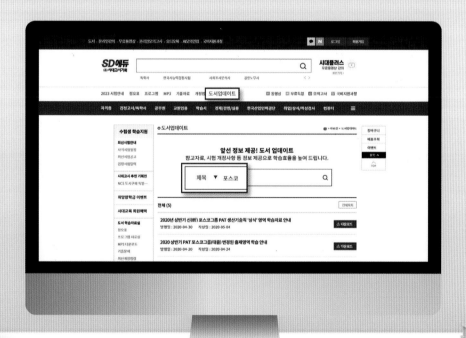

01 SD에듀 도서
www.sdedu.co.kr/book
홈페이지 접속

02 상단 카테고리
「도서업데이트」
클릭

03 해당
기업명으로
검색

참고자료, 시험 개정사항 등 정보 제공으로 학습효율을 높여 드립니다.

SD에듀

대기업 인적성검사 시리즈

신뢰와 책임의 마음으로 수험생 여러분에게 다가갑니다.

대기업 인적성 "기본서" 시리즈

대기업 취업 기초부터 합격까지! 취업의 문을 여는
Master Key!

2024 최신판

YouTube

유튜브로 쉽게 배우는

5일 특강
L-TAB

롯데그룹
조직·직무적합진단

편저 | SDC(Sidae Data Center)

SDC
SDC는 SD에듀 데이터 센터의 약자로 약 30만 개의 NCS·적성 문제 데이터를
바탕으로 최신출제경향을 반영하여 문제를 출제합니다.

YES24
롯데그룹 부문
판매량
1위

정답 및 해설

SD에듀
(주)시대고시기획

1일 차

최신 출제 경향 파악하기

끝까지 책임진다! SD에듀!

QR코드를 통해 도서 출간 이후 발견된 오류나 개정법령, 변경된 시험 정보, 최신기출문제, 도서 업데이트 자료 등이 있는지 확인해 보세요! **시대에듀 합격 스마트 앱**을 통해서도 알려 드리고 있으니 구글 플레이나 앱 스토어에서 다운받아 사용하세요. 또한, 파본 도서인 경우에는 구입하신 곳에서 교환해 드립니다.

01	02	03	04	05	06	07	08	09	10
③	⑤	⑤	④	③	②	①	④	④	②
11	12								
③	⑤								

01
정답 ③

제시문은 영화의 리얼리즘 미학에 대한 바쟁의 영화관을 주제로 한다. 네 번째 문단에 따르면 바쟁은 '형식주의적 기교가 현실의 복잡성과 모호성을 침해하여 현실을 왜곡할 수 있다.'고 보았기 때문에 '현실의 참모습을 변조하는 과도한 편집 기법보다는 단일한 숏(Shot)을 길게 촬영하는 롱 테이크 기법을 지지'하였다. 그것은 사건의 공간적 단일성을 존중하고 현실적 사건으로서의 가치를 보장한다고 여기기 때문이다. 따라서 ③과 같은 진술은 바쟁의 의견과 거리가 멀다.

02
정답 ⑤

'바쟁의 영화관(映畫觀)'에 동조한다면 리얼리즘적인 특성을 최대한 살릴 수 있도록 영화를 제작했을 것이다. 따라서 인위적인 편집이나 조작을 최대한 배제하고, 현실을 있는 그대로 재현하려고 했을 것이다. 또한 네 번째 문단에서 언급한 것처럼 '관객의 시선에도 자유를 부여'하려고 했을 것이므로 ⑤와 같은 반응은 적절하지 않다.

03
정답 ⑤

ⓓ의 '감수하다'는 '외부의 영향을 수동적으로 받아들이다.'라는 뜻이다. 따라서 '맡아서 보증하다.'라는 뜻의 '담보하다'로 수정하는 것은 적절하지 않다.

04
정답 ④

'멜로 영화를 좋아하는 사람'을 p, '독립 영화를 좋아하는 사람'을 q, '공포 영화를 좋아하는 사람'을 r, 'SF 영화를 좋아하는 사람'을 s라고 하면, 설문조사 결과를 정리한 내용은 각각 $p \rightarrow q$, $r \rightarrow s$, $\sim q \rightarrow \sim s$로 나타낼 수 있다.
$\sim q \rightarrow \sim s$ 명제의 대우는 $s \rightarrow q$이므로, $r \rightarrow s \rightarrow q$이다. 즉, $r \rightarrow q$이다.
따라서 '공포 영화를 좋아하는 사람은 독립 영화를 좋아한다.'를 유추할 수 있다.

05
정답 ③

글쓴이는 현대인들이 사람을 판단할 때, 순간적으로 느껴지는 겉모습보다 내면적 가치를 소중히 해야 한다고 말하고 있다.

06

정답 ②

글쓴이는 현대인들이 대중문화 속에서 '내가 다른 사람의 눈에 어떻게 보이느냐'에 대해 '조바심과 공포감'을 가지고 있으며, 이것은 특히 광고에 의해 많이 생겨난다고 말한다. 하지만 ②의 '극장에서 공포영화를 보고 화장실에 가기를 무서워한다.'는 단순한 공포심을 나타내고 있을 뿐이다.

오답분석

①·③·④·⑤ 대중매체를 통해 정보를 얻고, 그 정보대로 실행하지 않으면 남들보다 열등한 상태에 놓이게 될 것으로 여겨 대중매체가 요구하는 대로 행동하는 사례들이다.

07

정답 ①

제시문에서는 사람들의 내면세계를 중요시하던 '과거를 향유했던 사람들'과는 달리 내면보다는 겉모습의 느낌을 중시하는 '현시대를 살아가는 사람들'을 비판하고 있다. 이 경우 보기 좋게 꾸며진 겉보다는 실속 있는 내면이 더 중요하다는 속담으로 비판할 수 있을 것이다. ①은 겉보기보다는 속이 더 중요하다는 말로, 형식보다 내용이 중요함을 강조한 표현으로 이해할 수 있다. 따라서 '과거를 향유했던 사람'의 입장에서 '현시대를 살아가는 사람'을 비판할 수 있는 속담으로는 ①이 적절하다.

오답분석

②·③·⑤ 겉모습이 좋아야 내면도 좋을 수 있다는 것으로 겉모습의 중요성을 말하고 있다.
④ 전체를 보지 못하고 자기가 알고 있는 부분만 고집함을 뜻하는 말이다.

08

정답 ④

D사원이 등록할 수 있는 월 ~ 토요일까지의 운동 스케줄은 다음과 같다.

구분	월	화	수	목	금	토
경우 1	리포머	바렐	체어	리포머	체어	리포머
경우 2	리포머	체어	바렐	리포머	체어	리포머
경우 3	리포머	체어	리포머	바렐	체어	리포머
경우 4	체어	리포머	바렐	리포머	체어	리포머
경우 5	바렐	리포머	체어	리포머	체어	리포머

토요일에는 리포머 수업만 진행되므로 D사원은 토요일에 리포머 수업을 선택해야 한다.
금요일에는 체어 수업에 참여하므로 네 번째 조건에 따라 목요일에는 바렐 또는 리포머 수업만 선택할 수 있다. 그런데 D사원이 화요일에 바렐 수업을 선택한다면, 목요일에는 리포머 수업만 선택할 수 있다.
따라서 수요일에는 리포머 수업을 선택할 수 없으며, 반드시 체어 수업을 선택해야 한다.

월	화	수	목	금	토
리포머	바렐	체어	리포머	체어	리포머

오답분석

① 경우 2와 경우 3에 따라 옳은 내용이다.
② 경우 4에 따라 옳은 내용이다.
③ 경우 2에 따라 옳은 내용이다.
⑤ 경우 3에 따라 옳은 내용이다.

09

박대리는 워크숍 시작 1시간 전에는 대구공항에 도착하여야 하므로 12:00 안에 도착하는 항공편을 타야 한다. 그러므로 김포공항에서 대구공항으로 가는 항공편은 IA910편을 이용하며, 다시 김포공항으로 오는 경우에는 워크숍 종료시각인 17:00부터 그 후 2시간 이내인 18:00에 출발하는 항공편을 이용하여야 하므로 TK280편을 이용한다.

또한 항공료를 제외한 교통비는 대구공항에서 이동하는 첫날과 마지막 날 이틀에 대한 비용이 지급된다.

이를 반영하여 출장비를 계산하면 다음과 같다.

(식비)+(숙박비)+(교통비)+(대구행 비행기요금)+(서울행 비행기요금)

=(4일×30,000원)+(3박×80,000원)+(2일×10,000원)+34,500원+58,000원

=472,500원

따라서 박대리의 대구 출장으로 인한 출장비 총액은 472,500원이다.

10

박대리는 김포공항에서 대구공항으로 이동 시에는 IA910편을, 대구공항에서 김포공항으로 이동 시에는 TK280편을 이용한다. 특히 IA910편의 경우, 비고사항에 따라 1.0%p 추가 적립된다는 점에 유의한다.

IA910편을 이용하는 경우에는 34,500×(0.03+0.01)=1,380점, TK280편을 이용하는 경우에는 58,000×0.05=2,900점이 적립되므로, 1,380+2,900=4,280점이 적립된다.

따라서 박대리가 이번 출장으로 적립하게 되는 마일리지는 4,280점이다.

11

먼저 세 번째 ~ 여섯 번째 조건을 기호화하면 다음과 같다.

• A or B → D, A and B → D
• C → ~E and ~F
• D → G
• G → E

세 번째 조건의 대우 ~D → ~A and ~B에 따라 D사원이 출장을 가지 않으면 A사원과 B사원 모두 출장을 가지 않는 것을 알 수 있다. 즉, D사원이 출장을 가지 않으면 남은 C사원과 E, F, G대리 모두 출장을 가야 한다. 그러나 이는 '대리 중 적어도 1명은 출장을 가지 않는다.'는 두 번째 조건과 모순되므로 성립하지 않는다. 그러므로 D사원은 반드시 출장을 가야 한다.

D사원이 출장을 가면 다섯 번째, 여섯 번째 조건을 통해 D → G → E가 성립하므로 G대리와 E대리도 출장을 가는 것을 알 수 있다. 이때, 네 번째 조건의 대우에 따라 E대리와 F대리 중 적어도 1명이 출장을 가면 C사원은 출장을 갈 수 없으며, 두 번째 조건에 따라 E, F, G대리는 모두 함께 출장을 갈 수 없다. 결국 D사원, G대리, E대리와 함께 출장을 갈 수 있는 사람은 A사원 또는 B사원이다.

따라서 항상 참이 되는 것은 'C사원은 출장을 가지 않는다.'의 ③이다.

12

병사원과 정사원의 항공 마일리지를 비교할 수 없으므로 순서대로 나열하면 '갑 – 정 – 병 – 을'과 '갑 – 병 – 정 – 을' 모두 가능하다.

01	02	03	04	05	06	07	08	09	10
⑤	②	④	⑤	④	②	③	③	②	①
11	12								
①	③								

01

정기주주총회 공고문에서 확인할 수 있는 이사진은 사내이사 3명(신○○, 송○○, 고○○), 사외이사 3명(권○○, 이○○, 김○○)으로 총 6명이다. 그런데 정관 제31조에 따르면 이사는 최대 9명까지 선임할 수 있으며(제1항), 사외이사는 9명 중 과반수로 한다(제2항). 이때 9명의 과반수는 5명이다. 따라서 사내이사가 3명이라면 사외이사는 5 ~ 6명을 선임할 수 있다. 정기주주총회에서 선임된 사외이사가 3명이므로 기존의 사외이사로서 유임된 이사는 2 ~ 3명이다.

오답분석

① 주주총회에 참석한 전체 주식수(52,632,633주) 가운데 ⓐ의 비율은 $\frac{43,591,963}{52,632,633} \times 100 ≒ 82.82\cdots$로 약 83%이다. 또한 ⓑ의

비율은 $\frac{9,040,670}{52,632,633} \times 100 ≒ 17.17\cdots$로 약 17%이다.

따라서 ⓐ는 ⓑ의 83÷17≒4.882…로 약 4.8배이다.

② 총발행주식수는 105,896,861주이고, 그 가운데 의결권 있는 주식수는 70,805,300주이다.

따라서 총발행주식수 가운데 의결권 있는 주식수의 비율은 $\frac{70,805,300}{105,896,861} \times 100 ≒ 66.86\cdots$로 약 67%이므로 70%를 초과하지

않는다.

③ 정관 제5조에 따르면 발행 가능한 주식의 총수는 5억 주이며, 공고문에서 총발행주식수는 105,896,861주라고 하였다.

따라서 500,000,000 - 105,896,861 = 394,103,139주까지 신주를 발행할 수 있다.

④ 의결권이 있는 주식은 70,805,300주이며, 주주총회에 참석한 전체 주식수는 52,632,633주이다.

따라서 의결권 있는 주식수 가운데 주주총회에 참석한 주식수의 비율은 $\frac{52,632,633}{70,805,300} \times 100 ≒ 74.33\cdots$로 약 74%이다.

02

정답 ②

ㄱ. 총발행주식수는 105,896,861주이며, 정관 제29조에서 어떠한 안건이든지 가결되기 위해서는 발행주식총수의 4분의 1 이상의 찬성을 얻어야 한다고 하였다.

따라서 최소 의결정족수는 $105,896,861 \times \frac{1}{4} = 26,474,215.25$주이다.

ㄷ. 정기주주총회에 참석한 전체 주식수는 52,632,633주이고 '사내이사 신○○ 선임의 건'에 대한 찬성률과 반대율의 차이는 90.1−9.9=80.2%이다.

따라서 찬성 주식수와 반대 주식수의 차이는 $52,632,633 \times 0.802 = 42,211,371.666$주이다.

[오답분석]

ㄴ. 우선주를 포함한 총발행주식수는 105,896,861주이며, 이 가운데 의결권 있는 주식수는 70,805,300주이다. 또한 정관 제7조에 따르면 L그룹이 발행할 주식은 기명식 보통주식과 기명식 우선주식으로 2종류이며 우선주식에는 의결권이 없다.

따라서 의결권이 없는 주식, 즉 우선주를 계산하면 105,896,861−70,805,300=35,091,561주이다. 이는 의결권이 있는 보통주의 약 0.4956배이다.

ㄹ. 제56기 사업연도는 2022년 1월 1일부터 2022년 12월 31일까지이며, 정관 제19조 제2항에 따르면 정기주주총회는 매 사업연도 종료 후 3월 이내에 소집된다. 따라서 2023년 제56기 정기주주총회는 2023년 1월부터 3월 사이에 소집된다.

03

정답 ④

'시(時)'는 일부 명사나 어미 '−을' 뒤에 쓰여 어떤 일이나 현상이 일어날 때나 경우를 뜻하는 의존 명사이다. 따라서 의존 명사는 띄어 쓴다는 「한글 맞춤법」 제42항의 규정에 따라 '유고 시에는'으로 띄어 써야 한다.

[오답분석]

① 공통의 전문적인 주제를 가지고 비교적 긴 시간에 걸쳐 열리는 대규모 회의를 뜻하는 'Conference'의 규범 표기는 '콘퍼런스'이다.
② 다른 수나 양에 대한 어떤 수나 양의 비율을 뜻하는 '率'의 본음은 '률'이지만 두음법칙에 따라 '율'로 적는다. 그러나 모음이나 'ㄴ' 받침 뒤에 이어지는 '렬, 률'은 '열, 율'로 적는다(「한글 맞춤법」 제11항). 따라서 '찬성율'이 아니라 '찬성률'로 적어야 한다.
③ '사업+연도', 즉 명사와 명사가 더해진 합성어로, 업무와 결산의 편의를 위하여 정한 기간, 즉 결산기와 결산기 사이를 뜻한다. 이때 '사업'과 '연도'를 띄어 쓰거나 붙여 쓰는 것 모두 허용되지만, 두음법칙에 따라 '년도'가 아니라 '연도'로 적어야 한다.
⑤ '과반(過半)'은 절반이 넘는다는 뜻이므로, '과반이 넘는'은 같은 의미의 어휘가 중복된 표현이다. 따라서 '과반수' 또는 '절반이 넘는 수'라고 표현해야 한다.

04

정답 ⑤

ㄱ. 정관 제20조의 전단에 따르면 주주총회의 소집은 법령에 다른 규정이 있는 경우를 제외하고는 이사회의 결의에 따라 대표이사가 소집해야 한다. 즉, 주주총회 소집 권한을 가진 주체는 대표이사이지만, 주주총회를 소집하려면 이사회가 이를 결의해야 한다.
ㄴ. 정관 제19조에 따르면 주주총회는 정기주주총회와 임시주주총회로 구분되며(제1항), 임시주주총회는 필요에 따라 소집한다(제2항). 따라서 임시주주총회는 소집 횟수에 제한이 없다.
ㄷ. 정관 제20조의 단서 조항에 따르면 대표이사의 유고 시에는 이사회에서 정한 순서에 따라 이사가 대표이사의 직무를 대행한다. 또한 이사는 사내이사와 사외이사로 구성되며, 감사위원은 이사진에 포함되지 않는다. 따라서 대표이사의 궐위 시에 감사위원이 아니라 이사가 대표이사의 직무를 대행한다. 또한 사전에 이사회에서 대행 순서를 정한다고 했으므로 주주총회를 소집할 필요가 없다.
ㄹ. 정관 제29조에 따르면 주주총회에 출석한 주주의 의결권의 과반수로 결의를 할 수 있으나, 이때 의결정족수는 발행주식총수의 4분의 1 이상이어야 한다. 따라서 발행주식총수의 25% 미만이 주주총회에 참석한 경우에는 안건의 가결 여부를 결정할 수 없다.

05

ㄱ. '이 기간 동안 국제 유가와 천연가스 가격 상승이 예측되어'라는 부분을 위해 이용한 자료이다.
ㄴ·ㄷ. '비OECD 국가들의 높은 경제성장률과 인구증가율로 인해'라는 부분을 위해 이용한 자료이다.

[오답분석]

ㄹ. 보고서는 에너지 수요에 대한 내용만을 다루고 있을 뿐, 에너지 생산에 대해서는 언급하고 있지 않다.

06

'전가통신(錢可通神)'은 돈이 있으면 귀신과도 통할 수 있다는 뜻으로, 돈의 위력으로 못할 게 없음을 이르는 말이므로 문맥상 ⓒ에 들어가기에 적절하지 않다. ⓒ에는 미래를 예측하기 어렵다는 의미의 한자성어가 들어가야 하므로 '세사난측(世事難測)', '오리무중(五里霧中)' 등이 적절하다.

[오답분석]

① 동전의 양면 : 겉과 안처럼 언제나 공존하여 나타나는 사물의 두 면이라는 뜻으로, 흔히 하나의 사물이 서로 대립하며 맞서는 두 가지의 성질을 동시에 가지는 경우를 비유한다.
③ 시금석(試金石) : 귀금속의 순도를 판정하는 데 쓰는 검은색의 현무암이나 규질의 암석을 가리키는 말로, 가치를 판정하거나 미래를 예측하는 데 기준이 될 만한 사물을 비유적으로 뜻하기도 한다.
④ 소막썍깨(瑞麥手改) : 아침저녁으로 뜯어고친다는 뜻으로, 계획이나 뭘핑 등을 (일판싱 없이) 사쭈 고침을 이르는 밀이나.
⑤ 고래 싸움에 새우 등 터진다. : 강한 자들끼리 싸우는 통에 아무 상관도 없는 약한 자가 중간에 끼어 피해를 입게 됨을 비유적으로 이르는 말이다.

07

2010년의 세계 에너지 수요 현황은 461QBTU이고, 이 가운데 아시아 / 오세아니아 지역의 OECD 국가의 수요는 38QBTU로 약 8.24%이다. 또한 2035년 세계 에너지 수요 전망치는 694QBTU이고, 아시아 / 오세아니아 지역의 OECD 국가의 수요는 45QBTU로 약 6.48%이다.
따라서 8.24%에서 6.48%로 1.76%p의 감소가 전망된다.

[오답분석]

① 2010년 유럽 지역 OECD 국가의 에너지 수요 현황은 81QBTU이었고 2035년 전망치는 92QBTU이므로, 2035년에는 2010년보다 11QBTU(=92-81)의 에너지가 더 필요할 것으로 전망된다. 또한 같은 연도의 유럽 지역 비OECD 국가의 에너지 수요 현황은 51QBTU이었고 전망치는 69QBTU이므로, 18QBTU(=69-51)의 에너지가 더 필요할 것으로 전망된다. 이때 18QBTU는 11QBTU의 약 1.6363배이다.
② 2010년의 세계 에너지 수요 현황은 461QBTU이고, 이 가운데 아시아 / 오세아니아 지역의 비OECD 국가의 수요는 133QBTU로 약 28.85%이다. 또한 2035년 세계 에너지 수요 전망치는 694QBTU이고, 아시아 / 오세아니아 지역의 비OECD 국가의 수요는 277QBTU로 약 39.91%이다. 이때 39.91%는 28.85%의 약 1.3833배이다.
④ 제시된 표에서 2015 ~ 2035년의 세계 에너지 수요 연평균 증가율 소계를 보면 비OECD 국가는 2.8%로 OECD 국가의 0.7%의 4배이다.
⑤ 제시된 표에 따르면 2015 ~ 2035년 세계 에너지 수요 연평균 증가율은 1.8%이고, 2035년 전 세계 에너지 수요는 694QBTU로 전망된다. 따라서 이러한 추세가 2036년에도 이어진다면 2036년 전 세계 에너지 수요량은 694×1.018=706.492QBTU로 전망된다. 또한 북미 지역 OECD 국가의 에너지 수요 연평균 증가율은 0.9%이고, 2035년의 수요는 149QBTU으로 전망된다. 그러므로 이러한 추세가 2036년에도 이어진다면 2036년 북미 지역 OECD 국가의 에너지 수요는 149×1.009=150.341QBTU로 전망되며, 이때 150.341QBTU는 706.492QBTU의 약 21.2799%이다.

ㄴ. 보고서에 따르면 전 세계 에너지 수요는 2010년 461QBTU에서 2035년 694QBTU로 증가할 것이며, 전 세계에서 미국의 에너지 수요가 차지하는 비중은 2010년 22%에서 2035년 17%로 줄어들 것으로 예상된다. 따라서 미국의 에너지 수요량은 2010년에 $461 \times 0.22 = 101.42$QBTU이었고, 2035년에는 $694 \times 0.17 = 117.98$QBTU로 예상되므로, 2010년 대비 2035년 미국의 에너지 수요량은 $\frac{117.98 - 101.42}{101.42} = \frac{16.56}{101.42} = 0.16328\cdots$, 즉 16%가 조금 넘는 정도로 증가할 것이다.

ㄷ. 보고서에 따르면 국제 유가와 천연가스 가격 상승이 예상되어 장기적으로 에너지 수요가 둔화될 것으로 보임에도 불구하고 비(非)OECD 국가들의 높은 경제성장률과 인구증가율로 인해 세계 에너지 수요 증가율은 높은 수준을 유지할 것으로 예상되어 2035년의 전 세계 에너지 수요는 2010년보다 50% 이상 증가할 것으로 전망된다. 즉, 에너지 수요 둔화 요인에도 불구하고 전 세계 에너지 수요의 증가가 예측되는 것은 전 세계 에너지 수요에 대한 비(非)OECD 국가들의 영향이 OECD 국가들에 비해 크기 때문임을 자료를 통해 알 수 있다.

오답분석

ㄱ. 보고서에 따르면 2035년의 전 세계 에너지 수요 중에서 중국과 인도가 차지하는 비중은 25%에 달할 것으로 예측된다. 그러나 중국과 인도 가운데 어느 국가의 에너지 수요가 더 많은지를 판단할 수 있는 근거가 제시문에는 없다.

ㄹ. 보고서에서 2015 ~ 2035년 기간 중 비(非)OECD 국가들의 연평균 에너지 수요는 연평균 2.8%씩 증가할 것으로 예상된다고 했으므로 2035년은 2015년보다 56%p(=2.8%×20년) 증가할 것이다. 또한 같은 기간에 OECD 국가들의 연평균 에너지 수요는 연평균 0.7%씩 증가할 것으로 예상된다고 했으므로 2035년은 2015년보다 14%p(=0.7%×20년) 증가할 것이다. 이때 56%p 는 14%p의 4배이다.

ㄱ. '2023년 3월 자동차 생산·수출 현황' 표 바로 위의 문단에서 부품 수출의 경우 전년 동월 대비 5.3% 감소했다고 설명했으며, 2023년 3월의 부품 수출액은 2,059백만 달러이다.

2022년 3월의 부품 수출액을 x백만 달러라고 하면 다음과 같은 식이 성립한다.

$2,059 = x \times (1 - 0.053)$

$\therefore x = \frac{2,059}{0.947} \fallingdotseq 2,174.23\cdots$

따라서 부품 수출액은 약 2,174백만 달러이다.

ㄷ. 2023년 3월의 자동차 수출액은 6,518백만 달러이고, 이는 2월에 비해 16.5% 증가한 수치이다. 2월의 수출액을 x백만 달러라고 하면 다음과 같은 식이 성립한다.

$6,518 = x \times 1.165$

$\therefore x = \frac{6,518}{1.165} \fallingdotseq 5,594.84\cdots$

따라서 2월의 수출액은 약 5,594백만 달러이다.

2023년 1월의 자동차 수출액은 17,099백만−5,594백만−6,518백만=4,987백만 달러이며, 이는 2023년 1분기 수출액의 $\frac{4,987}{17,099} \fallingdotseq 0.2916\cdots$, 약 29.16%이므로 30%를 넘지 않는다.

오답분석

ㄴ. 표에서 2023년 1분기의 자동차 수출 대수는 684,009대이며, 이는 2022년 1분기보다 30.8% 증가한 수치이다.

따라서 2022년 1분기의 자동차 수출 대수를 x대라고 하면 $684,009 = x \times 1.308 \rightarrow x = \frac{684,009}{1.308} \fallingdotseq 522,942.66\cdots$로, 약 522,942대이다.

ㄹ. 2023년 3월의 자동차 생산 대수는 409,806대이고, 이는 전월 대비 17.9% 증가한 수치이다.

따라서 17.9%의 상승률이 절반(=8.95%)으로 감소한다면 2023년 4월의 생산 대수는 409,806×1.0895=446,483.637대이다.

10

ㄱ. 2022년 9월부터 2023년 3월까지 친환경차 수출량과 친환경차 수출액의 전월 대비 증감 추이를 정리하면 다음과 같다. 조사 기간 내내 수출액은 증가했으며, 2022년 11월과 2023년 1월에는 수출량과 수출액의 증감 추이가 다름을 알 수 있다.

구분	2022년				2023년		
	9월	10월	11월	12월	1월	2월	3월
친환경차 수출량	증가	증가	감소	증가	동일	증가	증가
친환경차 수출액	증가	증가	증가	증가	증가	증가	증가

ㄴ. 2022년 9월부터 2023년 3월까지 자동차 수출량과 친환경차 수출량의 전월 대비 증감 추이를 정리하면 다음과 같으며, 2022년 11월부터 2023년 1월까지 증감 추이가 다름을 알 수 있다.

구분	2022년				2023년		
	9월	10월	11월	12월	1월	2월	3월
자동차 수출량	증가	증가	증가	동일	감소	증가	증가
친환경차 수출량	증가	증가	감소	증가	동일	증가	증가

오답분석

ㄷ. 2023년 1 ~ 3월의 전월 대비 자동차 수출량 증가율을 구하면 다음과 같다.

- 2023년 1월 : $\dfrac{19.9만-21.8만}{21.8만}=-\dfrac{1.9만}{21.8만}≒-0.0871=-8.71\%$

- 2023년 2월 : $\dfrac{22.3만-19.9만}{19.9만}=\dfrac{2.4만}{19.9만}≒0.1206=12.06\%$

- 2023년 3월 : $\dfrac{26.2만-22.3만}{22.3만}=\dfrac{3.9만}{22.3만}≒0.1748=17.48\%$

따라서 2023년 1 ~ 3월 전월 대비 자동차 수출량 증가율 평균은 $\dfrac{-8.71+12.06+17.48}{3}=\dfrac{20.83}{3}≒6.9433=6.94\%$이며,

2023년 4월의 전월 대비 증가율이 6.94%와 같다면 26.2만 대×1.0694=28.01828만 대, 즉 약 28만 대의 자동차가 수출될 것이다.

ㄹ. 2023년 1 ~ 3월의 전월 대비 경차 수출액 증가율을 구하면 다음과 같다.

- 2023년 1월 : $\dfrac{17.9억-17.6억}{17.6억}=\dfrac{0.3억}{17.6억}≒0.0170=1.7\%$

- 2023년 2월 : $\dfrac{20.2억-17.9억}{17.9억}=\dfrac{2.3억}{17.9억}≒0.1284=12.84\%$

- 2023년 3월 : $\dfrac{22.7억-20.2억}{20.2억}=\dfrac{2.5억}{20.2억}≒0.1237=12.37\%$

따라서 2023년 1 ~ 3월 전월 대비 친환경차 수출액 증가율 평균은 $\dfrac{1.7+12.84+12.37}{3}=\dfrac{26.91}{3}=8.97\%$이며, 2023년 4월의 전월 대비 증가율이 8.97%와 같다면 22.7억 달러×1.0897=24.73619억 달러, 즉 약 24억 7,000만 달러의 수출액을 기록할 것이다.

1일 차

02 2023년 상반기 기출복원문제 • **9**

11

정답 ①

제시된 자료에서 2023년 3월에는 전년 동월 대비 부품 수출액이 5.3% 감소했다고 설명하고, 표에서는 이를 '△5.3%'라고 기록하고 있다.

따라서 '△'는 감소를 나타내는 기호임을 알 수 있고, 표에서 2023년 1 ~ 3월에는 2022년 같은 분기에 비해 '△3.5%', 즉 3.5% 감소했다고 기록되어 있다.

[오답분석]

② 2023년 3월에는 전년 동월 대비 자동차 생산 대수는 35.6%, 국내 판매 대수는 19.6%, 수출 대수는 48.0% 증가했으며, 수출액 또한 전년 동월 대비 64.1% 증가하였다.

③ 2022년 8월과 2023년 3월의 미국 IRA 세액공제 적용 대상 차종의 수출량 증가율과 같은 시점에서의 자동차 판매 대수 증가율을 각각 구하면 다음과 같다.

- 수출 대수 : $\dfrac{14.4천-5.5천}{5.5천}=\dfrac{8.9천}{5.5천}≒1.6181\cdots≒161.81\%$

- 판매 대수 : $\dfrac{7.5천-5.5천}{5.5천}=\dfrac{2천}{5.5천}≒0.3636\cdots≒36.36\%$

따라서 161.81%는 36.36%의 약 4.45배이다.

④ 2022년 8월과 2023년 3월의 친환경차 및 자동차 수출액 증가율을 각각 구하면 다음과 같다.

- 친환경차 수출액 : $\dfrac{22.7억-12.2억}{12.2억}=\dfrac{10.5억}{12.2억}≒0.8606\cdots≒86.06\%$

- 자동차 수출액 : $\dfrac{65.2억-41.1억}{41.1억}=\dfrac{24.1억}{41.1억}≒0.5863\cdots≒58.63\%$

따라서 86.06%는 58.63%의 약 1.46배이다.

⑤ 제시된 자료에 따르면 2017년 3월에 월간 자동차 생산 대수 40.7만 대를 기록한 이후 2023년 2월까지 40만 대를 넘지 못하다가 2023년 3월에 이르러 40.9만 대 이상을 기록하며 40만 대 이상으로 집계되었다. 이러한 생산량 확대의 원동력 중 하나로 '차량용 부품 공급 정상화'를 제시하였다.

따라서 2017년 4월부터 2023년 2월까지 월간 자동차 생산 대수가 40만 대를 넘지 못한 원인 중에는 '자동차 부품 수급 차질'이 있음을 알 수 있다.

12

정답 ③

'경신'과 '갱신'을 한자로 쓰면 '更新'으로 같다. 이때 '更'의 훈음은 '고칠 경', '다시 갱'으로 의미에 따라서 소리가 다르다. 이미 있던 것을 고쳐 새롭게 한다는 뜻을 나타낼 때에는 '경신'과 '갱신'을 모두 쓸 수 있다. 그러나 종전의 기록을 깨뜨린다는 의미일 때는 '경신'이 바른 표현이며, 법률 관계의 존속 기간이 끝났을 때 그 기간을 연장한다는 의미일 때는 '갱신'이 바른 표현이다. 따라서 ⓒ에서는 '갱신했다'가 아니라 '경신했다'가 적절하다.

[오답분석]

① '늘리다'는 수효나 분량 등을 본디보다 많아지게 한다는 뜻이고, '늘이다'는 길이를 길어지게 한다는 뜻이므로 ㉠에서는 '늘린'이 적절한 표현이다.

② '지적되다'는 고쳐야 할 문제점이나 허물 등이 드러나 폭로된다는 의미이므로 ⓛ에서 쓰기에 적절하지 않다. 따라서 '꼽히다', '평가되다'를 활용한 '꼽힌다', '평가된다'가 적절한 표현이다.

④ '역대급(歷代級)'은 '역대'에 '그에 준하는'의 뜻을 더하는 접미사 '-급'을 더한 신조어로, 흔히 '대대로 이어져 오고 있는 여러 것들 가운데 가장 높은 수준'이라는 의미로 쓰인다. 그러나 역대(歷代)는 '대대로 이어 내려온 여러 대 또는 그동안'이라는 뜻이므로, '역대급'은 '그동안에 준하는, 평균 정도의, 평상적인 수준의'라는 의미로 이해할 수 있다. 즉, '역대급'을 '가장 높은, 최대, 최고'를 뜻하는 표준어로 쓸 수 없는 것이다. 다만 국립국어원에서는 '역대급'이라는 낱말을 언중이 현실적으로 널리 사용하고 있다는 점에서 표제어로 등재하였다.

⑤ '수혜(受惠)'는 은혜・혜택을 받는다는 뜻이므로, '수혜를 받을'은 같은 의미의 어휘가 중복된 표현이다. 따라서 ⓜ에서는 '혜택을 받을'로 다듬어야 한다.

1일 차

03 2022년 하반기 기출복원문제

01	02	03	04	05	06	07	08	09	10
③	④	②	③	③	③	④	②	①	③

11	12								
②	③								

01

정답 ③

제시문에서는 청년실업 문제에 대해 긍정적인 부분을 거의 제시하고 있지 않다. 반면 정부 당국 관계자는 향후 청년인 공급이 줄어들게 되는 인구구조의 변화가 문제 해결에 유리한 조건을 형성한다고 발언하였다. 하지만 이러한 인구구조의 변화가 곧 문제 해결이나 완화로 이어지지 않는다는 것이 기사에 나타나있다.

오답분석

① · ② 제시문에서는 올해부터 3 ~ 4년간 인구 문제가 부정적으로 작용할 것이라고 발언하였으나, 올해가 가장 좋지 않다거나 현재 문제가 해결 중에 있다는 내용은 언급되지 않았다.

④ 제시문에서는 에코세대의 노동시장 진입으로 인한 청년 공급 증가에 대응해야 함을 인식하고 있다.

⑤ 일본의 상황을 참고하여 한국도 장차 상황이 좋아질 것이라고 예측하고 있을 뿐, 한국의 상황이 일본보다 낫다고 생각하고 있다는 근거는 제시문에서 찾을 수 없다.

02

정답 ④

첫 번째 조건에서 전체 지원자 120명 중 신입직은 경력직의 2배이므로, 신입직 지원자는 80명, 경력직 지원자는 40명이다.

이에 두 번째 조건에서 신입직 중 기획 부서에 지원한 사람이 30%라고 했으므로 $80 \times 0.3 = 24$명이 되고, 신입직 중 영업 부서와 회계 부서에 지원한 사람은 $80 - 24 = 56$명이 된다.

또한 세 번째 조건에서 신입직 중 영업 부서와 회계 부서에 지원한 사람의 비율이 3 : 1이므로, 영업 부서에 지원한 신입직은 $56 \times \frac{3}{3+1} = 42$명, 회계 부서에 지원한 신입직은 $56 \times \frac{1}{3+1} = 14$명이 된다.

다음 네 번째 조건에 따라 기획 부서에 지원한 경력직 지원자는 $120 \times 0.05 = 6$명이다.

마지막 다섯 번째 조건에 따라 전체 지원자 120명 중 50%에 해당하는 60명이 영업 부서에 지원했다고 했으므로, 영업 부서 지원자 중 경력직 지원자는 세 번째 조건에서 구한 신입직 지원자 42명을 제외한 $60 - 42 = 18$명이 되고, 회계 부서에 지원한 경력직 지원자는 전체 경력직 지원자 중 기획 부서와 영업 부서의 지원자를 제외한 $40 - (6+18) = 16$명이 된다.

따라서 회계 부서 지원자는 $14 + 16 = 30$명이다.

03

해외사업연계 취업 지원 사업은 청년 인재를 선발하여 K-Move 스쿨 개설 및 맞춤 연수를 시행한 후 L사가 투자 및 운영자로 참여하고 있는 해외법인에 취업연계를 시켜주는 것이다. 따라서 시행처가 다르지 않다.

오답분석

① 8월 중 공고예정이라고 되어 있으며 한국발전교육원 및 당진 발전기술 EDU센터에서 2022년 9 ~ 12월까지 3개월 동안 교육을 받는다고 되어 있지만 정확한 일정이 나와 있지 않으므로 확인하는 것이 적절하다.
③ 최종 선발된 10명은 한국발전교육원 및 당진 발전기술 EDU센터에서 교육을 받는다.
④ L사는 K-Move 스쿨 연수생 선발·맞춤연수 시행·해외 법인과의 협의를 통한 취업연계 지원을, Z사는 연수비용 일부 및 취업 장려금을 지원한다.
⑤ L사는 청년 인재들이 해외사업장에 취업하는 것뿐만 아니라 해당 국가의 고급 기술 인력으로 거듭날 수 있도록 지속적인 지원을 아끼지 않을 예정이다.

04

정답 ③

'사용 및 취급 시 주의사항' 3번에 따르면 충전 시간은 매뉴얼에 기재된 시간을 초과하면 안 된다.

오답분석

① 14번에 따르면 반려동물에게도 배터리를 주지 말라고 안내되어 있다.
② 18번에 따르면 전자담배의 경우를 포함하여 개인은 절대 배터리를 취급할 수 없다.
④ 15번에 따르면 제품의 수명이 다하지 않아도 배터리 수명이 짧아졌을 때 교체하는 것이 바람직하다.
⑤ 6번에 따르면 배터리는 배터리 표면 온도 기준 −20 ~ 75℃의 범위에서 사용되어야 한다.

05

정답 ③

ㄱ. 단전지의 구체적 제조 과정은 위험성을 직접적으로 설명하지 못하므로 적절한 제안이라고 볼 수 없다.
ㄷ. 단전지에 대한 안전 교육은 단전지를 소비자가 직접 이용하는 것의 위험성을 알리는 것이므로, 해당 전지를 사용한 제품 구매를 자제하라는 메시지는 불필요한 자사 매출액 감소로 이어질 우려가 있으므로 부적절하다.

오답분석

ㄴ. 실제 사고 사례를 재현함으로써 경각심을 일깨울 수 있다.
ㄹ. 단전지 오용으로 인한 사고 피해자의 인터뷰를 추가하면 사고 시의 통증, 사고 후의 후회 및 회복과정에서의 불편함 등을 통해 더욱 경각심을 일깨울 수 있다.

06

정답 ③

ㄴ. 8번에 따르면 허가받지 않은 직원에 의한 경우에 해당되므로 보증이 적용되지 않는다.
ㄷ. 9번에 따르면 불가항력에 의한 경우로 분류되어 보증을 받을 수 없다.

오답분석

ㄱ. 제시된 사항에서 보증 미적용 항목에 해당하지 않으므로, 보증 기한 이내라면 보증을 받을 수 있다.
ㄹ. 1번에 적용되는 사안이다.

07

정답 ④

적립된 멤버십 포인트는 롯데기업 서비스센터에서 수리뿐만 아니라 렌탈 구매를 하는 경우에도 사용 가능하다.

오답분석

① 백화점 및 대형마트는 롯데기업 멤버십 운영매장이지만 포인트 사용은 불가능하다.
② VIP 기간이 종료된 경우, 추가 구매를 통해 연간 구매금액 5백만 원 이상을 달성하여야 자동 연장된다.

12 · L-TAB 롯데그룹 5일 특강

③ 정수기냉장고도 무상 A/S 대상인 5대 제품에 포함된다.
⑤ 소비자 과실에 의한 수리의 경우에는 무상 서비스가 제공되지 않는다.

08

B가 A/S를 요청한 제품 중 TV에 대하여는 무상 서비스가 가능하지만, 스탠드 자재는 제외항목이므로 무상 서비스를 받을 수 없다.

[오답분석]

① B는 문의일 현재 유효한 VIP 멤버십을 갖고 있으므로, 무상 A/S 서비스를 받을 수 있다. 또한 문의한 TV 1대는 무상 A/S 서비스 대상 항목에 해당하므로 무상 수리가 가능하다.
③ 수리 소요기간은 수리 센터 및 수리 내용에 따라 별도로 안내된다.
④ B는 2021년 11월 중에 VIP 멤버십을 적용받기 시작한 것을 알 수 있으며, VIP 멤버십은 3년간 무상 서비스가 적용되므로 문의일 현재 유효하다.
⑤ VIP 멤버십 획득 요건은 '1년간 500만 원 이상 구매'이며, 구매처도 멤버십 제휴 매장에 해당되고 2021년 11월에 VIP 멤버십 획득 안내 메일을 수신하였으므로, 2020년 11월 이후 최소한 500만 원 이상 구매하였음을 알 수 있다.

09

ㄱ. 포인트 사용 가능처는 일반 멤버십과 VIP 멤버십이 동일하게 적용받는 내용이므로 멤버십 간 차별성을 두지 못한다.
ㄴ. 이는 VIP 멤버십 가입을 용이하게 하는 조치일 뿐, VIP 멤버십 획득 고객에 대한 차별적 혜택 제공에는 도움이 되지 않는다.

[오답분석]

ㄷ. 현재는 한 번 3년 무상 처리된 제품은 추가 연장되지 않으나, 연장 기회를 제공한다면 VIP 멤버십 회원들이 받을 수 있는 무상 서비스 기한이 연장되므로 적절한 개선 방안이다.
ㄹ. 무상 A/S 서비스는 VIP 멤버십에게만 제공되는 서비스이므로 적절한 개선 방안이다.

10

예비입주자 모집일정의 첫 번째 단계는 입주자 모집공고로 7월 31일부터 휴일을 포함하여 10일 동안 진행한다. 따라서 모집공고는 8월 9일까지이며, 다음 단계인 신청접수는 8월 10일 또는 11일에 시작한다. 모집일정 완료일은 8월 24일까지이므로 입주자 모집공고 후 근무일(주중)은 총 10 ~ 11일이 주어진다. 각 단계마다 1일 이하의 간격을 두고 진행되므로 입주자 모집공고 이후부터 소요되는 근무일 기간은 10일 이상 14일 이하이다.
따라서 모집공고 후 완료일에 따라 필요한 근무일 기간은 10일 또는 11일이며, 정리하면 경우의 수는 총 5가지가 나온다.

• 입주자 모집공고 이후 10일간 일정(1가지, 각 단계 사이의 기간이 없음)

모집공고	신청접수 (근무일 5일)	대상자 발표 (근무일 1일)	서류제출 (근무일 3일)	순번 발표 (근무일 1일)
7월 31일 ~ 8월 9일	10 ~ 14일	17일	18 ~ 20일	21일

• 입주자 모집공고 이후 11일간 일정(4가지)

모집공고	간격	신청접수 (근무일 5일)	간격	대상자 발표 (근무일 1일)	간격	서류제출 (근무일 3일)	간격	순번 발표 (근무일 1일)
7월 31일 ~ 8월 9일	10일	11 ~ 17일	–	18일	–	19 ~ 21일	–	24일
	–	10 ~ 14일	17일	18일	–	19 ~ 21일	–	
	–	10 ~ 14일	–	17일	18일	19 ~ 21일	–	
	–	10 ~ 14일	–	17일	–	18 ~ 20일	21일	

따라서 선택지 중 모든 경우에서 M대리가 신청 가능한 휴가 기간은 신청접수 단계에서 2일 동안 근무가 가능한 8월 11 ~ 13일이다.

① · ② 근무일 중 2일만 신청한 경우이다.

④ 모든 경우에서 서류심사 대상자 발표일이 8월 17일 또는 18일이므로 불가능하다.

⑤ 입주자 모집공고 이후 11일간 일정을 보면 8월 19 ~ 21일은 서류제출 단계(근무일 3일)가 될 수 있으므로 불가능하다.

11

정답 ②

2021년과 2020년 휴직자 수를 구하면 다음과 같다.

• 2021년 : 550,000×0.2=110,000명

• 2020년 : 480,000×0.23=110,400명

따라서 2021년 휴직자 수는 2020년 휴직자 수보다 적다.

오답분석

① 2017년부터 2021년까지 연도별 전업자의 비율은 68%, 62%, 58%, 52%, 46%로 감소하는 반면에, 겸직자의 비율은 8%, 11%, 15%, 21%, 32%로 증가하고 있다.

③ 연도별 전업자 수를 구하면 다음과 같다.

• 2017년 : 300,000×0.68=204,000명

• 2018년 : 350,000×0.62=217,000명

• 2019년 : 420,000×0.58=243,600명

• 2020년 : 480,000×0.52=249,600명

• 2021년 : 550,000×0.46=253,000명

따라서 전업자 수가 가장 적은 연도는 2017년이다.

④ 2020년과 2017년의 겸직자 수를 구하면 다음과 같다.

• 2020년 : 480,000×0.21=100,800명

• 2017년 : 300,000×0.08=24,000명

따라서 2020년 겸직자 수는 2017년의 $\frac{100,800}{24,000}$=4.2배이다.

⑤ 2017년과 2021년의 휴직자 수를 구하면 다음과 같다.

• 2017년 : 300,000×0.06=18,000명

• 2021년 : 550,000×0.2=110,000명

따라서 2017년 휴직자 수는 2021년 휴직자 수의 $\frac{18,000}{110,000}$×100≒16%이다.

12

정답 ③

1월의 난방요금을 $7k$원, 6월의 난방요금을 $3k$원이라고 하자(단, k는 비례상수).

$(7k-20,000):3k=2:1$

∴ $k=20,000$

따라서 1월의 난방요금은 14만 원이다.

01	02	03	04	05	06	07	08	09	10
④	②	①	④	③	②	②	①	②	②

11	12								
④	④								

01
정답 ④

휴일에 근무 시 휴일 근무인수의 2배에 해당하는 휴가를 지급하며, 0.5인은 휴가 사용 시 토요일은 0.5인로 계산한다는 의미이므로 적절하지 않다.

02
정답 ②

휴일인 일요일을 제외하고 10월 1 ~ 13일 동안 평일은 9일이고, 3일과 10일은 토요일이므로 휴가 사용 시 토요일은 0.5일로 계산한다는 기준을 적용한다. 따라서 C팀장의 휴가 신청일수는 9(평일)+1(토요일, 0.5×2)=10일이다.

03
정답 ①

주어진 조건을 표로 나타내면 다음과 같다. 따라서 민경이가 가는 곳은 제주도이고, 게스트하우스에서 숙박한다.

구분	제주도	일본	대만
정주		게스트하우스	
경순			호텔
민경	게스트하우스		

04
정답 ④

내려오는 경우, 구간별 트레킹 소요시간은 50% 단축되므로 F지점에서 E지점으로 가는 데에는 1시간이 소요된다.

[오답분석]
① A지점에서 B지점까지 3시간이 소요되고, B지점에서 C지점을 거쳐 D지점까지도 3시간(=2+1)이 소요된다.
② F지점에서 G지점까지 3시간이 소요되고, E지점에서 F지점까지 2시간이 소요된다.
③ 내려오는 경우이므로 M지점에서 L지점까지 1시간 30분(=3×0.5)이 소요되고, K지점에서 J지점을 거쳐 I지점까지도 1시간 30분[=(2+1)×0.5]이 소요된다.
⑤ B지점에서 C지점까지 2시간이 소요되고, C지점에서 B지점까지 1시간(=2×0.5)이 소요되므로 B지점에서 C지점에 도착하는 데 걸리는 시간은 C지점에서 B지점에 도착하는 데 걸리는 시간의 2배이다.

05

정답 ③

5월 3일에 트레킹을 시작한 총무부의 트레킹에 대한 정보는 다음과 같다.

(단위 : m, 시간)

구분	이동경로	소요시간	해발고도
5월 3일	A → D	6	2,111
5월 4일	D → G	6	2,348
5월 5일	G → I	4	2,502
5월 6일	I → K	3	2,641
5월 7일	K → L	3	2,833
5월 8일	L → M	3	3,012
5월 9일	M → H	5.5	2,467
5월 10일	H → B	5.5	1,638
5월 11일	B → A	1.5	1,050

하루에 가능한 트레킹의 최장시간은 6시간으로 셋째 날에 G지점에서 J지점까지 5시간이 소요되어 올라갈 수 있지만, 해발 2,500m를 통과한 순간부터 고산병 예방을 위해 수면고도를 전날 수면고도보다 200m 이상 높일 수 없으므로 셋째 날은 J지점이 아닌 I지점까지만 올라간다. 따라서 둘째 날의 트레킹 소요시간은 6시간, 셋째 날에는 4시간이다.

06

정답 ②

05번의 표로부터 총무부가 모든 트레킹 일정을 완료한 날짜는 5월 11일임을 알 수 있다.

07

정답 ②

사업을 추진하기 위해서는 먼저 ⓛ 수요조사를 통해 ② 시행계획을 수립한 후 ⓒ 세부계획에 대한 공고를 통해 연구기관의 접수를 받는다. 이후 제시된 자료에 나타난 절차를 거친 후, ① 최종평가를 진행하고 이를 통해 제출된 ⑩ 연구결과를 활용하여 계약을 체결한다.

08

정답 ①

제시된 자료에 따르면 선정평가는 사전검토 → 전문기관검토 → 전문가평가 → 심의위원회 심의·조정 단계로 진행된다. 따라서 전문기관의 검토 다음 단계인 ⓐ에 들어갈 내용으로는 '전문가평가'가 적절하다.

09

정답 ②

145와 203의 최대공약수는 29이므로 연구개발조는 29조로 편성된다. 따라서 한 조에 남자 연구자는 5명, 여자 연구자는 7명으로 구성되므로 $a+b=5+7=12$이다.

10

정답 ②

중간에 D과장이 화요일에 급한 업무가 많다고 하였으므로 수요일에만 회의가 가능하다. 수요일만 살펴보면 오전 9시부터 오전 11시까지는 B대리가 안 되고, 오후 12시부터 오후 1시까지는 점심시간이며, 오후 1시부터 오후 4시까지는 A사원의 외근으로 불가능하고, E사원은 오후 4시 전까지만 가능하다고 했으므로 수요일 오전 11시에 회의를 할 수 있다.

11

④

화요일 3시부터 4시까지 외근을 하려면 2시부터 5시까지 스케줄이 없어야 하므로 화요일에 급한 업무가 많은 D과장과 스케줄이 겹치는 B대리, A사원은 불가능하다. 따라서 2시부터 5시까지 스케줄이 없는 E사원이 적절하다.

12

정답 ④

프로젝트를 끝내는 일의 양을 1이라고 가정한다.

혼자 할 경우 A사원이 하루에 할 수 있는 일의 양은 $\frac{1}{24}$ 이고, E사원이 하루에 할 수 있는 일의 양은 $\frac{1}{16}$ 이며, 함께 할 경우 $\frac{1}{24}+\frac{1}{16}=\frac{5}{48}$ 만큼 할 수 있다.

함께 한 일수는 3일간이며, E사원 혼자 한 날을 x일이라고 하면 전체 일의 양에 대한 방정식은 다음과 같다.

$$\frac{5}{48}\times3+\frac{1}{16}\times x=1$$

$$\to \frac{5}{16}+\frac{1}{16}\times x=1$$

$$\to \frac{1}{10}\times x=\frac{11}{10}$$

$$\therefore x=11$$

따라서 E사원이 혼자 일한 기간은 11일이므로, 보고서를 제출할 때까지 총 3+11=14일이 걸렸다.

04 2022년 상반기 기출복원문제 • **17**

2021년 하반기 기출복원문제

01	02	03	04	05	06	07	08	09	10
③	①	⑤	②	③	④	①	③	⑤	④
11	12								
④	④								

01
정답 ③

11월 21일의 팀미팅은 워크숍 시작 시간 전인 오후 1시 30분에 끝나므로 3시에 출발 가능하며, 22일의 일정이 없기 때문에 11월 21~22일이 워크숍 날짜로 적절하다.

오답분석

① 11월 9~10일 : 다른 팀과 함께하는 업무가 있는 주이므로 워크숍 날짜로 적절하지 않다.
② 11월 18~19일 : 19일은 주말이므로 워크숍 날짜로 적절하지 않다.
④ 11월 28~29일 : E대리 휴가로 모든 팀원이 참여가 불가능하므로 워크숍 날짜로 적절하지 않다.
⑤ 11월 29~30일 : 말일이므로 워크숍 날짜로 적절하지 않다.

02
정답 ①

가중평균을 이용하여 합격생 수를 구하면 빠르게 풀 수 있다. 합격률이 $x\%$라 가정하면 불합격률은 $(1-x)\%$이다.
조건에 따라 방정식을 세우면 다음과 같다.
$80x + 50(1-x) = 54.5$
$\rightarrow 30x = 4.5$
$\therefore x = 0.15$
따라서 합격률은 15%이며, 1차 시험에 합격한 응시생은 $2,500 \times 0.15 = 375$명이다.

03
정답 ⑤

먼저 첫 번째 조건에 따라 감염대책위원장과 재택관리위원장은 함께 뽑힐 수 없으므로 감염대책위원장이 뽑히는 경우와 재택관리위원장이 뽑히는 경우로 나누어 볼 수 있다.
ⅰ) 감염대책위원장이 뽑히는 경우
　첫 번째 조건에 따라 재택관리위원장은 뽑히지 않으며, 두 번째 조건에 따라 위생관리위원장 2명이 모두 뽑힌다. 이때, 위원회는 총 4명으로 구성되므로 나머지 후보 중 생활방역위원장 1명이 뽑힌다.
ⅱ) 재택관리위원장이 뽑히는 경우
　첫 번째 조건에 따라 감염대책위원장은 뽑히지 않으며, 세 번째 조건에 따라 생활방역위원장은 2명 이상이 뽑힐 수 없으므로 1명 또는 2명이 뽑힐 수 있다. 따라서 생활방역위원장 2명이 뽑히면 위생관리위원장은 1명이 뽑히고, 생활방역위원장 1명이 뽑히면 위생관리위원장은 2명이 뽑힌다.

이를 표로 정리하면 다음과 같다.

구분	감염병관리위원회 구성원
경우 1	감염대책위원장 1명, 위생관리위원장 2명, 생활방역위원장 1명
경우 2	재택관리위원장 1명, 위생관리위원장 1명, 생활방역위원장 2명
경우 3	재택관리위원장 1명, 위생관리위원장 2명, 생활방역위원장 1명

따라서 항상 참이 되는 것은 ⑤ '생활방역위원장이 뽑히면 위생관리위원장도 뽑힌다.'이다.

[오답분석]
① 경우 3에서는 위생관리위원장 2명이 뽑힌다.
② 경우 2에서는 생활방역위원장 2명이 뽑힌다.
③ 어떤 경우에도 감염대책위원장과 재택관리위원장은 함께 뽑히지 않는다.
④ 감염대책위원장이 뽑히면 생활방역위원장은 1명이 뽑힌다.

04

정답 ②

세 번째 문단을 보면, 위험하고 반복되는 일은 로봇에게 맡김으로써 인간이 보다 가치집약적인 일에 집중하게 하는 것을 목표로 한다는 내용이 제시되어 있다.

[오답분석]
① 두 번째 문단에 따르면 공모전의 본선은 서울산업진흥원 본부가 아닌 G캠프에서 진행된다.
③ 두 번째 문단에 따르면 최종 우승팀은 연말에 결정된다.
④ 첫 번째 문단에 따르면 홈페이지로만 지원서를 접수해야 한다.
⑤ 첫 번째 문단에 따르면 팀뿐만 아니라 개인 자격으로도 공모전에 참가가 가능하다.

05

정답 ③

ㄱ. 본선 진출팀의 수를 늘려 상금 획득 가능성에 대한 기대를 높이고, 최종 우승 시의 보상을 높이는 것은 참여의지를 촉진시킨다.
ㄴ. 내부 심사 외에 일반 고객들이 지원자가 아닌 평가자로서도 참여할 수 있도록 하고 이를 홍보한다면 다른 일반인들의 관심이 높아져 흥행할 수 있다.

[오답분석]
ㄷ. 제출 작품의 전문성을 높일 수는 있겠지만, 지원자의 폭을 좁혀 흥행 촉진에는 부정적일 수 있다. 또한 일상에서의 로봇 활용 아이디어를 목표로 하는 만큼, 지원자격에 전문성을 추가하는 것은 참신한 아이디어를 제한할 수 있다.

06

정답 ④

팀별 평가결과를 바탕으로 가중치를 반영하여 최종 점수를 산출하면 다음과 같다.

(단위 : 점)

팀명	안전개선	고객지향	기술혁신	가치창조	최종 점수
A	24	5	16	4	49
B	18	8	10	5	41
C	21	6	12	7	46
D	21	7	14	7	49
E	15	6	20	4	45

최종 점수는 A팀과 D팀이 49점 동점으로 가장 높다. 그중 고객지향 점수가 더 높은 D팀이 최종 우승팀으로 결정된다.

07

네 번째 문단에 따르면 ESG는 특정 조직 업무가 아니라 전사적 기조임을 강조하고 있다.

[오답분석]

② 마지막 문단에 따르면 ESG 경영의 일환으로 주주총회 전자투표제가 도입되었다.
③ 두 번째 문단에 따르면 'ESG Committee'는 CFO를 의장으로 안전환경, 사회공헌 등을 한다.
④ 네 번째 문단에서 ESG는 환경(Environment), 사회(Social), 지배구조(Governance)임을 알 수 있다.
⑤ 마지막 문단에서 지배구조는 주주친화 정책과 경영 투명성 강화에 주력한다고 하고 있다.

08

ㄱ. 세 번째 문단에 따르면 ESG 친화를 위한 단기적 대안 수립보다는 중장기 전략을 수립하는 것이 적절한 추진책이라 볼 수 있다.
ㄴ. 다섯 번째 문단에 따르면 지역사회와의 공존도 ESG 경영기조에 포함되므로 지역사회로부터의 독립성을 강화하는 것은 적절한 조치라 볼 수 없다.

[오답분석]

ㄷ. 친환경 분야에서의 노력이면서 노조 측과의 협의를 통해 지배구조상의 개선을 추구하고 있으므로 ESG 경영기조에 부합하는 내용이다.

09

선정방식에 따라 각 후보자의 최종 점수를 산정하면 다음과 같다.

(단위 : 점)

구분	관련 경력	최종 학위	성과점수	대외점수	최종 점수
A	25	12	24	18	79
B	16	18	28	14	76
C	22	20	21	19	82
D	19	15	32	17	83
E	25	10	27	20	82

최종 점수가 가장 높은 D가 1순위로 선정되며, C와 E가 82점으로 동점이 된다. 그중 동점자 처리 기준에 따라 성과점수가 더 높은 E가 2순위로 선정된다.

10

가입 후 1년 이내에 해지하는 경우, 사은품으로 증정한 모바일 상품권에 대한 할인반환금이 발생한다.

[오답분석]

① 두 상품은 월 이용요금과 간식로봇의 제공 여부에서만 차이를 보인다.
② 3년 약정으로 가입한 경우에만 자료의 혜택이 모두 제공됨을 알 수 있다.
③ 3년간 무료 가입됨을 알 수 있다.
⑤ O펫샵에서 할인을 제공받을 수 있다.

11

ㄱ. 2020년 3월 1일에 가입하여 1년이 경과하였으므로, 모바일 상품권에 대한 할인반환금은 발생하지 않는다.

ㄴ. 시츄는 맹견이 아니므로 반려동물보험 가입불가종에 해당하지 않는다.

ㄹ. A의 반려견인 시츄는 만 10세 이상이므로, 사망 위로금을 받을 수 없다.

[오답분석]

ㄷ. 보험의 경우, 본인이 직접 가입 신청하여야 하므로 직접 신청하지 않았다면 반려견은 가입되어 있지 않을 것이다.

12

P펫호텔에서 사용 가능한 무료 숙박권 2회 중 1회를 사용하였으므로 별도 비용이 발생하지 않으며, 무료 촬영권의 경우, 액자비 2만 원이 현장 청구된다. 또한 가입과 동시에 10만 원 상당의 모바일 상품권을 제공받지만, H백화점은 사용 가능처가 아니므로 사용금액은 B가 부담하게 된다. 따라서 총 12만 원을 부담하게 된다.

01	02	03	04	05	06	07	08	09	10
⑤	④	③	④	③	③	③	④	⑤	③
11	12	13	14	15					
①	①	④	④	③					

01

정답 ⑤

견적 제출 및 계약방식에 따르면 국가종합전자조달시스템의 안전 입찰서비스를 이용하여 견적서를 제출해야 한다.

[오답분석]
① 견적서 제출기간에 따르면 견적 제출확인은 국가종합전자조달 전자입찰시스템의 웹 송신함에서 확인할 수 있음을 알 수 있다.
② 개찰일시 및 장소에 따르면 개찰은 견적서 제출 마감일인 6월 14일 오전 11시에 진행되므로 마감 1시간 뒤에 바로 진행됨을 알 수 있다.
③ 견적서 제출기간 항목에 보면 마감 시간이 임박하여 제출할 경우 입력 도중 중단되는 경우가 있으므로 마감 시간 10분 전까지 입력을 완료하도록 안내한다. 따라서 마감 시간 이후로는 더 이상 견적서를 제출할 수 없음을 알 수 있다.
④ 견적 제출 참가 자격에 따르면 이번 입찰은 '지문인식 신원확인 입찰'이 적용되므로 입찰대리인은 미리 지문정보를 등록하여야 하나, 예외적으로 지문인식 신원확인이 곤란한 자에 한하여 개인인증서에 의한 제출이 가능하다. 따라서 둘 중 하나의 방법을 선택한다는 내용은 적절하지 않다.

02

정답 ④

• 재출 → 제출
• 걔약 → 계약
• 소제지 → 소재지
• 낙찰차 → 낙찰자

03

정답 ③

10명의 팀원 중 2명의 사원을 선정하고 남은 팀원들 중 2명을 선정하는 경우의 수를 구하는 식은 다음과 같다.

$_{10}C_2 \times _8C_2 = \frac{10 \times 9}{2 \times 1} \times \frac{8 \times 7}{2 \times 1} = 1,260$

따라서 나올 수 있는 경우의 수는 1,260가지이다.

04

6월 달력을 살펴보면 다음과 같다.

〈6월 달력〉

월	화	수	목	금	토	일
	1	2	3	4	5	6
7	8	9	10	11	12	13
14	15	16	17	18	19	20
21	22	23	24	25	26	27
28	29	30				

- 견적서 제출 마감일 제외(14−1=13일)
  → 둘째 주 수요일 제외(13−2=11일)
  → 회의 결과에 따른 견적서 수정 기간 사흘 제외(11−3=8일)
  → 제출 전 검토 기간 이틀 제외(8−2=6일)
  → 첫째 주 주말 제외(6−2=4일)

따라서 견적서 제출일과 가장 가까운 회의 날짜는 6월 4일 금요일이다.

05

직장에서 업무와 관련된 이메일을 보낼 때는 메일을 받는 상대가 내용을 쉽게 알 수 있도록 내용이 축약된 제목을 붙여야 한다.

06

경산모의 $\frac{1}{3}$ 은 $150 \times 0.58 \times \frac{1}{3} = 29$명, 30대는 $150 \times (0.32 + 0.1) = 63$명이다.

따라서 경산모의 $\frac{1}{3}$ 이 30대라고 할 때, 30대에서 경산모의 비율은 $\frac{29}{63} \times 100 ≒ 46\%$이다.

[오답분석]

① 초산모는 $150 \times 0.42 = 63$명, 20대는 $150 \times (0.12 + 0.46) = 87$명으로, 초산모가 모두 20대라고 할 때, 20대에서 초산모가 차지하는 비율은 $\frac{63}{87} \times 100 ≒ 72\%$로 70% 이상이다.

② 초산모는 $150 \times 0.42 = 63$명, 단태아는 $150 \times 0.76 = 114$명으로, 초산모가 모두 단태아를 출산했다고 하면, 단태아를 출산한 경산모의 수는 $114 - 63 = 51$명이다. 따라서 단태아를 출산한 산모 중 경산모가 차지하는 비율은 $\frac{51}{114} \times 100 ≒ 44\%$이므로 48% 미만이다.

④ 20대 산모는 $150 \times (0.12 + 0.46) = 87$명, 30대 산모는 $150 \times (0.32 + 0.1) = 63$명으로 20대 산모는 30대 산모보다 24명 더 많다.

⑤ 산모가 200명일 때의 단태아를 출산한 산모의 수는 $200 \times 0.76 = 152$명, 산모가 400명일 때의 초산모의 수는 $400 \times 0.42 = 168$명이다. 따라서 산모가 200명일 때의 단태아를 출산한 산모의 수는 산모가 400명일 때의 초산모의 수보다 적다.

07

정답 ③

경산모의 전체 인원은 150명 중 58%로 150×0.58=87명이다.

25세 이상 35세 미만의 산모의 $\frac{1}{3}$은 150×(0.46+0.32)×$\frac{1}{3}$=39명이다.

따라서 차지하는 비율은 $\frac{39}{87}$×100≒44%이다.

08

정답 ④

• 유형 : 성질이나 특징 따위가 공통적인 것끼리 묶은 하나의 틀. 또는 그 틀에 속하는 것
• 특징 : 다른 것에 비하여 특별히 눈에 뜨이는 점

[오답분석]
① 종류 : 사물의 부문을 나누는 갈래
② 가닥 : 한군데서 갈려 나온 낱낱의 줄
③ 갈래 : 하나에서 둘 이상으로 갈라져 나간 낱낱의 부분이나 계통
⑤ 전형 : 같은 부류의 특징을 가장 잘 나타내고 있는 본보기

09

정답 ⑤

산모의 연령대는 제시된 것 이외엔 없다고 하였으므로 40대 이상의 산모를 위한 프리미엄 상품을 기획한다면 수요자가 없을 것이다.

10

정답 ③

국제관 세미나실B의 경우 화요일에 글로벌전략부의 이용이 끝난 13시 30분부터 예약이 가능하다.

[오답분석]
① 본관 1세미나실의 경우 수요일은 15시 이후에 이용 가능하지만 발표는 오후 1시부터 오후 4시 사이에 진행되어야 하므로, 1시간 30분 동안 연이어 진행되어야 하는 발표회는 불가능하다.
② 본관 2세미나실은 최대 수용가능인원이 16명이므로 24명의 발표회 참석자를 수용하지 못해 제외된다.
④ 국제관 세미나실B의 경우 수요일은 오후 1시부터 오후 4시 사이에 진행되어야 하는 조건에 따라 수요일에 사업부 이용 전에는 1시간, 이용 후에는 30분만 이용이 가능하므로 1시간 30분 동안 연이어 진행되어야 하는 발표회는 불가능하다.
⑤ 복지동 세미나실은 빔프로젝터가 없어서 제외된다.

11

정답 ①

남자 5명 중 보조자 1명, 여자 3명 중 보조자 1명을 차출하고, 남은 6명 중 발표자 1명을 선정하는 식은 다음과 같다.
5×3×6=90
따라서 구하고자 하는 경우의 수는 90가지이다.

12

정답 ①

조건에 맞지 않는 제품들을 차례대로 제외해 나가도록 한다.
1. 최대 스크린 200 이하의 제품인 B기업의 'PL680', E기업의 'SY3211'를 제외한다(두 제품의 경우 800*600 이하 해상도를 지닌 제품이기도 하다).
2. 무료 A/S 기간이 1년 이하인 C기업의 'Leisure 470', E기업의 'SY8200'를 제외한다.
3. 스피커 출력 7W 이하의 제품인 B기업의 'PH550', C기업의 'Leisure 520'을 제외한다.
4. 남은 A기업의 'HF60LA'와 D기업의 'T-1000', 'T-2500' 중 가장 가격이 저렴한 것은 1,210,000원인 A기업의 'HF60LA'이다.
따라서 조건에 부합하는 빔 프로젝터 회사는 'A기업'이다.

13

숨은 참조인으로 메일을 수신받은 팀장, 매니저, 책임급 참여자들은 사원급과 대리급 이하 참여자들의 메일에서 수신인으로 확인되지 않으므로 ④가 가장 적절하다.

오답분석
①·②·③·⑤ 메일은 받는 사람과 참조, 숨은 참조 기능을 사용한 모든 이들에게 전송되지만 숨은 참조인, 즉 팀장, 매니저, 책임급 참여자들은 받는 사람 및 참조인으로 자료를 받은 이들은 수신자로 확인되지 않으며, 반대로 숨은 참조인으로 자료를 받은 이들은 나머지 수신인들을 확인할 수 있다.

14

당직 근무 일정을 요일별로 정리하면 다음과 같다.

구분	월	화	수	목	금	토	일
오전	공주원 지한준 김민정	이지유 최유리	강리환 이영유	공주원 강리환 이건율	이지유 지한준	김민정 최민관 강지공	이건율 최민관
오후	이지유 최민관	최민관 이영유 강지공	공주원 지한준 강지공 김민정	최유리	이여유 강지공	강리환 최유리 이영유	이지유 김민정

당직 근무 규칙에 따르면 오후 당직의 경우 최소 2명이 근무해야 한다. 그러나 목요일 오후에 최유리 1명만 근무하므로 최소 1명의 근무자가 더 필요하다. 이때, 한 사람이 같은 날 오전·오후 당직을 모두 할 수 없으므로 목요일 오전 당직 근무자인 공주원, 강리환, 이건율은 제외된다. 또한 당직 근무는 주당 5회 미만이므로 이번 주에 4번의 당직 근무가 예정된 근무자 역시 제외된다.
따라서 지한준의 당직 근무 일정을 추가해야 한다.

15

당직 근무 규칙에 따르면 1일 당직 근무 최소 인원은 오전 1명, 오후 2명으로 총 3명이다. 이때 오전에는 홀로 배정된 인원이 없으므로 오후 인원만 파악하도록 한다. 이번 주 당직에서 제외되더라도 문제가 없는 근무자는 월요일 오전(3명), 수요일 오후(4명), 목요일 오전(3명)에 근무하는 공주원이다.

오답분석
① 최소 인원이 2명인 목요일 오후에 홀로 배정되어 있으므로 제외될 수 없다.
② 월요일 오후에 최소 인원 2명 중 1명으로 배정되어 있으므로 제외될 수 없다.
④·⑤ 일요일 오후에 최소 인원 2명 중 1명으로 배정되어 있으므로 제외될 수 없다.

01 언어적 사고

01	02	03	04						
④	④	②	②						

01

정답 ④

먼저 첫 번째 조건과 두 번째 조건에 따라 6명의 신입 사원을 부서별로 1명, 2명, 3명으로 나누어 배치한다. 이때, 세 번째 조건에 따라 기획부에 3명, 구매부에 1명이 배치되므로 인사부에는 2명의 신입 사원이 배치된다. 또한 1명이 배치되는 구매부에는 마지막 조건에 따라 여자 신입 사원이 배치될 수 없으므로 반드시 1명의 남자 신입 사원이 배치된다.

남은 5명의 신입 사원을 기획와 인사부에 배치하는 방법은 다음과 같다.

구분	기획부(3명)	인사부(2명)	구매부(1명)
경우 1	남자 1명, 여자 2명	남자 2명	남자 1명
경우 2	남자 2명, 여자 1명	남자 1명, 여자 1명	남자 1명

경우 1에서는 인사부에 남자 신입 사원만 배치되므로 '인사부에는 반드시 여자 신입 사원이 배치된다.'의 ④는 옳지 않다.

02

정답 ④

제시문에서는 대리모가 아이를 금전적인 대가를 받는 수단으로 취급하여 인간의 존엄과 가치를 침해한다는 것을 전제로 대리모의 허용을 반대한다. 이러한 주장을 반박하기 위해서는 근거로 제시하고 있는 전제를 부정하는 것이 효과적이므로 대리모는 아이가 아닌 임신·출산 서비스를 매매의 대상으로 삼는다는 ④를 통해 반박하는 것이 가장 적절하다.

오답분석

①·② 대리모를 찬성하는 입장에 해당하나, 제시문의 주장과는 전혀 다른 관점에서 반박하고 있으므로 적절하지 않다.

③ 대리모를 통해 발생할 수 있는 문제에 대한 해결책을 촉구하는 것에 해당하므로 제시문의 주장에 대한 반박으로는 적절하지 않다.

03

정답 ②

먼저 을의 진술이 거짓일 경우 갑과 병은 모두 세미나에 참석하지 않으며, 병의 진술이 거짓일 경우 을과 병은 모두 세미나에 참여한다. 따라서 을과 병의 진술은 동시에 거짓이 될 수 없으므로 둘 중 한 명의 진술은 반드시 참이 된다.

ⅰ) 을의 진술이 참인 경우

갑은 세미나에 참석하지 않으며, 을과 병은 모두 세미나에 참석한다. 을과 병 모두 세미나에 참석하므로 정은 세미나에 참석하지 않는다.

ⅱ) 병의 진술이 참인 경우

갑의 진술은 거짓이므로 갑은 세미나에 참석하지 않으며, 을은 세미나에 참석한다. 병은 세미나에 참석하지 않으나, 을이 세미나에 참석하므로 정은 세미나에 참석하지 않는다.

따라서 반드시 세미나에 참석하는 사람은 을이다.

04

오키프 박사와 모세르 부부는 장소세포와 격자세포를 발견했으나 장소세포가 어떻게 생성되고 변화하는지는 밝혀내지 못했다. 이를 밝혀낸 것은 뇌과학운영단의 세바스찬 로열 박사팀이다.

---

02 수리적 사고

01	02	03	04	05					
④	①	④	④	④					

01

5개월 동안 평균 외식비가 12만 원 이상 13만 원 이하일 때, 총외식비는 $12 \times 5 = 60$만 원 이상 $13 \times 5 = 65$만 원 이하가 된다.
1월부터 4월까지 지출한 외식비는 $110,000 + 180,000 + 50,000 + 120,000 = 460,000$원이다.
따라서 A씨가 5월에 최대로 사용할 수 있는 외식비는 $650,000 - 460,000 = 190,000$원이다.

02

프린터를 x개월 사용한다고 할 때, 구입 시에 드는 비용이 대여료만 낼 경우보다 저렴해야 한다.
이를 부등식으로 나타내면 다음과 같다.
$200,000 + 15,000x < 22,000x$
$\rightarrow 200,000 < 7,000x$
$\therefore x > 28.57\cdots$
따라서 최소 29개월 이상 사용하면 프린터를 대여하는 것보다 구입하는 것이 더 저렴하다.

03

A기차가 터널을 빠져나가는 데에 56초가 걸렸고, 기차 길이가 더 짧은 B기차는 160초가 걸렸으므로 A기차가 B기차보다 속력이 빠르다는 것을 알 수 있다. 두 기차가 터널 양 끝에서 출발하면 $\frac{1}{4}$ 지점에서 만나므로 A기차의 속력이 B기차의 속력의 3배가 된다.
B기차의 속력을 am/s, 길이를 bm라고 가정하면 A기차의 속력과 길이는 각각 $3a$m/s, $(b+40)$m가 된다.
두 기차가 터널을 완전히 빠져나갈 때까지 걸리는 시간 $\left(= \dfrac{거리}{속력} \right)$에 대한 방정식을 세우면 다음과 같다.

- A기차 : $\dfrac{720 + (b+40)}{3a} = 56 \rightarrow b + 760 = 168a \cdots$ ㉠
- B기차 : $\dfrac{720 + b}{a} = 160 \rightarrow b + 720 = 160a \cdots$ ㉡

㉠과 ㉡을 연립하면 $a = 5$, $b = 80$이다.
따라서 B기차의 길이는 80m, 속력은 5m/s이고, A기차의 길이는 120m, 속력은 15m/s이다.

04

ㄴ. 2020년 준중형 자동차 판매량은 전년 대비 $\frac{180.4-179.2}{179.2} \times 100 ≒ 0.67\%$로 1% 미만 증가했다.

ㄷ. 2018~2019년까지 자동차 판매 순위는 'SUV - 중형 - 대형 - 준중형 - 소형' 순서지만 2020년에는 'SUV - 중형 - 준중형 - 대형 - 소형' 순서이다.

ㄹ. ㄱ의 해설에서 준중형, 중형, 대형은 2018년 대비 2019년에 판매량이 감소했음을 알 수 있으며, 소형과 SUV는 판매량이 증가했다.

[오답분석]

ㄱ. 2018년 대비 2019년 판매량이 감소한 자동차 종류는 준중형, 중형, 대형으로 세 종류의 감소율을 구하면 다음과 같다.

구분	2018년 대비 2019년 판매량 감소율
준중형	$\frac{179.2-181.3}{181.3} \times 100 ≒ -1.16\%$
중형	$\frac{202.5-209.3}{209.3} \times 100 ≒ -3.25\%$
대형	$\frac{185-186.1}{186.1} \times 100 ≒ -0.59\%$

따라서 2018년 대비 2019년 판매량 감소율이 가장 낮은 차종은 '대형'이다.

05

2020년 산업통상자원부 지원금을 지급받는 중소기업 수는 총 244+1,138+787+252+4=2,425개이다.

이는 2020년 산업통상자원부 지원금을 지급받는 총기업 수 2,815개의 약 $\frac{2,425}{2,815} \times 100 ≒ 86.1\%$이므로 85% 이상이다.

[오답분석]

① 매년 대기업 수는 감소하고, 중소기업 수는 증가하고 있다.

② 중소기업 총지원액의 최소금액과 대기업 총지원액의 최대금액을 비교를 통해 확인할 수 있다. 먼저 최소금액을 구하기 위해 지원액 규모를 각각 0원, 5억 원, 10억 원, 20억 원, 50억 원이라고 가정하고 지원액 규모별 중소기업의 수를 곱해 총지원액을 구하면 $(0 \times 244)+(5 \times 1,138)+(10 \times 787)+(20 \times 252)+(50 \times 4)=18,800$억 원이다.

반대로 최대금액을 구하기 위해 지원액 규모를 각각 5억 원, 10억 원, 20억 원, 50억 원, 100억 원으로 가정하고 지원액 규모별 대기업의 수를 곱해 총지원액을 구하면 $(5 \times 4)+(10 \times 11)+(20 \times 58)+(50 \times 38)+(100 \times 22)=5,390$억 원이다. 이를 통해 지원액 규모가 얼마인지 정확하게 알 수는 없지만, 2020년 중소기업 총지원액은 대기업 총지원액보다 많다는 것을 알 수 있다.

③ 매년 대기업과 중견기업은 지원액 규모가 10억 이상 20억 미만에서, 중소기업은 5억 이상 10억 미만에서 가장 많은 기업이 산업통상자원부 지원금을 지급받는다.

03 문제해결

01	02	03							
③	②	④							

01

정답 ③

선택지에 제시된 경로는 두 가지로 각각의 소요시간을 계산하면 다음과 같다.

- 3호선 수성시장역 → 2호선 청라언덕역 → 2호선 용산역

  3호선 수성시장역 탑승 청라언덕역 도착(5정거장, 4×5=20분) → 청라언덕역에서 3호선에서 2호선으로 환승(4분) → 2호선 용산역 도착(6정거장, 3×6=18분)

  그러므로 소요시간은 20+4+18=42분이다.

- 3호선 수성시장역 → 1호선 명덕역 → 2호선 반월당역 → 2호선 용산역

  3호선 수성시장역 탑승 명덕역 도착(3정거장, 4×3=12분) → 명덕역에서 3호선에서 1호선으로 환승(4분) → 1호선 반월당역 도착(1정거장 4×1=4분) → 반월당역에서 1호선에서 2호선으로 환승(4분) → 2호선 용산역 도착(7정거장, 3×7=21분)

  그러므로 소요시간은 12+4+4+4+21=45분이다.

따라서 두 가지 경로 중 더 빠른 경로는 '3호선 수성시장역 → 2호선 청라언덕역 → 2호선 용산역'이며, 소요시간은 총 42분이다.

02

정답 ②

L씨가 이용하는 지하철 노선은 2호선과 3호선으로 3호선 수성시장역에서 2호선 용산역까지 가는 방법은 '3호선 수성시장역 → 2호선 청라언덕역 → 2호선 용산역'의 경로이며, 환승은 한 번이다.

L씨와 가족들이 오후 4시 30분(=16시 30분)에 전시회에 도착하기 위해 늦어도 집에서 출발할 시각은 역으로 계산하면 쉽게 구할 수 있다.

2호선 용산역 16시 18분 도착(도보 12분) → 2호선 청라언덕역에서 16시 전 출발(6정거장, 3×6=18분) → 2호선 청라언덕역 반고개 방향 15시 53분 지하철 탑승 → 3호선 청라언덕역 15시 49분(환승 4분) 도착 → 3호선 수성시장역에서 15시 29분까지 출발(5정거장, 4×5=20분) → 3호선 수성시장역 대봉교 방향 15시 29분 지하철 탑승

따라서 L씨와 가족들은 15시 29분 지하철 탑승을 위해 집에서 늦어도 15시 19분(도보 10분)에는 출발해야 한다.

03

정답 ④

시간표에 따라 L씨의 이동경로를 정리하면 다음과 같다.

오후 3시 50분에 자택에서 출발 → 16시(10분 도보 이동) 3호선 수성시장역 도착 → 16시 4분 3호선 수성시장역에서 대봉교 방향 지하철 탑승 → 16시 24분(5정거장, 4×5=20분) 청라언덕역 도착 → 16시 28분 3호선에서 2호선으로 청라언덕역에서 환승(4분) → 16시 33분 반고개 방향 2호선 지하철 탑승 → 16시 51분(6정거장, 3×6=18분) 2호선 용산역 도착 → 17시 3분 전시회장 도착(도보 12분)

따라서 L씨는 딸의 전시회장에 오후 5시 3분에 도착할 예정이다.

01 언어적 사고

01	02	03							
③	①	④							

01

정답 ③

할랄식품 시장의 확대로 많은 유통업계들이 할랄식품을 위한 생산라인을 설치 중이다.

오답분석

①·② 할랄식품은 엄격하게 생산·유통되기 때문에 일반 소비자들에게도 평이 좋다.
④ 세계 할랄 인증 기준은 200종에 달하고 수출하는 무슬림 국가마다 별도의 인증을 받아야 한다.

02

정답 ①

'미국 사회에서 동양계 ~ 구성된다.'에서 '모범적 소수 인종'의 인종적 정체성은 백인의 특성이 장점이라고 생각하는 것과 동양인의 특성이 단점이라고 생각하는 것의 사이에서 구성된다. 따라서 '모범적 소수 인종'은 특유의 인종적 정체성을 내면화하고 있음을 추론할 수 있다.

오답분석

② 제시문의 논점은 '동양계 미국인 학생들(모범적 소수 인종)'이 성공적인 학교생활을 통해 주류 사회에 동화되고 있는 것이 사실인지에 대한 여부이다. 이에 사회적 삶에서 인종주의의 영향이 약화될 수 있는지를 논한다. 따라서 '모범적 소수 인종'의 성공이 일시적·허구적인지에 대한 논점은 확인할 수 없다.
③ 동양계 미국인 학생들은 인종적인 차별을 의식하고 있다고 말할 수 있지만 소수 인종 모두가 의식하고 있는지는 제시문을 읽고 추론할 수 없다.
④ 인종차별을 의식하는 것은 알 수 있지만 한정된 자원의 배분을 놓고 갈등하는지는 알 수 없다.

03

정답 ④

두 번째 조건에 의해, B는 항상 1과 5 사이에 앉는다. E가 4와 5 사이에 앉으면 2와 3 사이에는 A, C, D 중 누구나 앉을 수 있다.

오답분석

① A가 1과 2 사이에 앉으면 네 번째 조건에 의해, E는 4와 5 사이에 앉는다. 그러면 C는 3 옆에 앉고 D는 1 옆에 앉을 수 없게 된다. 이는 세 번째 조건과 모순이 된다.
② D가 4와 5 사이에 앉으면 네 번째 조건에 의해, E는 1과 2 사이에 앉는다. 그러면 C는 3 옆에 앉고 D는 1 옆에 앉을 수 없게 된다. 이는 세 번째 조건과 모순이 된다.
③ C가 2와 3 사이에 앉으면 세 번째 조건에 의해, D는 1과 2 사이에 앉는다. 또한 네 번째 조건에 의해, E는 3과 4 사이에 앉을 수 없다. 따라서 A는 반드시 3과 4 사이에 앉는다.

02 수리적 사고

01	02	03	04	05	06				
④	③	④	①	①	③				

01

(열차가 이동한 거리)=(열차의 길이)+(터널의 길이)

열차의 길이와 속력을 각각 xm, ym/s라고 하자.

$x+50=10y$ … ㉠

$x+200=25y$ … ㉡

㉠과 ㉡을 연립하면

$-150=-15y \rightarrow y=10$

$\therefore \ x=50$

따라서 열차의 길이는 50m이다.

02

• 2km=2,000m(1km=1,000m)

• $3\text{m}^2=3\times100^2\,\text{cm}^2=30,000\text{cm}^2(1\text{m}^2=10,000\text{cm}^2)$

• 1시간=3,600초(1시간=60분=3,600초)

• $68°\text{F}=(68°\text{F}-32)\div1.8=20°\text{C}$

따라서 빈칸에 해당하는 숫자의 합은 2,000+30,000+3,600+20=35,620이다.

03

2019년 소포우편 분야의 2015년 대비 매출액 증가율은 $\dfrac{5,017-3,390}{3,390}\times100≒48\%$이므로 적절하지 않은 설명이다.

오답분석

① 제시된 자료를 통해 매년 매출액이 가장 높은 분야는 일반통상 분야인 것을 확인할 수 있다.

② 일반통상 분야의 매출액은 2016년, 2017년, 2019년, 특수통상 분야의 매출액은 2018년, 2019년에 감소했고, 소포우편 분야는 매년 매출액이 꾸준히 증가하였다.

③ 2019년 1분기 우편매출액에서 특수통상 분야의 매출액이 차지하고 있는 비율은 $\dfrac{1,406}{5,354}\times100≒26.3\%$이므로 20% 이상이다.

04

이메일 스팸 수신량이 가장 높은 시기는 2017년 하반기이지만, 휴대폰 스팸 수신량이 가장 높은 시기는 2016년 하반기이다.

오답분석

② 제시된 자료를 통해 모든 기간 이메일 스팸 수신량이 휴대폰 스팸 수신량보다 많음을 확인할 수 있다.

③ 이메일 스팸 수신량의 증가·감소 추이와 휴대폰 스팸 수신량의 증가·감소 추이가 일치하지 않으므로 서로 밀접한 관련이 있다고 보기 어렵다.

④ 이메일 스팸 총수신량의 평균은 약 0.6통이고 휴대폰 스팸 총수신량의 평균은 약 0.19통이다. 따라서 $\dfrac{0.6}{0.19}≒3.16$으로 3배 이상이다.

05

해상 교통서비스 수입액이 많은 국가부터 차례대로 나열하면 '인도 – 미국 – 한국 – 브라질 – 멕시코 – 이탈리아 – 터키' 순서이다.

06

해상 교통서비스 수입보다 항공 교통서비스 수입이 더 높은 국가는 미국과 이탈리아이다.

오답분석

① 터키의 교통서비스 수입에서 항공 수입이 차지하는 비중은 $\frac{4,003}{10,157} \times 100 \coloneqq 39.4\%$이다.

② 교통서비스 수입액이 첫 번째(미국)와 두 번째(인도)로 높은 국가의 차이는 $94,344 - 77,256 = 17,088$백만 달러이다.

④ 제시된 자료를 통해 확인할 수 있다.

03　문제해결

01	02	03	04	05					
–	–	①	③	③					

01~02

정답이 따로 없는 문제 유형입니다.

03

오늘 검침 일지에 기입되는 사항을 보면 실내 온도는 9℃이므로 PSD 수치는 Parallel Mode를 적용하고, 오후 1시부터 5시까지 매 정각의 각 계기판 수치 중 가장 높은 수치의 평균은 $\frac{10+9+11}{3} = 10$이 된다. 기준치는 수요일일 때 세 계기판의 표준수치 합이므로 $8+2+6=16$이 된다.

따라서 PSD 수치가 포함된 버튼 범위는 PSD$\leq 16-3 \rightarrow$ PSD≤ 13으로 '정상'이며, 경고등은 파란색, 이에 대한 조치는 '정상가동' 이다.

04

03번 문제에서 실내 온도가 16℃로 수정되면 PSD 수치는 B계기판을 제외한 Serial Mode가 적용되고, 오후 6시 정각 각 계기판 수치의 합으로 $6+4=10$이 된다. 기준치는 수요일 세 계기판의 표준수치의 합이므로 $8+2+6=16$이 된다.

따라서 PSD 수치가 포함된 버튼 범위는 PSD$\leq 16-3 \rightarrow$ PSD≤ 13으로 '정상'이며, 경고등은 파란색, 이에 대한 조치는 '정상가동' 이다.

05

11월 18일 중간보고에는 보고자인 J대리를 포함해 A팀장, B주임, C주임, D책임연구원까지 총 5명이 참석하므로 J대리는 적어도 5인 이상을 수용할 수 있는 세미나실을 대여해야 한다. 그런데 '호텔 아뜰리에'는 보수공사로 인해 4인실만 이용가능하며, '경주 베일리쉬'의 세미나실은 4인실이므로 '호텔 아뜰리에'와 '경주 베일리쉬'는 고려하지 않는다.

나머지 호텔들의 총비용을 계산하면 다음과 같다.

(단위 : 원)

구분	총비용
글래드 경주	$(78,000 \times 2) + 48,000 = 204,000$
스카이뷰 호텔	$(80,000 \times 0.90 \times 2) + 50,000 = 194,000$
이데아 호텔	$(85,000 \times 0.95 \times 2) + 30,000 = 191,500$
경주 하운드	$(80,000 \times 2) + (80,000 \times 0.60) = 208,000$

'글래드 경주'와 '경주 하운드'의 경우 예산범위인 200,000원을 초과하므로 J대리가 예약 가능한 호텔은 '스카이뷰 호텔'과 '이데아 호텔'이다.

얼마나 많은 사람들이 책 한 권을 읽음으로써

인생에 새로운 전기를 맞이했던가.

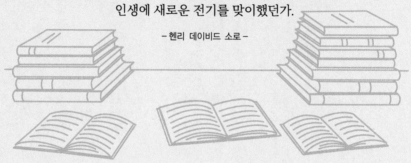

– 헨리 데이비드 소로 –

4일 차

모의고사

L-TAB 모의고사

01	02	03	04	05	06	07	08	09	10	11	12	13	14	15	16	17	18	19	20
③	③	③	②	②	①	②	④	②	④	③	④	④	③	①	⑤	①	③	③	③
21	22	23	24	25	26	27	28	29	30	31	32	33	34	35	36	37	38	39	40
②	③	③	①	①	③	④	④	②	④	⑤	②	⑤	④	⑤	⑤	④	②	④	①

01
정답 ③

매월 각 프로젝트에 필요한 인원들을 구하면 다음과 같다.

(단위 : 명)

구분	2월	3월	4월	5월	6월	7월	8월	9월
A프로젝트	46							
B프로젝트	42	42	42	42				
C프로젝트		24	24					
D프로젝트				50	50	50		
E프로젝트						15	15	15
합계	88	66	66	92	50	65	15	15

따라서 5월에 가장 많은 92명이 필요하므로 모든 프로젝트를 완료하기 위해서는 최소 92명이 필요하다.

02
정답 ③

프로젝트별 총인건비를 계산하면 다음과 같다.
- A프로젝트 : 46×130만=5,980만 원
- B프로젝트 : 42×550만=23,100만 원
- C프로젝트 : 24×290만=6,960만 원
- D프로젝트 : 50×430만=21,500만 원
- E프로젝트 : 15×400만=6,000만 원

따라서 A ~ E프로젝트를 인건비가 가장 적게 드는 순으로 나열한 것은 'A - E - C - D - B'이다.

03
정답 ③

02번 해설에서 구한 총인건비와 진행비를 합산하여 각 프로젝트에 들어가는 총비용을 계산하면 다음과 같다.
- A프로젝트 : 5,980만+20,000만=25,980만 원
- B프로젝트 : 23,100만+3,000만=26,100만 원
- C프로젝트 : 6,960만+15,000만=21,960만 원
- D프로젝트 : 21,500만+2,800만=24,300만 원
- E프로젝트 : 6,000만+16,200만=22,200만 원

따라서 C프로젝트가 21,960만 원으로 총비용이 가장 적게 든다.

04

제시문을 정리하면 다음과 같다.

구분	월	화	수	목	금	토·일	월
A						휴가 일수에 포함되지 않음	
B							
C							
D							

- A : C는 다음 주 월요일까지 휴가이다.
- B : D는 금요일까지 휴가이다.

05

등하불명(燈下不明)은 '등잔 밑이 어둡다.'는 뜻으로, 가까이에 있는 물건이나 사람을 잘 찾지 못함을 이르는 말이다.

[오답분석]
① 누란지위(累卵之危) : 층층이 쌓아 놓은 알의 위태로움이라는 뜻으로, 몹시 아슬아슬한 위기를 비유적으로 이르는 말
③ 수구초심(首丘初心) : 여우는 죽을 때 구릉을 향(向)해 머리를 두고 초심으로 돌아간다는 뜻으로, 근본을 잊지 않음 또는 죽어서라도 고향 땅에 묻히고 싶어 하는 마음을 이르는 말
④ 조족지혈(鳥足之血) : 새 발의 피라는 뜻으로, 매우 적은 분량을 비유적으로 이르는 말
⑤ 지란지교(芝蘭之交) : 지초와 난초의 교제라는 뜻으로, 벗 사이의 맑고도 고귀한 사귐을 이르는 말

06

수하물을 분실한 경우에는 화물인수증(Claim Tag)을 해당 항공사 직원에게 제시하고, 분실 신고서를 작성해야 한다. 이때 공항에서 짐을 찾을 수 없게 되면 항공사에서 책임지고 배상해준다.

07

현지에서 잃어버린 물품은 현지 경찰서에서 도난 신고서를 발급받고 그 서류를 귀국 후 해당 보험회사에 청구해야 보험금을 받을 수 있다.

08

- 순항 중일 때 날아간 거리 : $860 \times \left\{ 3 + \dfrac{30-15}{60} \right\} = 2,795 \text{km}$

- 기상 악화일 때 날아간 거리 : $(860-40) \times \dfrac{15}{60} = 205 \text{km}$

따라서 날아간 거리는 총 $2,795 + 205 = 3,000 \text{km}$이다.

09

A부서의 수리 요청 내역별 수리요금을 구하면 다음과 같다.
- RAM 8GB 교체
  - 수량 : 15개(∵ 교체 12개, 추가설치 3개)
  - 개당 교체 및 설치비용 : $8,000 + 96,000 = 104,000$원
  - ∴ A부서의 RAM 8GB 교체비용 : $104,000 \times 15 = 1,560,000$원

- SSD 250GB 추가 설치
  - 수량 : 5개
  - 개당 설치비용 : 9,000+110,000=119,000원
  ∴ SSD 250GB 추가 설치비용 : 119,000×5=595,000원
- 프로그램 설치
  - 수량 : 문서작성 프로그램 10개, 3D그래픽 프로그램 10개
  - 문서작성 프로그램 개당 설치비용 : 6,000원
  - 3D그래픽 프로그램 개당 설치비용 : 6,000+1,000=7,000원
  ∴ A부서의 프로그램 설치비용 : (6,000×10)+(7,000×10)=130,000원

10

정답 ④

- HDD 1TB 교체
  - 수량 : 4개
  - 개당 교체비용 : 8,000+50,000=58,000원
  - 개당 백업비용 : 100,000원
  ∴ B부서의 HDD 1TB 교체비용 : (100,000+58,000)×4=632,000원
- HDD 포맷 · 배드섹터 수리
  - 수량 : 15개
  - 개당 수리비용 : 10,000원
  ∴ B부서의 HDD 포맷 · 배드섹터 수리비용 : 10,000×15=150,000원
- 바이러스 치료 및 백신 설치
  - 수량 : 6개
  - 개당 치료 · 설치비용 : 10,000원
  ∴ B부서의 바이러스 치료 및 백신 설치비용 : 10,000×6=60,000원

따라서 B부서에 청구되어야 할 수리비용은 632,000+150,000+60,000=842,000원이다.

11

정답 ③

- 진단 시간 : 2시간
- 데이터 복구 소요 시간 : $\dfrac{270}{7.5}=36$시간

즉, 데이터를 복구하는 데 걸리는 총시간은 2+36=38시간이므로, 1일 14시간이 걸린다. 2일 차에 데이터 복구가 완료되고 다음 날 직접 배송하므로, Y사원이 U과장에게 안내할 기간은 3일이다.

12

정답 ④

분속 80m로 걸은 거리를 xm라고 하면 다음 식이 성립한다.

$\dfrac{x}{80}+\dfrac{2,000-x}{160}=20 \rightarrow 2x+2,000-x=3,200$

∴ $x=1,200$

따라서 분속 80m로 걸은 거리는 1,200m이다.

13

정답 ④

직급에 따른 업무평점별 계산 기준에 따르면, B차장의 업무평점은 $(80×0.3)+(85×0.2)+(90×0.5)=86$점이다.

14

정답 ③

직급에 따른 업무평점별 계산 기준에 따르면, A사원의 업무평점은 $(86 \times 0.5) + (70 \times 0.3) + (80 \times 0.2) = 80$점이다.
승진심사 평점은 업무(80%)+능력(10%)+태도(10%)이므로 $(80 \times 0.8) + (80 \times 0.1) + (60 \times 0.1) = 78$점이다.

15

정답 ①

㉠과 ㉡의 '계산'은 주어진 수나 식을 일정한 규칙에 따라 처리하여 수치를 구하는 의미로 쓰였다.

오답분석

② 값을 치름
③ㆍ⑤ 어떤 일이 자기에게 이해득실이 있는지 따짐
④ 어떤 일을 예상하거나 고려함

16

정답 ⑤

'원한'을 주제로 삼고 있는 ①ㆍ②ㆍ③ㆍ④와 달리 '절차탁마(切磋琢磨)'는 옥이나 돌을 갈고 닦아서 빛을 낸다는 뜻으로 학문이나 인격을 갈고 닦음의 의미를 나타낸다.

오답분석

① 각골통한(刻骨痛恨) : 뼈에 새겨 놓을 만큼 잊을 수 없고 고통스러운 원한을 이르는 말
② 비분강개(悲憤慷慨) : 의롭지 못한 일이나 잘못되어 가는 세태가 슬프고 분하여 마음이 북받침을 이르는 말
③ 원철골수(怨徹骨髓) : 원한이 깊어 골수에 사무친다는 뜻으로 원한이 잊을 수 없을 정도로 깊음을 이르는 말
④ 교아절치(咬牙切齒) : 어금니를 악물고 이를 갈면서 몹시 분해하는 것을 이르는 말

17

정답 ①

방 배정기준을 표로 정리하면 다음과 같다.

구분		경우 1			경우 2		
층별 사용자	2층	A, C		F	A, E		F
	1층	B, G	D	E	B, G	C	D

따라서 A와 방을 함께 쓸 사람은 C 또는 E이다.

18

정답 ③

경우 1에서는 B, D, G, E가 1층을, 경우 2에서는 B, C, D, G가 1층을 사용한다. 따라서 어떠한 경우에도 1층은 항상 4명이 방을 사용한다.

19

정답 ③

다섯 번째 조건에서 C와 E는 다른 층을 사용한다고 하였다. 따라서 E가 1층을 사용할 경우는 17번 해설에 따라 경우 1에 해당하므로 C는 2층에서 A와 방을 함께 사용한다.

20

정답 ③

17번 해설을 보면 경우 1에서는 A, C, F가 2층을, 경우 2에서는 A, E, F가 2층을 사용한다. 따라서 어떠한 경우에도 2층은 항상 3명이 방을 사용한다.

21

제2조 제3항에 따르면 1개월 이상 L사 직원으로 근무하였음에도 성과평가 결과를 부여받지 못한 경우에는 최하등급 기준으로 성과연봉을 지급한다.

22

성과급 지급 규정의 평가기준 가중치에 따라 O대리의 평가점수를 변환해보면 다음과 같다.

(단위 : 점)

구분	전문성	유용성	수익성	총합	등급
1분기	1.8	1.6	3.5	6.9	C
2분기	2.1	1.4	3.0	6.5	C
3분기	2.4	1.2	3.5	7.1	B
4분기	2.1	1.6	4.5	8.2	A

따라서 1 ~ 2분기에는 40만 원, 3분기에는 60만 원, 4분기에는 80만 원으로 1년 동안 총 220만 원을 받는다.

23

변경된 성과급 지급 규정에 따라 가중치를 바꿔 다시 O대리의 평가점수를 변환해보면 다음과 같다.

(단위 : 점)

구분	전문성	유용성	수익성	총합	등급
1분기	1.8	1.6	4.2	7.6	B
2분기	2.1	1.4	3.6	7.1	B
3분기	2.4	1.2	4.2	7.8	B
4분기	2.1	1.6	5.4	9.1	S

1 ~ 3분기에는 60만 원, 4분기에는 100만 원으로, 1년 동안 총 280만 원을 받아 변경 전보다 60만 원을 더 받는다.

24

A가 S등급을 받을 확률이 $\frac{1}{3}$이고 B가 S등급을 받을 확률은 $\frac{3}{5}$이다.

따라서 A, B 둘 다 S등급을 받을 확률은 $\frac{1}{3} \times \frac{3}{5} = \frac{1}{5} = 20\%$이다.

25

매주 월요일 '커피 머신 청소'와 '주간회의 준비 및 진행'에 따라 반복적으로 수행해야 하는 업무는 2가지임을 알 수 있다.

26

오늘은 7월 12일 화요일이므로 내일은 7월 13일 수요일이다. '급여 이체의뢰서 작성 및 지급 은행 제출'의 업무(완수)일은 14일 목요일이므로 내일까지 완료해야 할 업무가 아니다.

[오답분석]

①·②·④·⑤ 어제까지 완료한 업무는 월요일마다 하는 '커피머신 청소', '주간회의 준비', '자동문 수리 기사 방문 확인'이 있다. 그리고 내일까지 사내 비치용 다과를 구입해야 한다.

27

정답 ④

7월 21일 14시 ~ 14시 30분 사이에 에어컨 필터 교체 기사가 방문하며, 소요시간이 2시간이라고 하였다.
따라서 7월 21일 10:00 ~ 15:00에는 교육 수강이 불가능하다.

28

정답 ④

8월 첫째 주에 처리해야 할 업무 순서는 8월 1일 월요일 업무이다. 매주 월요일 '커피 머신 청소' 그리고 '주간회의 준비 및 진행'이 있다. 첫째 주 주간회의는 오전 10시 시작이므로 출근 후 시간이 충분할 경우 주간회의 시작 전에 완료해야 하는 '커피 머신 청소'와 주간회의 전에 해야 하는 '주간회의 준비 및 진행'을 먼저 해야 한다. 다음으로 업무 목록을 보면 8월 4일 목요일에 '급여 계산 완료 및 결재 요청'에 착수해야 하며, 다음 날에는 '2차 팀워크 향상 교육 준비'에 착수해야 한다.
업무 내용을 업무(완수)일이 일찍 끝나는 날부터 정리하면 다음과 같다.

업무 내용	필요기간	착수일	업무(완수)일
▶ 자동문 수리 기사 방문(11 ~ 12시 사이)	1시간	07.11(월)	07.11(월)
▶ 사내 비치용 다과 구입	1시간	07.13(수)	07.13(수)
▶ 급여 이체의뢰서 작성 및 지급 은행 제출	3시간	07.14(목)	07.14(목)
▶ 1차 팀워크 향상 교육 준비	4일	07.21(목)	07.27(수)
▶ 2차 팀워크 향상 교육 준비	3일	08.05(금)	08.10(수)
▶ 급여 계산 완료 및 결재 요청	5일	08.04(목)	08.11(목)
▶ 급여 이체의뢰서 작성 및 지급 은행 제출	3시간	08.12(금)	08.14(일)
▶ 3차 팀워크 향상 교육 준비	3일	08.19(금)	08.24(수)
▶ 팀워크 향상 교육 결과 보고서 제출	4일	08.25(목)	08.31(수)

따라서 8월 첫째 주 일처리 순서는 '커피 머신 청소 → 주간회의 준비 및 진행 → 급여 계산 완료 및 결재 요청 → 2차 팀워크 향상 교육 준비'임을 알 수 있다.

29

정답 ②

선택지에 제시된 항공편의 비용은 다음과 같다.
① SP-340 : 87×10×2×0.9=1,566만 원
② GE-023 : 70×10×2=1,400만 원
③ NL-110 : 85×10×2×0.95=1,615만 원
④ KR-730 : 88×10×2=1,760만 원
⑤ AR-018 : 90×10×2×0.85=1,530만 원
따라서 가장 저렴한 비용으로 이용할 수 있는 항공편은 GE-023이다.

30

정답 ④

네덜란드와 한국의 시차는 8시간이며 한국이 더 빠르다고 명시되어 있으므로, 한국시각으로 2023년 5월 11일 오전 1시에 네덜란드 농민과의 만찬이 예정되어 있다. 만찬 장소까지 가는 데 소요되는 5분을 고려하여 네덜란드 공항에는 2023년 5월 11일 오전 12시 55분까지 도착해야 한다. 각 선택지에 제시된 항공편의 도착시간은 다음과 같다.
① SP-340 : 한국시각 2023년 5월 10일 14시+11시간 50분=2023년 5월 11일 오전 1시 50분
② GE-023 : 한국시각 2023년 5월 10일 9시+5시간+10시간 30분=2023년 5월 11일 오전 12시 30분
③ NL-110 : 한국시각 2023년 5월 10일 14시 10분+11시간 10분=2023년 5월 11일 오전 1시 20분
④ KR-730 : 한국시각 2023년 5월 10일 12시+12시간 55분=2023년 5월 11일 오전 12시 55분
⑤ AR-018 : 한국시각 2023년 5월 10일 13시+12시간 50분=2023년 5월 11일 오전 1시 50분
따라서 이 시간까지 도착할 수 있는 항공편 ②, ④ 중에서 경유시간이 없는 KR-730을 선택한다.

31

네덜란드 현지시각으로 2023년 5월 10일 오후 4시는 한국시각으로 2023년 5월 11일 오전 12시이다.
각 선택지에 제시된 항공편의 도착시각은 다음과 같다.
① GE-023 : 한국시각 2023년 5월 10일 9시+5시간+10시간 30분=2023년 5월 11일 오전 12시 30분
② NL-110 : 한국시각 2023년 5월 10일 14시 10분+11시간 10분=2023년 5월 11일 오전 1시 20분
③ KR-730 : 한국시각 2023년 5월 10일 12시+12시간 55분=2023년 5월 11일 오전 12시 55분
④ AR-018 : 한국시각 2023년 5월 10일 오후 1시+12시간 50분=2023년 5월 11일 오전 1시 50분
⑤ OL-038 : 한국시각 2023년 5월 10일 10시 30분+3시간+10시간 30분=2023년 5월 11일 오전 12시
따라서 이 시간까지 도착할 수 있는 항공편은 OL-038이다.

32

회사에서 공항까지의 거리를 $x$km라고 하자.

$$\frac{x}{40} = \frac{x}{45} + \frac{1}{6}$$

→ $9x - 8x = 60$

∴ $x = 60$

따라서 회사에서 공항까지의 거리는 60km이다.

33

지원자의 직무 능력을 가릴 수 있는 요소들을 배제하는 것은 기존의 채용 방식이 아닌 블라인드 채용 방식으로 이를 통해 직무
능력만으로 인재를 평가할 수 있다. 따라서 ⑤는 블라인드 채용의 등장 배경으로 적절하지 않다.

34

블라인드 면접의 경우 자료 없이 면접을 진행하는 무자료 면접 방식과 면접관의 인지적 편향을 유발할 수 있는 항목을 제거한
자료를 기반으로 면접을 진행하는 방식이 있다.

오답분석
① 무서류 전형은 최소한의 정보만을 포함한 입사지원서를 접수하되 이를 선발 기준으로 활용하지 않는 방식이다.
② 블라인드 처리되어야 할 정보를 수집할 경우, 온라인 지원서상 개인정보를 암호화하여 채용담당자는 이를 볼 수 없도록 기술적으
   로 처리한다.
③ 무자료 면접 방식은 입사지원서, 인·적성검사 결과 등의 자료 없이 면접을 진행한다.
⑤ 기존에 쌓아온 능력·지식 등은 서류 전형이 아닌 필기 및 면접 전형을 통해 검증된다.

35

㉠은 지원자들의 무분별한 스펙 경쟁을 유발하는 반면, ㉡은 지원자의 목표 지향적인 능력과 역량 개발을 촉진한다.

36

정답 ⑤

월요일부터 토요일까지 각 팀의 회의 진행 횟수가 같으므로 6일 동안 6개 팀은 각각 두 번씩 회의를 진행해야 한다.
주어진 조건에 따라 A~F팀의 회의 진행 요일을 정리하면 다음과 같다.

월	화	수	목	금	토
C, B	D, B	C, E	A, F	A, F	D, E
		D, E			C, E

오답분석

① E팀은 수요일과 토요일에 모두 회의를 진행한다.
② 화요일에 회의를 진행한 팀은 B팀과 D팀이다.
③ C팀과 E팀은 수요일과 토요일 중 하루는 함께 회의를 진행한다.
④ C팀은 월요일에 한 번 회의를 진행하였고, 수요일 또는 토요일 중 하루만 회의를 진행한다.

37

정답 ④

(다)에서 천연가스의 경쟁력과 천연가스가 기존의 주요 화석 에너지를 대체할 수 있는 에너지원이라는 점이 세계적으로 입증되고 있음을 말하고 있으므로 첫 번째 문단으로 오는 것이 적절하다. 그 후에 세계적인 추세와는 다른 우리나라에서의 천연가스 역할을 언급하고 있는 (가), 그 뒤로 우리나라의 에너지 정책이 나아가야 할 방향을 제시하고 있는 (나)가 와야 한다.
따라서 (다) – (가) – (나) 순서대로 이어지는 것이 적절하다.

38

정답 ②

천연가스는 화석연료라는 점에서 감축의 대상이지만, 온실가스 배출량 감축의 실행적인 측면에서 기존의 주요 화석 에너지를 대체하는 에너지원이기도 하다. 궁극적으로는 신재생에너지로의 전환 과정에서 천연가스는 화석연료와 신재생에너지 사이를 연결하는 '가교 역할'을 한다고 볼 수 있다.

39

정답 ④

제시문에서 천연가스의 긍정적 전망과 경쟁력을 언급하면서 에너지원으로서의 국가에너지 믹스에서 역할이 더욱 기대된다고 말하고 있으며, 그 이후로 우리나라 에너지 정책방향을 제시하고 있으므로 ④ '국가 에너지 믹스에서 천연가스 역할'이 주제로 적절하다.

40

정답 ①

'겉과 속이 다르다.'라는 뜻을 가진 한자성어는 '부화뇌동(附和雷同)'이 아니라 '표리부동(表裏不同)'이다.
'부화뇌동(附和雷同)'은 '줏대 없이 남의 말을 따르다.'라는 의미이다.

오답분석

② 조삼모사(朝三暮四) : 간사한 꾀로 남을 속여 희롱함을 이르는 말
③ 지음(知音) : 마음이 서로 통하는 친한 벗을 비유적으로 이르는 말
④ 여반장(如反掌) : 손바닥을 뒤집는 것 같다는 뜻으로, 일이 매우 쉬움을 이르는 말
⑤ 고진감래(苦盡甘來) : 쓴 것이 다하면 단 것이 온다는 뜻으로, 고생 끝에 즐거움이 옴을 이르는 말

지식에 대한 투자가 가장 이윤이 많이 남는 법이다.

– 벤자민 프랭클린 –

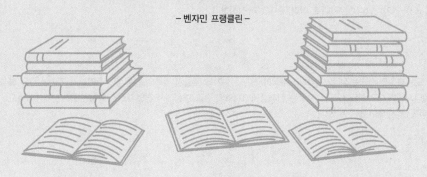

L-TAB 롯데그룹 직무적합진단 답안카드

문번	1	2	3	4	5	문번	1	2	3	4	5	문번	1	2	3	4	5
1	①	②	③	④	⑤	16	①	②	③	④	⑤	31	①	②	③	④	⑤
2	①	②	③	④	⑤	17	①	②	③	④	⑤	32	①	②	③	④	⑤
3	①	②	③	④	⑤	18	①	②	③	④	⑤	33	①	②	③	④	⑤
4	①	②	③	④	⑤	19	①	②	③	④	⑤	34	①	②	③	④	⑤
5	①	②	③	④	⑤	20	①	②	③	④	⑤	35	①	②	③	④	⑤
6	①	②	③	④	⑤	21	①	②	③	④	⑤	36	①	②	③	④	⑤
7	①	②	③	④	⑤	22	①	②	③	④	⑤	37	①	②	③	④	⑤
8	①	②	③	④	⑤	23	①	②	③	④	⑤	38	①	②	③	④	⑤
9	①	②	③	④	⑤	24	①	②	③	④	⑤	39	①	②	③	④	⑤
10	①	②	③	④	⑤	25	①	②	③	④	⑤	40	①	②	③	④	⑤
11	①	②	③	④	⑤	26	①	②	③	④	⑤						
12	①	②	③	④	⑤	27	①	②	③	④	⑤						
13	①	②	③	④	⑤	28	①	②	③	④	⑤						
14	①	②	③	④	⑤	29	①	②	③	④	⑤						
15	①	②	③	④	⑤	30	①	②	③	④	⑤						

※ 본 답안카드는 마킹연습용 모의 답안카드입니다.

교시장

성 명

수 험 번 호

⓪	①	②	③	④	⑤	⑥	⑦	⑧	⑨
⓪	①	②	③	④	⑤	⑥	⑦	⑧	⑨
⓪	①	②	③	④	⑤	⑥	⑦	⑧	⑨
⓪	①	②	③	④	⑤	⑥	⑦	⑧	⑨
⓪	①	②	③	④	⑤	⑥	⑦	⑧	⑨
⓪	①	②	③	④	⑤	⑥	⑦	⑧	⑨
⓪	①	②	③	④	⑤	⑥	⑦	⑧	⑨

감독위원 확인

(인)

※ 절취선을 따라 분리하여 실제 시험과 같이 사용하면 더욱 효과적입니다.

※ 절취선을 따라 분리하여 실제 시험과 같이 사용하면 더욱 효과적입니다.

L-TAB 롯데그룹 직무적합진단 답안카드

고사장

성 명

수험번호
⓪①②③④⑤⑥⑦⑧⑨ (×8 columns)

감독위원 확인

(인)

문번	1	2	3	4	5	문번	1	2	3	4	5	문번	1	2	3	4	5
1	①	②	③	④	⑤	16	①	②	③	④	⑤	31	①	②	③	④	⑤
2	①	②	③	④	⑤	17	①	②	③	④	⑤	32	①	②	③	④	⑤
3	①	②	③	④	⑤	18	①	②	③	④	⑤	33	①	②	③	④	⑤
4	①	②	③	④	⑤	19	①	②	③	④	⑤	34	①	②	③	④	⑤
5	①	②	③	④	⑤	20	①	②	③	④	⑤	35	①	②	③	④	⑤
6	①	②	③	④	⑤	21	①	②	③	④	⑤	36	①	②	③	④	⑤
7	①	②	③	④	⑤	22	①	②	③	④	⑤	37	①	②	③	④	⑤
8	①	②	③	④	⑤	23	①	②	③	④	⑤	38	①	②	③	④	⑤
9	①	②	③	④	⑤	24	①	②	③	④	⑤	39	①	②	③	④	⑤
10	①	②	③	④	⑤	25	①	②	③	④	⑤	40	①	②	③	④	⑤
11	①	②	③	④	⑤	26	①	②	③	④	⑤						
12	①	②	③	④	⑤	27	①	②	③	④	⑤						
13	①	②	③	④	⑤	28	①	②	③	④	⑤						
14	①	②	③	④	⑤	29	①	②	③	④	⑤						
15	①	②	③	④	⑤	30	①	②	③	④	⑤						

※ 본 답안카드는 마킹연습용 모의 답안카드입니다.

2024 최신판 SD에듀 유튜브로 쉽게 배우는 5일 특강
L-TAB 롯데그룹 조직 · 직무적합진단

개정6판1쇄 발행	2024년 05월 20일 (인쇄 2024년 04월 25일)
초 판 발 행	2020년 05월 15일 (인쇄 2020년 04월 28일)
발 행 인	박영일
책 임 편 집	이해욱
편 저	SDC(Sidae Data Center)
편 집 진 행	안희선 · 정수현
표지디자인	김지수
편집디자인	최미란 · 장성복
발 행 처	(주)시대고시기획
출 판 등 록	제10-1521호
주 소	서울시 마포구 큰우물로 75 [도화동 538 성지 B/D] 9F
전 화	1600-3600
팩 스	02-701-8823
홈 페 이 지	www.sdedu.co.kr
I S B N	979-11-383-7128-5 (13320)
정 가	18,000원

유튜브로 쉽게 배우는

5일 특강
L-TAB

롯데그룹
조직·직무적합진단

정답 및 해설

시대교육그룹

(주)시대고시기획 시대교육(주)	고득점 합격 노하우를 집약한 최고의 전략 수험서
	www.sidaegosi.com
시대에듀	자격증 · 공무원 · 취업까지 분야별 BEST 온라인 강의
	www.sdedu.co.kr
이슈 & 시사상식	최신 주요 시사이슈와 취업 정보를 담은 취준생 시사지
	격월 발행
	외국어 · IT · 취미 · 요리 생활 밀착형 교육 연구
	실용서 전문 브랜드

꿈을 지원하는 행복…
여러분이 구입해 주신 도서 판매수익금의 일부가
국군장병 1인 1자격 취득 및 학점취득 지원사업과
낙도 도서관 지원사업에 쓰이고 있습니다.

대기업 인적성 "기출이 답이다" 시리즈

역대 기출문제와 주요기업 기출문제를 한 권에! 합격을 위한

Only Way!

대기업 인적성 "봉투모의고사" 시리즈

실제 시험과 동일하게 마무리! 합격으로 가는

Last Spurt!

SD에듀가 합격을 준비하는
당신에게 제안합니다.

결심하셨다면 지금 당장 실행하십시오.
SD에듀와 함께라면 문제없습니다.

성공의 기회!
SD에듀를 잡으십시오.

NEXT STEP!

기회란 포착되어 활용되기 전에는 기회인지조차 알 수 없는 것이다. – 마크 트웨인 –